河南省职业教育精品在线开放课程配套教材

新编21世纪高等职业教育精品教材

汽车类

U0794842

新能源汽车电气系统检修

（微课版）

主　编◎房　颖　赵玉霞
副主编◎高小梅　方　雷
参　编◎张梅红　李青芬　王　枫

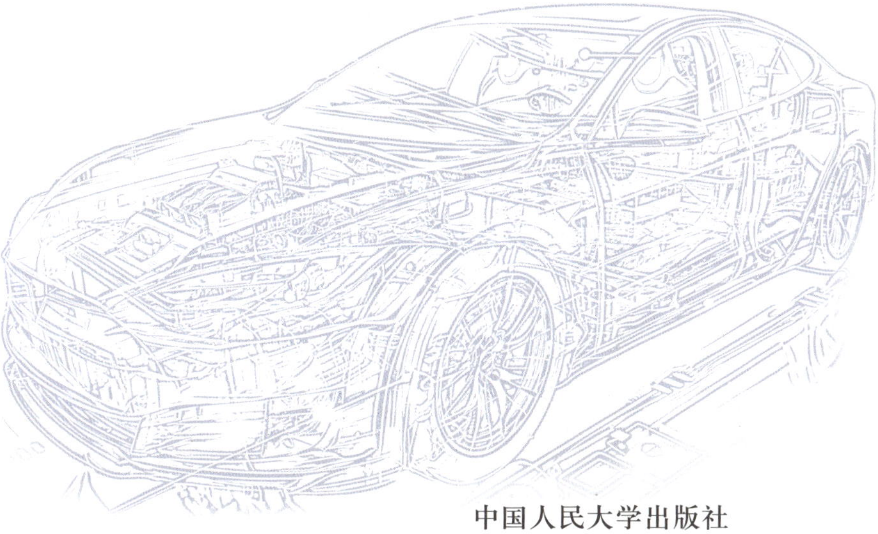

中国人民大学出版社
·北京·

图书在版编目（CIP）数据

新能源汽车电气系统检修：微课版 / 房颖，赵玉霞主编. -- 北京：中国人民大学出版社，2025.1.
（新编 21 世纪高等职业教育精品教材）. --ISBN 978-7-300-33370-0

Ⅰ. U472.41

中国国家版本馆 CIP 数据核字第 202413BR39 号

河南省职业教育精品在线开放课程配套教材
新编 21 世纪高等职业教育精品教材 · 汽车类
新能源汽车电气系统检修（微课版）
主　编　房　颖　赵玉霞
副主编　高小梅　方　雷
参　编　张梅红　李青芬　王　枫
Xinnengyuan Qiche Dianqi Xitong Jianxiu

出版发行	中国人民大学出版社		
社　　址	北京中关村大街 31 号	**邮政编码**	100080
电　　话	010－62511242（总编室）		010－62511770（质管部）
	010－82501766（邮购部）		010－62514148（门市部）
	010－62515195（发行公司）		010－62515275（盗版举报）
网　　址	http://www.crup.com.cn		
经　　销	新华书店		
印　　刷	北京瑞禾彩色印刷有限公司		
开　　本	787 mm × 1092 mm　1/16	**版　　次**	2025 年 1 月第 1 版
印　　张	12.5	**印　　次**	2025 年 1 月第 1 次印刷
字　　数	290 000	**定　　价**	49.00 元

版权所有　侵权必究　　印装差错　负责调换

前言

《新能源汽车产业发展规划（2021—2035年）》指出，发展新能源汽车是我国从汽车大国迈向汽车强国的必由之路，是应对气候变化、推动绿色发展的战略举措。中国汽车产业正在迈向现代化新征程，进入电动化、智能化、低碳化全面升级新阶段，已形成高质量的发展格局。随着新能源汽车产业的蓬勃发展，相关企业对人才的需求日趋旺盛，也为新能源汽车运用与维修专业的发展带来了良好的机遇。为促进专业建设，深化校企合作，推进校企“双元”育人，我们依据新能源汽车维修行业的技能要求和岗位需求编写了本教材。

编者坚持以习近平新时代中国特色社会主义思想引领职业教育汽车类专业教材建设，提升教材的思想性、科学性、时代性，全面落实《国家职业教育改革实施方案》的相关要求，结合新能源汽车维修技能大赛项目对相关知识、技能的考查特点，参考企业相关岗位技能标准，按照“1+X”证书制度的要求，制定编写大纲，确定编写内容。

本教材的创新特色如下：

1. 深入贯彻落实党的二十大精神，用社会主义核心价值观铸魂育人，将文化教育与素质教育相融合，文字简洁、通俗易懂、图文并茂、形象直观，在培养学生专业能力的同时，坚定学生的理想信念，加强职业道德与爱国主义教育，激发学生的家国情怀和使命担当，培养学生的工匠精神和环保意识，培养适合新时代发展需要的德才兼备的高素质人才。

2. 注重实用性，突出新技术、新工艺、新知识和新方法，将目前市场上常见的新能源汽车电气系统相关内容作为本教材各项目的主体内容，保证教学内容与时俱进，培养学生的职业技能和就业能力。

3. 采取理论与实践相结合的方式编写，每个任务都按照任务描述、知识储备、任务分析、任务实施、考核评价、情智课堂六个环节进行编写。围绕“互联网＋职业教育”发展要求，本教材配套了数字化教学资源（二维码视频），为教学组织提供了较大的选择空间。

4. 校企联合编写，内容贴近实际，注重任务的可操作性与模式的可推广性，实现知识型、技能型、创新型人才的培养。

为确保教材的编写质量，本教材由具有一线工作经验的企业技术骨干和具备“双师”素质的骨干教师团队编写。河南机电职业学院房颖、赵玉霞担任主编，河南机电职业学院高小梅、河南机电职业学院方雷担任副主编。参与编写的还有河南工贸职业学院张梅红、郑州城市职业学院李青芬、比亚迪汽车 4S 店王枫。房颖负责整体审核工作。具体编写分工为：房颖负责编写项目一和项目二，高小梅负责编写项目三，赵玉霞负责编写项目四和项目五，方雷负责编写项目六，张梅红、李青芬、北汽新能源汽车 4S 店李新伟和王亚博、比亚迪汽车 4S 店王枫和杨申提供了新能源汽车维修服务手册及标准作业流程等专业资料，参与规范和完善了“任务实施”部分的内容，并对书稿进行了审核与修改。

由于时间仓促、编者水平有限，书中难免有疏漏和不足之处，恳请使用本教材的师生和广大读者批评指正。

编者

目 录

项目一

新能源汽车电气基础

项目描述

通过本项目的学习，学生能够掌握新能源汽车电气系统的组成、电路中基础元件的识别，会简单使用检测工具及仪器检测基本的元器件，能够掌握新能源汽车电气系统电路图的识读方法，会分析新能源汽车电气系统电路。通过分析电路，知道元器件的工作原理，能完成熔断器、继电器、配电盒插头及线束的查找，会判断元器件的故障，并完成检修。

本项目包括以下 2 个任务：

任务一　新能源汽车电气系统认知

任务二　识读新能源汽车电气系统电路图

知识目标

1. 了解新能源汽车电气系统的组成和特点。
2. 掌握新能源汽车电气系统基础元件的结构和工作原理。
3. 掌握新能源汽车电气系统电路图识读方法。
4. 掌握新能源汽车电气系统电路图的使用方法。

技能目标

1. 能够用检测工具及仪器检测电路中的基本元件。
2. 能够用检测工具检测判断电路中的断路、短路等简单故障。
3. 能正确识读电路图。
4. 能根据电路图，进行熔断器、继电器、配电盒插头及线束的查找。

素养目标

1. 在工作过程中逐步培养环保意识、安全意识。
2. 形成服从管理、严谨规范的工作态度。
3. 培养团队合作意识。

任务一　新能源汽车电气系统认知

任务描述

比亚迪新能源汽车4S店售后维修小组接到一张任务工单：一辆比亚迪新能源汽车，行驶里程75 000km，车辆左侧近光灯不亮。维修技师初步断定为左侧近光灯熔断器故障。接下来要做的就是查找资料，理解熔断器的工作原理及作用，掌握熔断器的检测方法。

知识储备

一、新能源汽车电气系统的组成与特点

（一）新能源汽车电气系统的组成

1. 电源系统

新能源汽车的电源有低压蓄电池（见图1-1-1）和高压动力蓄电池（见图1-1-2）。高压动力蓄电池通过DC/DC转换器为低压蓄电池充电，也可向驱动电机和空调压缩机等高压设备供电。低压蓄电池主要向电子控制系统、照明系统、信号系统、仪表与警告系统、辅助电气系统等供电。

图1-1-1　低压蓄电池

图1-1-2　高压动力蓄电池

2. 用电设备

（1）电子控制系统。电子控制系统包含整车控制系统、驱动电机控制系统、充电控制系统、动力蓄电池管理系统、车身控制系统、电动助力转向系统、巡航控制系统、防抱死制动控制系统、电子稳定控制系统等。

（2）照明系统、信号系统、仪表与警告系统。照明系统由前照灯、雾灯、小灯和车内

各种照明灯组成。信号系统包括电喇叭、转向灯、倒车灯、制动灯等。仪表与警告系统包括各种警告灯及控制器，可提供动力蓄电池电量显示、充电连接指示、高压上电成功指示、动力受限指示等功能。仪表与警告系统如图 1－1－3 所示。

图 1－1－3　仪表与警告系统

（3）空调系统。空调系统主要包括制冷系统和暖风系统。

（4）辅助电气系统。辅助电气系统主要包括电动车窗、电动座椅、刮水洗涤系统、电动后视镜等。

3. 配电装置

配电装置（见图 1－1－4）包括配电盒、熔断器、继电器、线束及插接器、电路开关等，可使全车电路构成一个统一的整体。

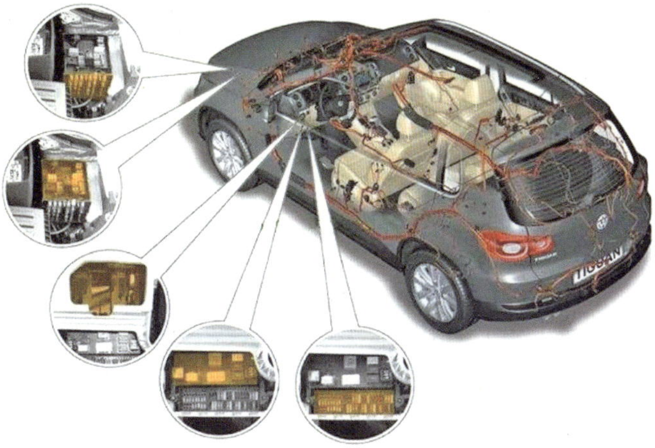

图 1－1－4　配电装置

（二）新能源汽车电气系统的特点

1. 单线制

单线制是指在低压电路中利用汽车底盘、车身、驱动电机、车载充电机等金属机件作为各种用电设备的共用连线（俗称搭铁），从而实现所有用电设备与电源之间用一根导线连接。任何一个低压电路中的电流都是从电源的正极出发，经导线流入用电设备后，由搭铁的负极通过金属车架流回电源负极。采用单线制不仅可以有效节省材料成本，简化电路结构，还便于安装和检修，同时也使故障率大大降低。

2. 低压电源负极搭铁

负极搭铁是指将低压蓄电池的负极用蓄电池的搭铁线连接到底盘等金属体上。采用负极搭铁能有效防止车身产生电化学腐蚀，并有助于减少汽车用电设备对无线电设备的干扰。

3. 用电设备并联

用电设备并联是指汽车上各种用电设备都采用并联方式与电源连接，每个用电设备都由电路中的专用开关控制，互不干扰。

二、新能源汽车电气系统的基础元件

（一）熔断器

熔断器，俗称保险丝。在新能源汽车电气系统电路中，当电路中流过超过规定的大电流时，汽车电路熔断器能够切断电路，从而防止烧坏电路连接导线和用电设备，并把故障限制在最小范围内。新能源汽车的熔断器分为低压线路熔断器和高压线路熔断器，分别如图 1－1－5、图 1－1－6 所示。

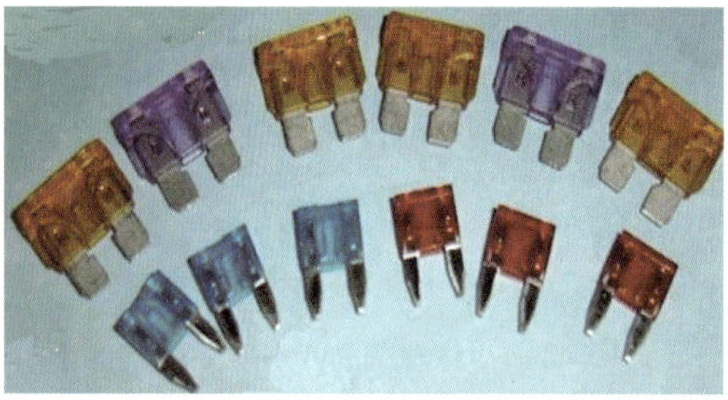

图 1－1－5　低压线路熔断器

图 1－1－6　高压线路熔断器

新能源汽车电气系统的电路主要采用低压线路熔断器，其具体位置如图 1－1－7 所示。

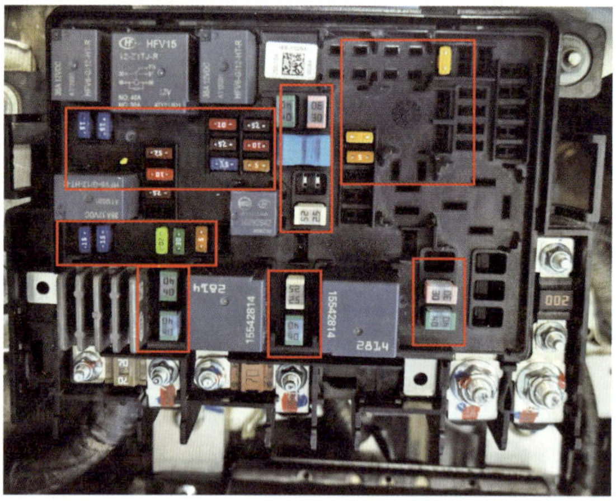

图 1－1－7　比亚迪秦前舱配电盒中的熔断器

（二）继电器

继电器分为低压继电器和高压继电器，在新能源汽车电气系统中一般使用低压继电器。一般情况下，由于汽车上操纵开关的触点容量较小，不能直接控制工作电流较大的用电设备，因而常采用继电器来控制用电设备电路的接通与断开，用小电流控制大电流，可以减小控制开关的电流负荷，保护电路中的控制开关。继电器有主负继电器、主正继电器、预充继电器、空调继电器、喇叭继电器、雾灯继电器等类型。一般常见的继电器有四端子继电器和五端子继电器，分别如图 1-1-8、图 1-1-9 所示。继电器主要由衔铁、线圈、弹簧、触点等组成，其结构如图 1-1-10 所示。

图 1-1-8　四端子继电器

图 1-1-9　五端子继电器

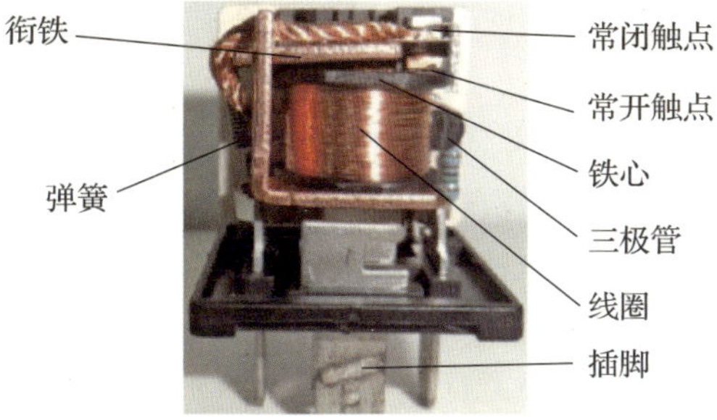

图 1-1-10　继电器的结构

继电器又分为常开继电器和常闭继电器，继电器的每个端子都有标号，与中央接线盒正面板的继电器插座的插孔标号相对应。继电器的型号及端子示意如表 1-1-1 所示。

表 1-1-1　继电器的型号及端子示意

型号	外形	电路	端子标号	颜色
IT	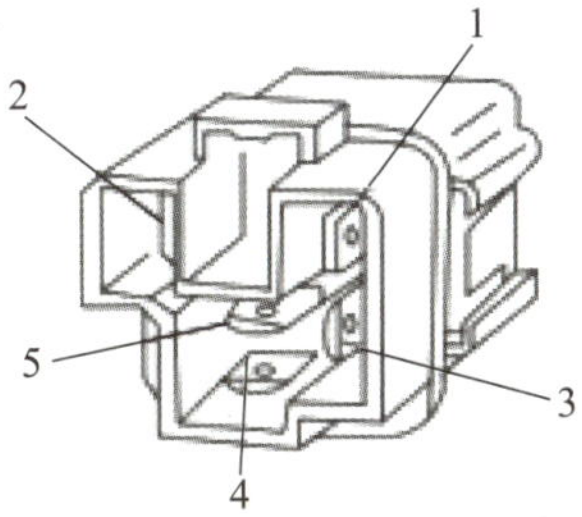	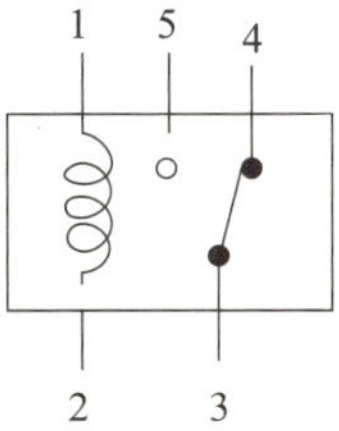		黑
IM	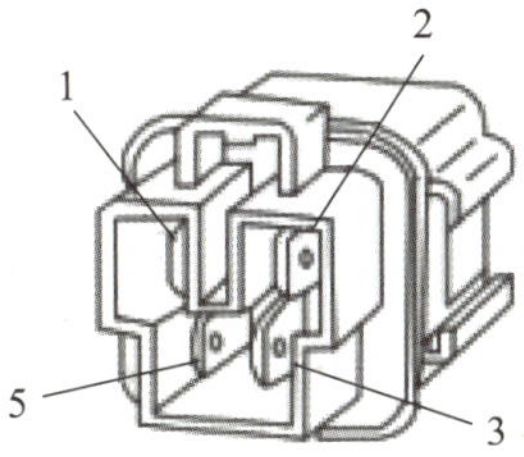	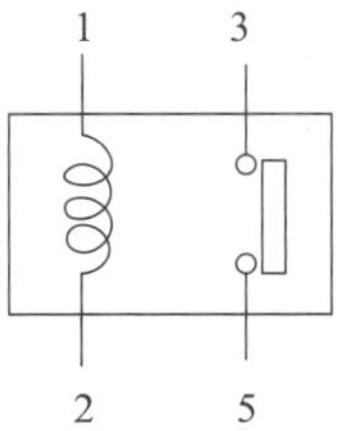	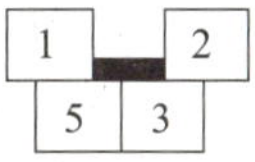	蓝

（三）开关

新能源汽车电气系统中各种用电设备的工作均受控于开关，开关可分为组合开关和单体开关，现代小汽车多采用组合开关。例如，车灯组合开关如图 1－1－11 所示，空调组合开关如图 1－1－12 所示，汽车门窗总控开关如图 1－1－13 所示，这些开关能提高汽车的性能和乘坐舒适性。有些新能源汽车上还有一个特殊的维修开关，如图 1－1－14 所示，在维修高压系统时必须把维修开关取掉，修复后再安装上维修开关。

图 1－1－11　车灯组合开关

图 1－1－12　空调组合开关

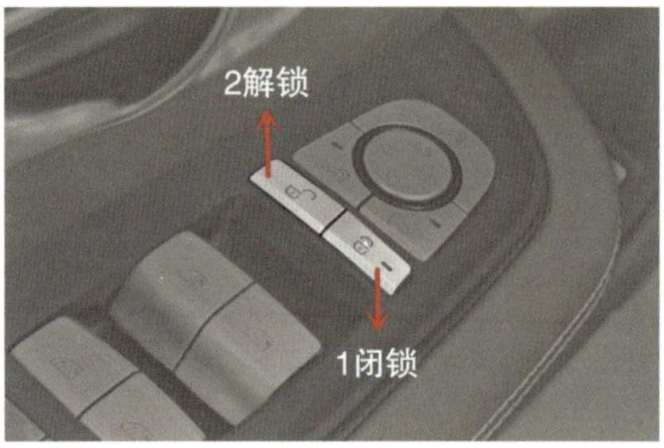

图 1－1－13　汽车门窗总控开关

图 1－1－14　维修开关

（四）插接器

插接器就是通常所说的插头与插座，用于线束与线束或导线与导线间的相互连接。为了防止插接器在汽车行驶中脱开，所有的插接器均采用了闭锁装置。图 1－1－15 所示为低压线束插接器，图 1－1－16 所示为高压线束插接器。

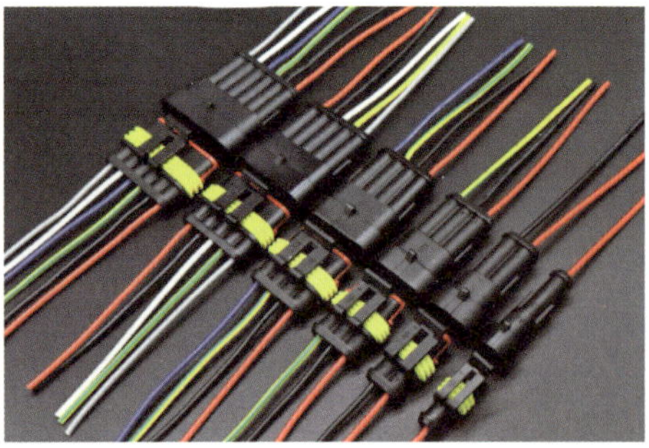

图 1－1－15　低压线束插接器

图 1－1－16　高压线束插接器

安全提醒

拆开插接器时，先要解除闭锁，然后把插接器拉开。不允许在未解除闭锁的情况下用力拉线束，这样会损坏闭锁装置或线束。

（五）低压线束

为了使整车线路规整、安装方便并保护导线的绝缘性，通常会将同一区域内不同规格的导线用棉纱或薄聚氯乙烯带缠绕包扎成束，称为低压线束，如图 1－1－17 所示。线束内普通低压导线为铜质多丝导线，导线的截面主要根据用电设备的电流进行选择，一般汽车电气导线截面面积不小于 $0.5mm^2$。为便于安装和检修，线束内的导线采用双色形式，主色为基础色，辅色为环导线的条色带或螺旋色带，标注时主色在前、辅色在后。

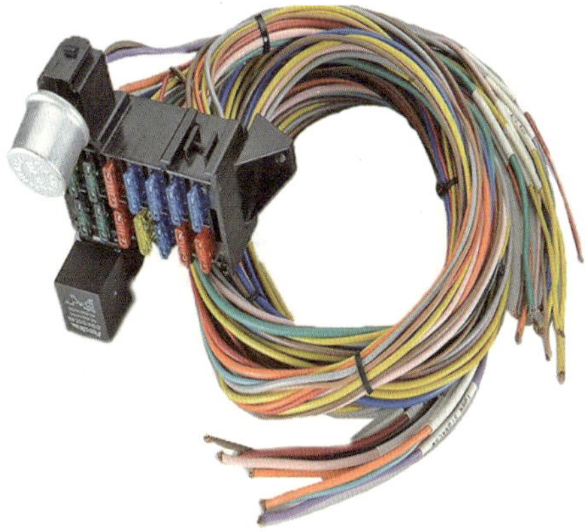

图 1－1－17　低压线束

安装与检修线束的注意事项有以下两点：

（1）线束的固定应采用卡簧或绊钉，以免松动磨坏。

（2）线束不可拉得过紧，尤其在拐弯处，在绕过锐角或穿过金属孔时，应用橡皮或套管保护，否则容易磨坏线束而发生短路、搭铁，甚至烧毁全车线束。

（六）高压线束

1. 高压线束的分布

高压线束分布在车辆底部和前机舱等部位，颜色一般为橙红色。图 1－1－18 所示为前舱高压线束的分布。

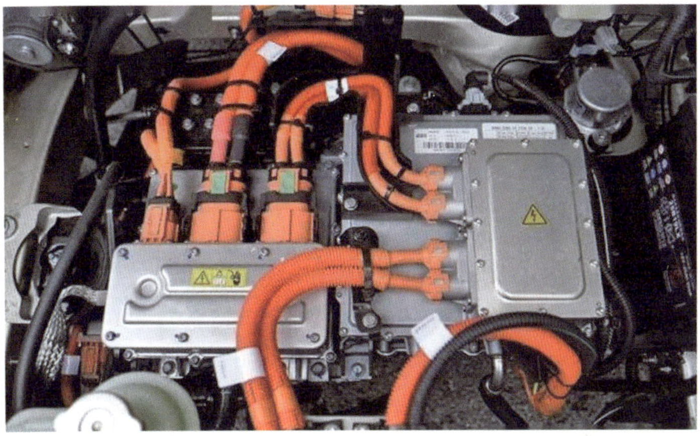

图 1－1－18　前舱高压线束的分布

2. 高压线束的结构

新能源汽车高压线束主要由塑料护套、尼龙护套、聚氯乙烯绝缘层、镀锡铜丝编织屏蔽层、单芯动力电缆组成，如图 1－1－19 所示。

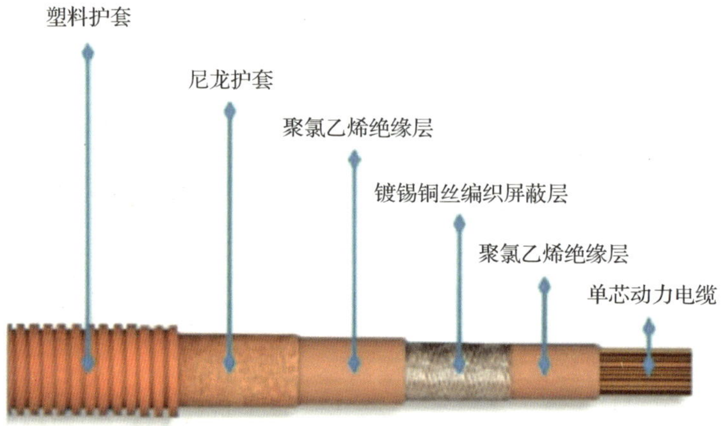

图 1－1－19　高压线束的结构

3. 高压线束的作用

新能源汽车中的高压线束承担着安全可靠地传输驱动车辆行驶所需电能的重要使命，对于新能源汽车的安全性、可靠性和稳定性都具有重要的作用。

4. 高压线束的特点

（1）耐高电压。能够承载 500V 以上的高电压。

（2）承载大电流。新能源汽车高压线束作为主要的能源传输通道，需要承受较大的电流，直流母线额定工作电流能够达到 300 A 以上。

（3）密封性。由于高压线束高电压、大电流的特性，对线束的密封性有很高的要求，一般都会要求进行防水防尘试验和气密测试。如果密封不好，导致潮湿或进水，会造成导线和连接部位的极速老化或损坏。如果插接器部位的密封性能差，还会导致绝缘电阻降低，整车报绝缘故障。

（4）耐热性。由于高压线束长时间通过大电流，功率很大，根据焦耳效应会产生很多热量。因此，高压线束的导线耐温一般达到 125℃或 150℃，端子耐温一般达到 140℃。

三、新能源汽车电气系统检测工具认知

（一）试灯

在检测汽车电路时，经常用试灯判断其通断情况，试灯如图 1－1－20 所示。在使用试灯时，例如，在一段导线中连接一个 12V 试灯，当试灯一端搭铁、另一端接触带电的导体时，试灯就会点亮，如图 1－1－21 所示。

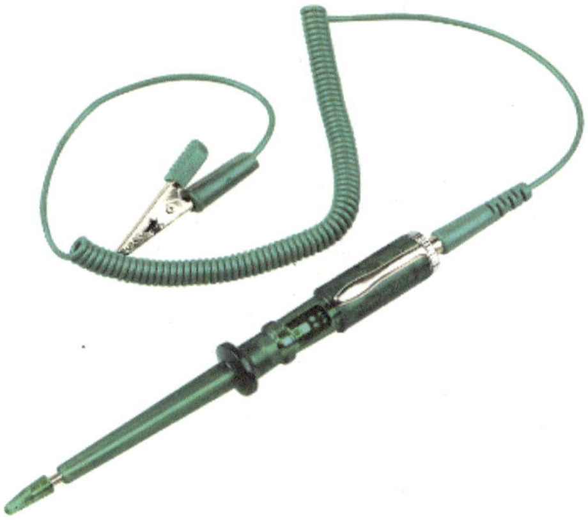

图 1－1－20 试灯

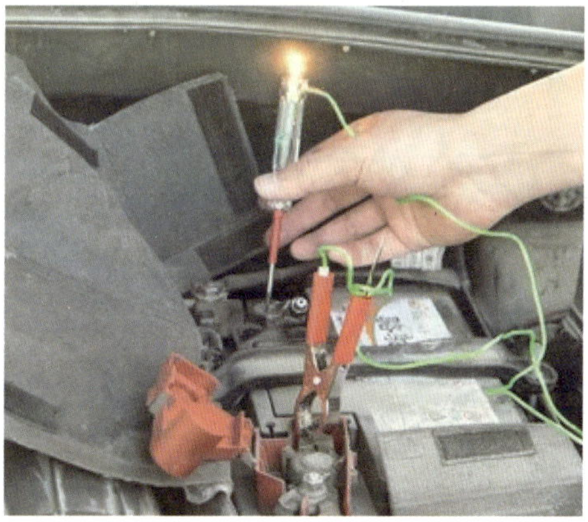

图 1－1－21 试灯的使用

（二）跨接线

跨接线（见图 1－1－22）有时可作为故障诊断的辅助工具，可用于跨过某段被怀疑已断开的导线而直接向某一部件供电。

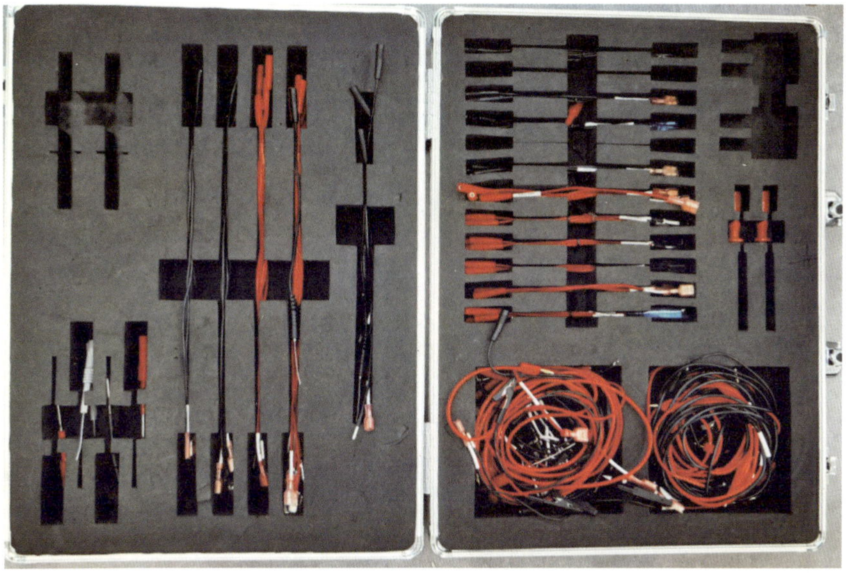

图 1－1－22 跨接线

（三）万用表

万用表有指针式（见图 1－1－23）和数字式（见图 1－1－24）两种，数字式万用表可用于测试精确的电子电路，准确度远远超过指针式万用表。目前，数字式万用表普遍用于汽车电气系统诊断与检测。数字式万用表基本都由数字及模拟量显示屏、功能按钮、测试项目选择开关、温度测量插孔、公用插孔（用于测量电压、电阻、频率、闭合角、频宽比和转速等）、搭铁插孔、电流测量插孔、测试探针（或大电流钳）等部分构成。

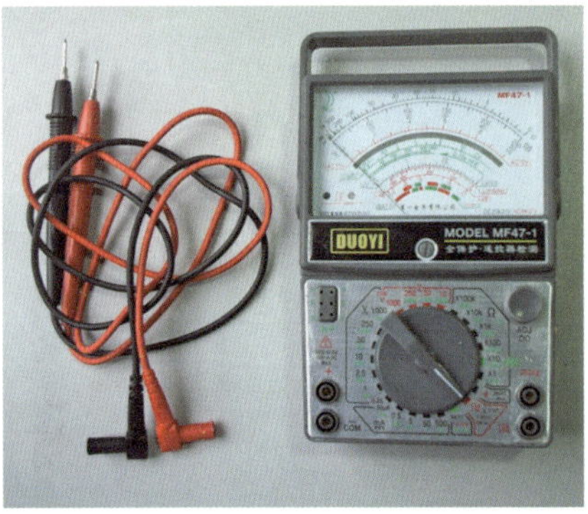

图 1－1－23　指针式万用表

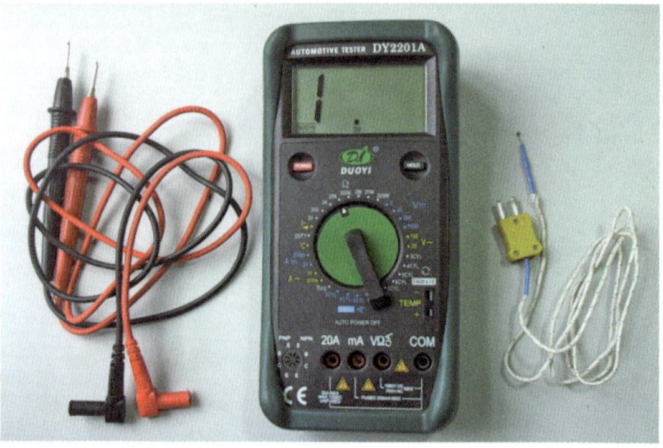

图 1－1－24　数字式万用表

（四）兆欧表

兆欧表也称绝缘电阻测试仪，如图 1－1－25 所示，它是一种常用的测量仪表，以兆欧（MΩ）为单位。兆欧表主要用来检查新能源汽车高压电气设备、电气线路对地及相互之间的绝缘电阻，判断其绝缘状况。

图 1－1－25　兆欧表

安全提醒

利用兆欧表对高压线束进行绝缘检测时，一定要佩戴绝缘手套，当心触电！

（五）汽车故障诊断仪

汽车故障诊断仪通过数据通信线，以串行的方式获得控制计算机的实时数据参数，包括故障信息、实时运行参数、控制计算机与故障诊断仪之间的相互控制指令。汽车故障诊断仪有通用诊断仪和专用诊断仪两种，目前新能源汽车上用的大部分是通用诊断仪。

通用诊断仪的主要功能有：控制计算机版本的识别、故障码的读取和清除、动态数据参数显示、传感器和部分执行器的功能测试与调整、某些特殊参数的设定、维修资料及故障诊断提示、路试记录等。通用诊断仪可测试的车型较多，使用范围较宽，但它与专用诊断仪相比，无法实现某些特殊功能。通用诊断仪如图 1－1－26 所示。

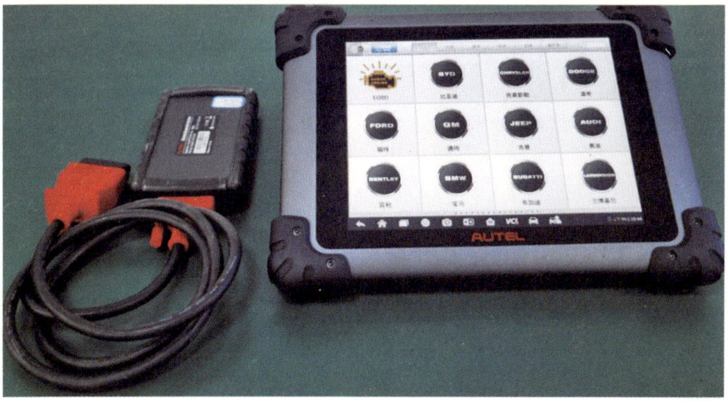

图 1－1－26 通用诊断仪

四、汽车电气系统电路常见故障及诊断方法

（一）电路断路（开路）及检测

电路断路（开路）时电流为零，断路处两端电压为端电压。常见的导致汽车电路断路（开路）的原因有：熔丝熔断、配线折断、负载烧毁（如灯泡）、电源切断、负极搭铁不良等。电路断路示意图如图 1－1－27 所示。

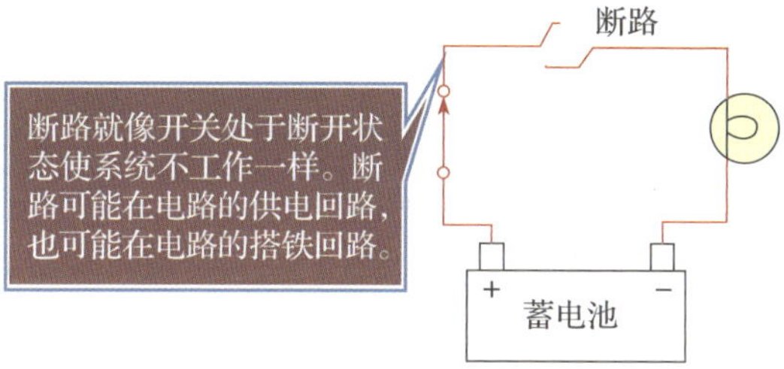

图 1－1－27 电路断路示意图

电路断路（开路）的检测方法如下：

方法一：用试灯检测。试灯手柄的一端伸出带尖的探头，另一端引出带夹子的搭铁线，对于正常工作的电路，将试灯夹子夹在搭铁端，探头接入待测电路，试灯灯泡亮；若电路断路，试灯内灯泡不亮。

方法二：用万用表检测。将万用表调整至电压挡，将负极表笔搭铁，并确认接触良好；接通被检测电路的电源开关；用万用表正极表笔沿电路逐点检测各连接点，断路故障发生在万用表有电源电压与无电源电压之间的电路。

（二）电路短路及检测

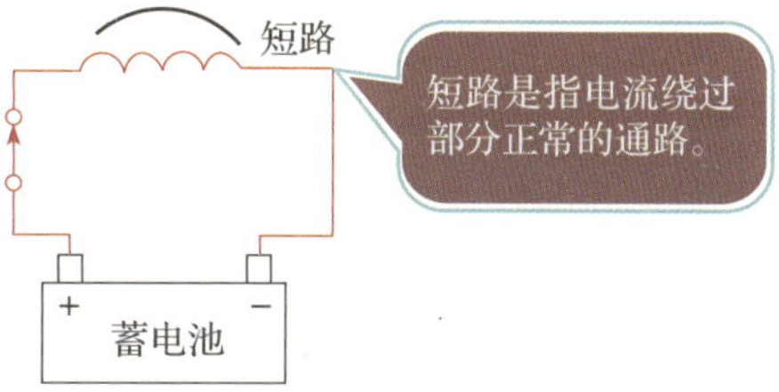

图 1－1－28 电路短路示意图

电路短路是指电流绕过部分正常的通路，其示意图如图 1－1－28 所示。短路分为搭铁短路和电

源短路，搭铁短路是在正极和电路搭铁端之间有不必要的路线；电源短路是电路中开关周围的电流直接接到负载上，如灯泡常亮。

短路的检测方法如下：

（1）关闭开关。

（2）用万用表检测开关端的电阻。

（3）以每个用电设备为节点，逐步检测短路电路的电阻。

（4）确定短路故障点。

安全提醒

在汽车上发生短路非常危险，容易漏电，引起火灾，特别是新能源汽车的动力蓄电池内部发生短路后，极易引起车辆自燃，有时还会爆炸，引发一系列事故。所以，一定要维护好汽车电路，提前发现问题，及时解决。

任务分析

要想完成新能源汽车电气系统故障的排除，需要具备以下知识和技能：

1. 相关知识

（1）了解新能源汽车电气系统的组成。

（2）了解新能源汽车电气系统的特点。

（3）了解新能源汽车电气系统基础元件。

（4）了解新能源汽车电气系统常用的检测工具。

（5）了解新能源汽车电气系统电路常见的故障现象。

2. 相关技能

（1）万用表、试灯、兆欧表、故障诊断仪等常见设备的使用。

（2）基础元件的测试方法。

（3）电路故障的检修方法。

（4）7S 管理和操作。

熔断器的检测

数字万用表的使用方法

任务实施

技能实训 1　新能源汽车电气系统基础元件——熔断器的检测

步骤 1： 准备熔断器元件、一辆比亚迪秦 EV 汽车、万用表、试灯、防护工具等。

步骤 2： 利用万用表进行测量。首先校正工具，如图 1－1－29 所示，数值显示万用表线路连接正常。

步骤 3： 用万用表对熔断器进行离车测试，测量其电阻，结果如图 1－1－30 所示，其阻值为 0.5Ω，说明熔断器没有熔断，正常。

步骤 4： 就车测试，关闭点火开关，用万用表直接测量熔断器两个测试端子间的电阻，如图 1－1－31 所示。

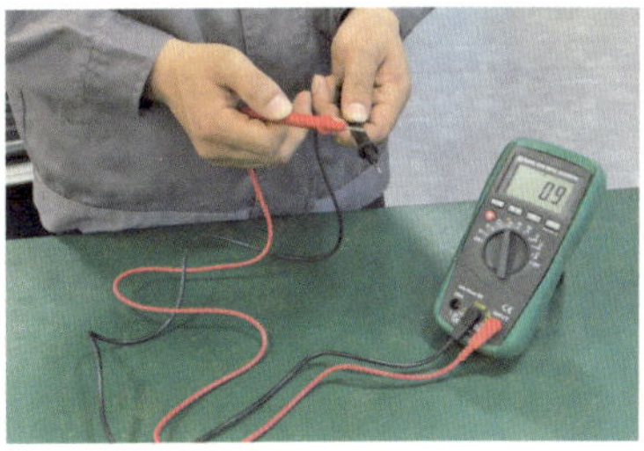

图 1－1－29　校正工具

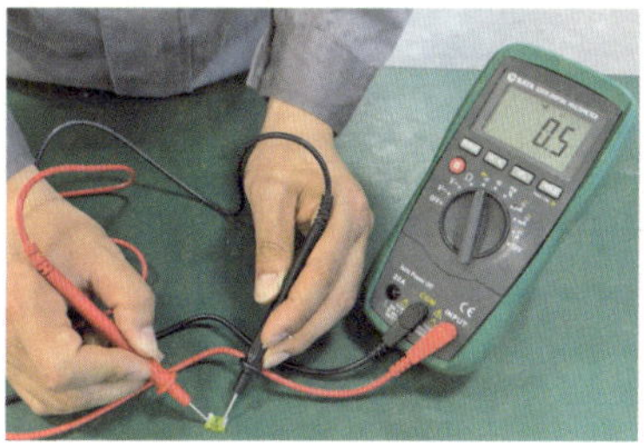

图 1－1－30　测量熔断器的电阻

图 1－1－31　测量熔断器两个测试端子间的电阻

步骤 5： 利用万用表电压挡，万用表红表笔接熔断器端子，黑表笔搭铁，分别测试熔断器 A、B 两端子的电位，两个端子电位基本相等，如图 1－1－32、图 1－1－33 所示。

图 1－1－32　用万用表测熔断器 A 端子电位

图 1－1－33　用万用表测熔断器 B 端子电位

步骤 6： 利用试灯测试熔断器线路通断情况，如果试灯灯泡点亮，显示测试电压，说明线路正常，如图 1－1－34 所示。

图 1－1－34　用试灯测试熔断器线路状况

试灯的使用

技能实训 2 新能源汽车电气系统基础元件——继电器的检测

步骤 1：静态检测。

继电器的检测

（1）调整万用表至电阻挡，用红表笔连接继电器的 86 端子，用黑表笔连接继电器的 85 端子，电阻值应在 80Ω 左右，如图 1－1－35 所示，测试结果 79Ω，说明继电器 85 和 86 端子之间线圈正常。

（2）用万用表的电阻挡。用红表笔连接继电器的 30 端子，用黑表笔连接继电器的 87 端子，电阻值应无穷大，如图 1－1－36 所示。

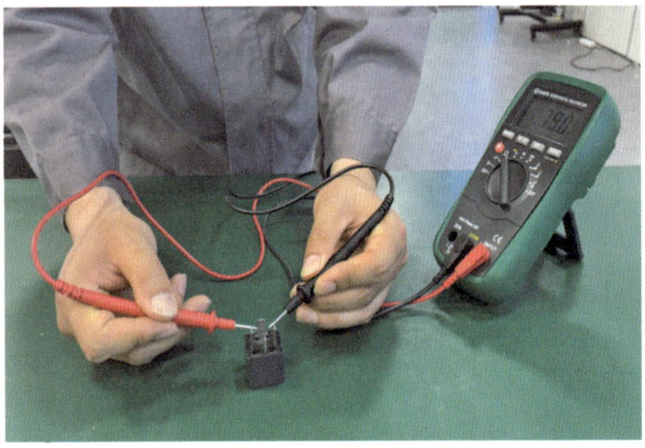

图 1－1－35 测试继电器线圈的通断

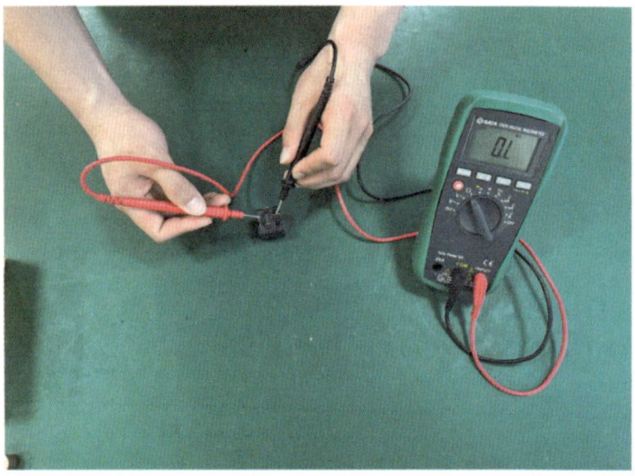

图 1－1－36 测试继电器内部开关

（3）用万用表的电阻挡。用红表笔连接继电器的 30 端子，用黑表笔分别连接继电器的 85、86 端子，电阻值均应无穷大，如图 1－1－37、图 1－1－38 所示。

图 1－1－37 30 和 85 端子之间的测试

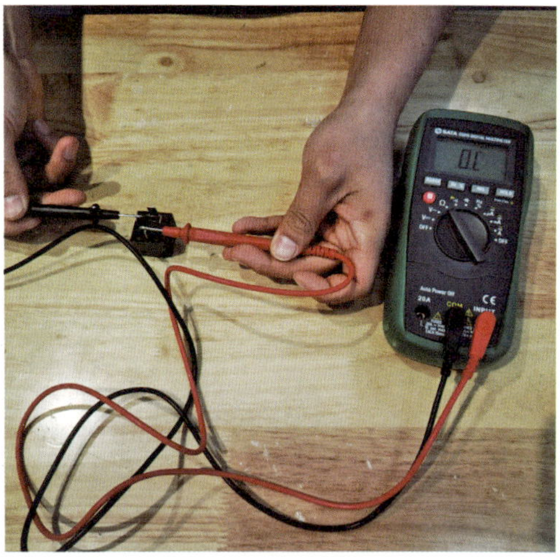

图 1－1－38 30 和 86 端子之间的测试

（4）用万用表的电阻挡。用红表笔连接继电器的 87 端子，用黑表笔连接 85、86 端子，电阻值均应无穷大，如图 1－1－39、图 1－1－40 所示。

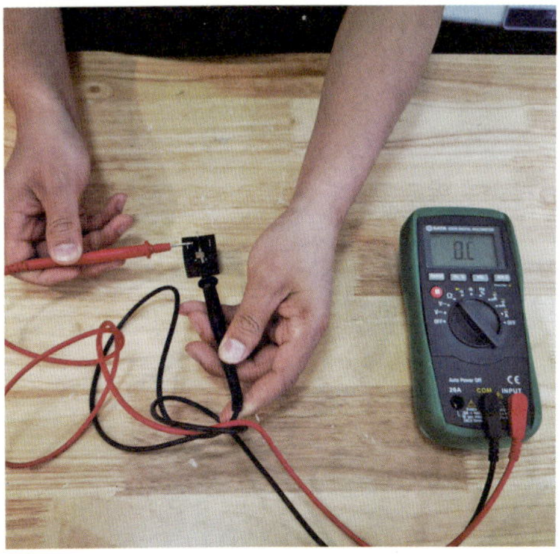

图 1 - 1 - 39　85 和 87 端子之间的测试

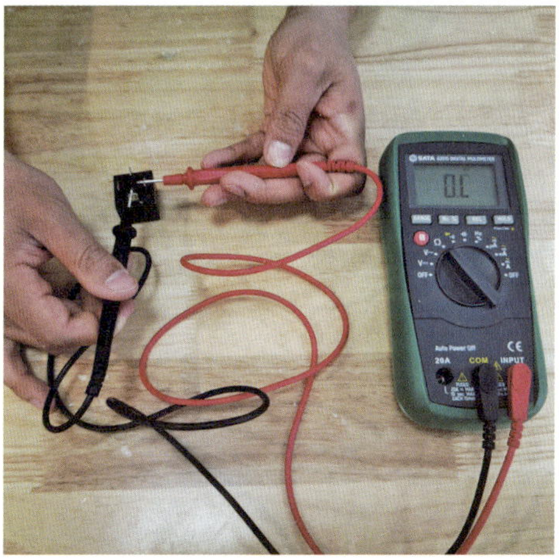

图 1 - 1 - 40　86 和 87 端子之间的测试

步骤 2：动态检测。

（1）连接继电器的 86 端子至蓄电池正极，85 端子连接到蓄电池负极，连接方法如图 1 - 1 - 41 所示。

（2）用万用表的电阻挡。用红表笔连接继电器的 30 端子，用黑表笔连接继电器的 87 端子，如图 1 - 1 - 42 所示，电阻值一般应小于 1Ω。

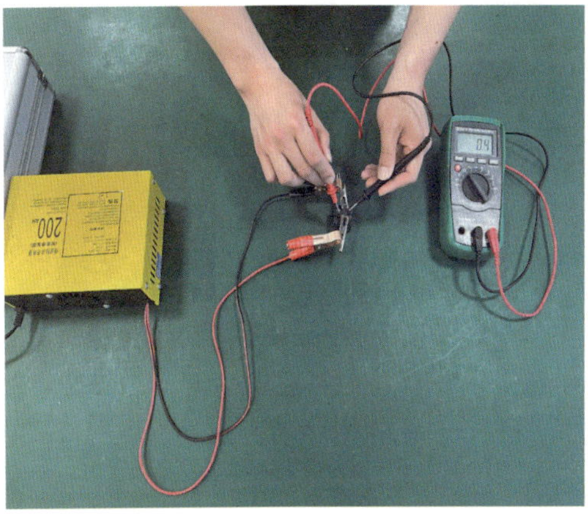

图 1 - 1 - 41　继电器连接电源

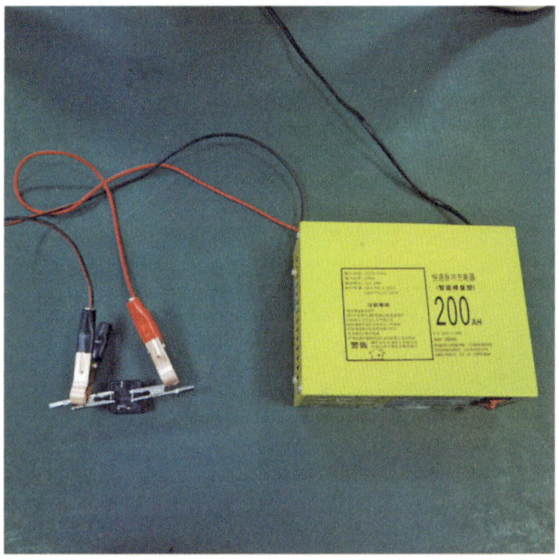

图 1 - 1 - 42　继电器动态测试

如果符合以上标准，继电器是好的，否则，继电器是坏的。测试结果为 0.4Ω，继电器内部开关吸合正常。

新能源汽车比亚迪秦 IG1 继电器的检测方法与此相同。

技能实训 3　兆欧表的使用

步骤 1：将红表笔插在绝缘测试插孔中，黑表笔插在 COM 孔中，如图 1 - 1 - 43 所示。

步骤 2：校正兆欧表，旋钮和插线分别位于电阻挡，两表笔接触，阻值接近于 0，如图 1 - 1 - 44 所示。

图 1-1-43　兆欧表红、黑表笔插接位置

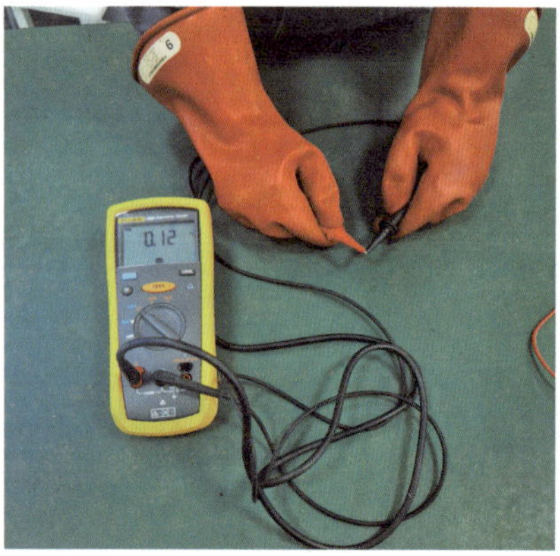

图 1-1-44　兆欧表的校正

步骤 3：根据被测系统的工作电压来选择测试电压，如图 1-1-45 所示。

步骤 4：对比亚迪秦新能源汽车高压插头进行绝缘测试，关闭起动按钮，断开低压蓄电池负极，如图 1-1-46 所示。

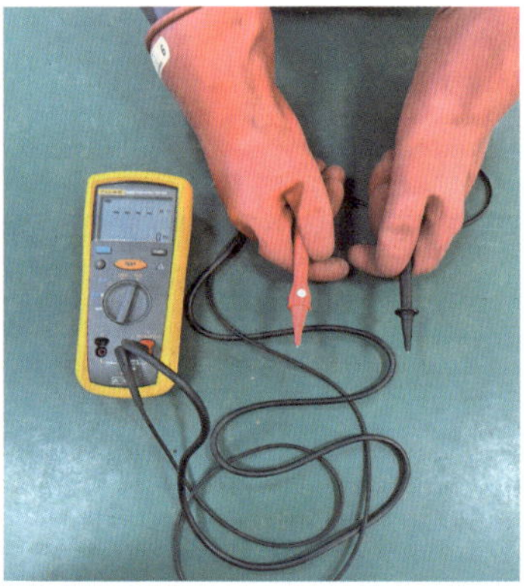

图 1-1-45　选择测试电压 500V

图 1-1-46　断开低压蓄电池负极

步骤 5：连接红表笔到高压插头，黑表笔连接到车身上，如图 1-1-47 所示。

步骤 6：按下测试键，读取结果，如图 1-1-48 所示，绝缘正常。

图 1-1-47　兆欧表的测试部位演示

图 1-1-48　兆欧表的绝缘测试

考核评价

任务		姓名	
教学场所			
知识目标	1. 了解新能源汽车电气系统的组成	□完成　□基本完成　□未完成	
	2. 了解新能源汽车电气系统的特点	□完成　□基本完成　□未完成	
	3. 了解新能源汽车电气系统基础元件	□完成　□基本完成　□未完成	
	4. 了解新能源汽车电气系统常用的检测工具	□完成　□基本完成　□未完成	
	5. 了解新能源汽车电气系统电路常见的故障现象	□完成　□基本完成　□未完成	
技能目标	1. 能正确使用万用表、试灯	□完成　□基本完成　□未完成	
	2. 能完成熔断器和继电器的检测	□完成　□基本完成　□未完成	
	3. 能正确使用兆欧表	□完成　□基本完成　□未完成	
素养目标	能够按照 7S 管理要求整理实训场地	□完成　□基本完成　□未完成	
步骤一	正确使用万用表	□完成　□基本完成　□未完成	
步骤二	正确检测熔断器	□完成　□基本完成　□未完成	
步骤三	正确检测继电器	□完成　□基本完成　□未完成	
步骤四	正确进行绝缘测试	□完成　□基本完成　□未完成	
步骤五	判断电路故障	□完成　□基本完成　□未完成	
步骤六	验证	□完成　□基本完成　□未完成	
总评			

情智课堂

打造绿色生态　争做绿色匠人

发展新能源汽车（NEVs）是全球汽车产业实现绿色、低碳、可持续发展的必由之路，我国新能源汽车产业历经二十余年风雨兼程，走出了一条以科技创新引领新能源汽车发展的成功之路。随着科技的进步和人们环保意识的增强，新能源汽车已经成为汽车行业一颗冉冉升起的新星。新能源汽车在环境保护、长期经济效益和技术发展三个维度，都对绿色生态产生了深远的影响。

一、环境保护

新能源汽车的最大卖点之一是其对环境的积极影响。以电动汽车（EVs）为例，其在使用过程中不会排放尾气，有助于减少城市空气污染和温室气体排放。此外，随着可再生能源技术，如太阳能和风能的发展，新能源汽车使用的电力可以变得更加绿色，从而进一步减少对环境的不利影响。

二、长期经济效益

从长远来看，新能源汽车可以为用户节省相当一部分费用。以电动汽车为例，电力通常比汽油或柴油便宜，因此电动汽车的充电成本低于传统汽车的燃油成本。同时，电动汽车的维护成本也较低，因为它们的机械结构简单，磨损件较少。

三、技术发展

新能源汽车技术正在迅速发展，电池容量的增加和充电速度的提高使得新能源汽车的续驶里程得到显著提升。智能化和网络化的发展也为新能源汽车带来了更多的可能性，如自动驾驶技术和车联网服务。

新能源汽车在环境保护、长期经济效益和技术发展方面展现出显著的优势，其实用性正在逐步提高，特别是对于追求绿色生活和具有长期经济规划的用户来说，它们是一个值得考虑的选择。随着技术的不断进步和政策的支持，新能源汽车有望在未来成为主流的出行方式，为我们带来更加清洁、高效和智能的驾驶体验。

祖国在强大，作为新时代的高素质技能型人才，我们更要坚定信心，增强民族自信，在技术上精益求精，追求卓越，树立环保意识，争做绿色工匠，为中国汽车技术贡献自己的一份力量。

任务二　识读新能源汽车电气系统电路图

任务描述

不同国家和生产厂家在汽车电路图的画法上存在一定差异，这给电路图的识读带来许多困难。但正确识读汽车电路图是分析电路原理、诊断和排除故障的基础，掌握汽车电路图识读的方法是十分重要的。通过本任务的学习，学生可掌握电路图的识读原则，并能正确分析比亚迪等新能源汽车电路图。

知识储备

一、汽车电路图的表达方法

（一）由集中到分散

汽车电路的特点之一是采用了并联单线制的接法，这意味着局部电路之间相互独立（各系独立）。因此，读图的第一步就是将局部电路从全车电路中分离出来。

（二）汽车电路配线的基本规律

汽车用电设备线束连接三个中心，分别为中央配线盒、仪表接线盒和开关。中央配线盒（熔断器与继电器盒）是所有用电设备的电源接线源头。仪表接线盒是几乎所有用电设备的电源接线终点。开关不仅是线束的中心，还是各局部电路的控制核心，开关的功能反映了局部电路的主要功能，电路分析要抓住开关的核心作用。

（三）控制对象的回路

识读电路图的目的是找出正确的回路，确定回路中的导线、插座、熔断器、继电器等各种元件，以便分析故障点。控制对象的回路电流由正极到负极，由电源到搭铁点。规范的汽车电路图通常自上而下绘制。继电器电路要分别分析控制回路和开关回路。

二、新能源汽车电路图的识读原则和方法

（一）善于化整为零

一般情况下，一个完整的电路图很复杂，化整体为部分，可以有重点地进行分析。此外，各单元电路有自身的一些特点，以其特点为指导去分析电路就会减少盲目性。

（二）仔细阅读图注

对照图注熟悉元件的名称、位置、在全车电路中的数量、接线数量，明确哪些是常见元件，哪些是独特、复杂的元件。这样就可以初步了解电路特点，同时也能快速地发现整车电路分析的重点与难点。

（三）熟悉电气元件及配线

清楚电路所包含的用电设备种类，在分析某个电路系统时，要清楚该电路中所包含的各元件的功能、作用和技术参数等。汽车的线路如同人的神经一样分布在各个区域，线路中的插接器、接线盒、继电器、搭铁点等如同神经的“节点”。因此，熟悉这些元件在电路图中的表示符号、位置、连接方式及内部电路，对识读汽车电路图会有很大帮助。在识读电路图时，要正确判断节点标记、线型和色码标志。需要指出的是，标记颜色的字母因国别而异，中国、美国和日本采用英文字母，德国采用德文字母。

（四）注意开关和继电器

开关是控制电路通断的关键。我们通常根据操纵开关的功能及不同工作状态来分析电路的工作原理。现代汽车电路中经常采用各种继电器对一些复杂电路进行控制。了解继电器的工作状态，特别是一些电子继电器的工作状态，对分析电路大有帮助。

1. 开关的注意问题

在一些复杂控制电路中，一个主开关往往汇集许多导线，分析汽车电路时应注意以下问题：

（1）蓄电池的电流通过什么路径到达这个开关的熔断器？这个开关是手动的还是电控的？

（2）这个开关控制哪些用电设备？每个用电设备的作用是什么？

（3）开关的许多接线柱中，哪些是直通电源的？哪些是接用电设备的？接线柱旁是否有接线符号？这些符号是否常见？

（4）开关共有几个挡位？在每一挡中，哪些接线柱有电，哪些无电？

（5）在被控的用电设备中，哪些用电设备应经常接通？哪些应短暂接通？哪些应先接通？哪些应后接通？哪些应单独工作？哪些应同时工作？哪些用电设备不允许同时接通？

2. 继电器的注意问题

识读电路图中的继电器时，可把含有线圈和触点的继电器看作由线圈工作的控制电路和触点工作的主电路两部分组成。主电路中的触点只在线圈电路中有工作电流流过后才能动作。

（五）牢记回路原则

识读电路图时，应掌握回路原则，即电路中工作电流由电源正极流出，经用电设备后

流回电源负极。电路中，只有电流流过用电设备时，用电设备才能工作。关键在于通过查看电源和搭铁线，了解一个电路的基本构成，根据回路原则看哪些元件共用一根线，找出电路的内在联系和规律。

（六）抓住汽车电路的主干线

汽车电路有单线制、用电设备相互并联、负极搭铁的共性，加上某些用电设备开关在电路中的控制，因此，一般可分成几条主干线，在每条主干线上都接有相应的支路熔断器及支路用电设备。抓住这几条主干线，对于查找电路，常有事半功倍的效果。

三、新能源汽车电路图的内容

新能源汽车电路图涉及高压系统和低压系统、模块名称和引脚定义、线束编码规则、插接器编码规则以及电路图的类型等知识。

新能源汽车电路图与燃油车电路图的主要区别在于新能源汽车增加了高压系统，其低压系统与燃油车相似。高压系统主要用于驱动电机和蓄电池等关键部件，低压系统则负责车辆的辅助功能和控制系统。

电路图中包含了模块名称、模块引脚定义、模块护套编号、模块引脚孔位等信息。这些信息对于理解电路图的各个部分及其功能至关重要。

线束编码规则采用特定的字母和数字组合来表示线束的位置和功能，例如 A、B、C、G、K 等，这种编码方式有助于快速识别和定位电路中的线束。

插接器编码规则包括插接器端子识别，通过数字或字母表示插接器的类型和位置，这对于理解电路中各个部件的连接方式非常重要。

新能源汽车电路图包括电气线路图、电路原理图和电路定位图等类型。电气线路图展示汽车各个系统之间的连接关系，电路原理图表达各电气系统的工作原理，电路定位图指示各用电设备及导线的具体位置。这些分类和特点有助于更好地理解汽车电气系统，提高维修效率。

四、新能源汽车电路图中导线颜色的规则

导线颜色的规则主要遵循国际标准和各国的规定，同时也考虑到安全性和易识别性、可靠性和易于维修性。

（一）颜色

（1）单色导线：通常，单一颜色的导线用于表示特定的功能。

红色：通常表示正极或电源线。

黑色：表示负极或接地线。

黄色 / 白色：在某些情况下也表示接地线。

蓝色：可能表示控制或信号线。

棕色：可能表示点火线圈或其他高电流设备。

灰色：可能表示控制模块或其他电子设备的插接线。

绿色 / 纯白色：可能表示非铁磁性金属外壳的接地线。

紫色：可能表示多功能线，包含电源、控制或信号等多种功能。

橙色：可能表示警告或特殊功能的线。

（2）双色导线：双色导线由主色和辅助色组成，通常主色与单色导线的颜色相同，而辅助色用于区分不同的线路或设备。例如，红色主色与白色辅助色（RW）的组合可能在电路图中表示特定的线路或设备。

（二）颜色代码标注

为了便于识别和维修，导线通常会标注颜色代码。这些代码可能采用英文字母来表示不同的颜色，如红色用“R”表示，黑色用“B”表示等。此外，导线的截面积也会在电路图中标出，如“1.5Y”可能表示该线路的导线截面积为 1.5mm^2，颜色为黄色。

（三）规格与安全

导线的规格（如截面积）是根据所接用电设备电流的大小确定的，以确保电线能够承载所需的电流，同时保证足够的机械强度。不同规格的导线适用于不同功率的电气设备，以确保电气系统的安全性和功能性。例如，比亚迪新能源汽车电路图中的导线颜色说明见表 1－2－1。

表 1－2－1 比亚迪新能源汽车电路图中的导线颜色说明

代码	B	L	Br	G	Gr	Lg	O	P	R	V	W	Y
颜色	黑	蓝	棕	绿	灰	浅绿	橙	粉红	红	紫	白	黄

五、新能源汽车电路图中零部件明细编号规则

新能源汽车电路图中零部件明细编号规则遵循一定的系统和方法，以确保零部件识别和更换的便捷性。

新能源汽车的零部件编号主要分为三个部分：第一部分是车型代号，第二部分是系统代号，第三部分是零部件代号。

车型代号是指新能源汽车的车型编号，一般由厂家根据车型进行编号。例如，比亚迪 E5 车型代号为“BYD7001”。

系统代号是指新能源汽车各个系统的代号，如电池系统、电机系统、充电系统等。每个系统都有一个独立的代号，以便于区分和管理。例如，比亚迪 E5 汽车的电池系统代号为“BMS”，电机系统代号为“MOT”，充电系统代号为“CHG”。

零部件代号是指新能源汽车各个零部件的代号，如电池、电机、充电器等。每个零部件都有一个独立的代号，以便于区分和管理。例如，比亚迪 E5 汽车的电池代号为“BAT001”，电机代号为“MOTO01”，充电器代号为“CHG001”。

在新能源汽车的零部件编号规则中，每个代号都有其独特的含义和作用。通过这些代号，可以方便地识别和管理新能源汽车的各个零部件，提高生产效率和管理水平。

六、新能源汽车电路图中插接器的编码规则（以比亚迪新能源汽车为例）

插接器编码规则由三部分组成，如图 1－2－1 所示，插接器编码内容见表 1－2－2。

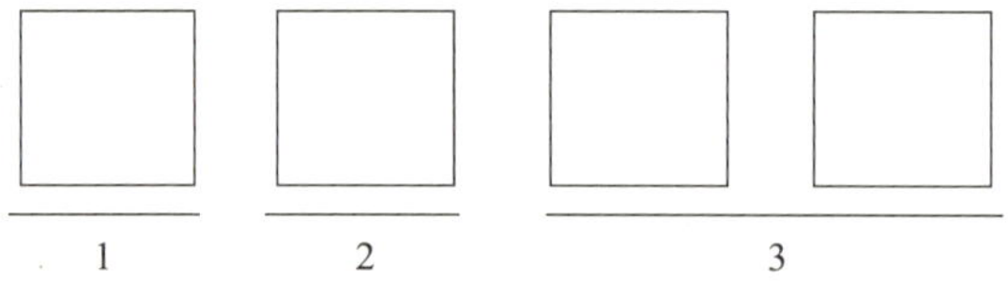

图 1－2－1　插接器编码规则图

表 1－2－2　插接器编码内容

第一位　位置编码	第二位　类别编码	第三位　排序编码
线束代码	线束对线束编号 J	插接器编号（数字）
	空	
	配电盒代码	配电盒端口（字母）

（一）第一部分为位置编码

位置编码就是线束代码，采用 A、B、C、G、K 等表示，该位置取决于回路元件所属线束的位置，对应关系参照表 1－2－3。

表 1－2－3　位置编码

线束名称	装配位置	编码	备注
左前门线束	左前门	T	
右前门线束	右前门	U	
左后门线束	左后门	V	
右后门线束	右后门	W	
蓄电池正极线束	蓄电池	B	B46 在前舱配电盒
蓄电池负极搭铁线束	蓄电池	Ea	
主电机控制器外壳搭铁、电池包搭铁	主电机控制器、电池包	Ek	
后保险杠线束	后保险杠	R	
前保险杠线束	前保险杠	D	
顶棚线束	车顶	P	
仪表板线束	仪表板	G	
地板线束	地板	K	
前舱线束	前舱	B	
高压配电盒搭铁线束	高压配电盒	ST	

（二）第二部分为类别编码

类别编码采用 1、2、3…或者大写字母 J 表示，分为三种情况，也就是三种类别。

（1）该插接器如果是配电盒上的插接器，则此位编码采用序号 1、2、3…表示，配电盒编码见表 1－2－4。

表 1-2-4　配电盒编码

配电盒名称	编码	配电盒名称	编码
前舱配电盒	1	仪表板配电盒Ⅱ	4
仪表板配电盒	2	正极配电盒Ⅰ	5
前舱配电盒Ⅱ	3	正极配电盒Ⅱ	8

（2）该插接器如果是线束间的对接插接器，则此位编码采用字母 J 表示。

（3）该插接器如果是接用电设备模块的插接器、继电器座，则此位为空。

（三）第三部分为排序编码

排序编码采用大写字母 A、B、C、D、E…或两位数字 01、02、03、04、05…表示，分为以下两种情况：

（1）该插接器如果是配电盒上的插接器，则此位编码采用 A、B、C、D、E…表示，该位与插接器所插配电盒的插口位置编号一致。

（2）其他插接器按所在线束的空间位置依次编号 01、02、03、04、05…插接器代码举例，有以下三种类别：

1）仪表板线束上接配电盒的插接器：G2A。

2）仪表板线束上接用电设备的插接器：G05。

3）仪表板线束上的对接插接器：GJK01。

插接器端子的识别方法：按插接器自锁方向朝上观察连接端子，其插头（公插）端子按从左到右、从上到下进行编号。插接器插座（母插）端子按从右到左、从上到下进行编号，如图 1-2-2 所示。

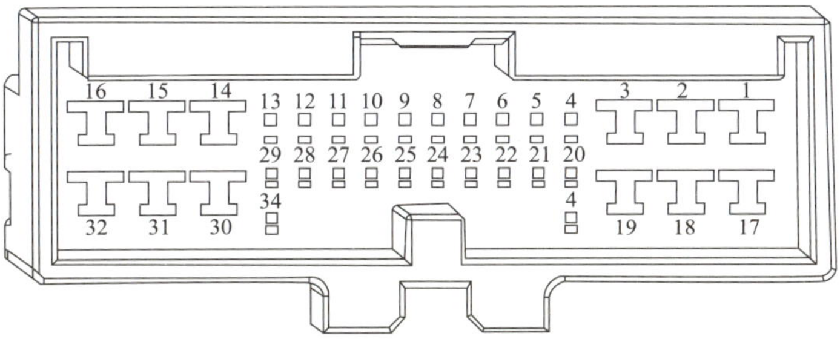

GJP01

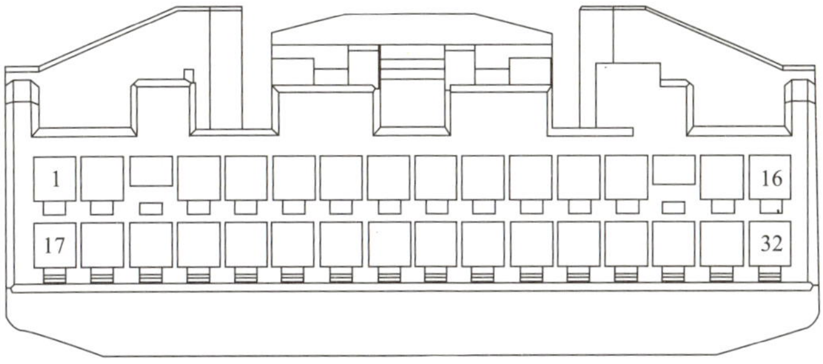

G7-2

图 1-2-2　插接器端子的识别

七、新能源汽车电路中熔断器的编码规则（以比亚迪新能源汽车为例）

熔断器的编码由四部分组成，如图 1－2－3 所示。

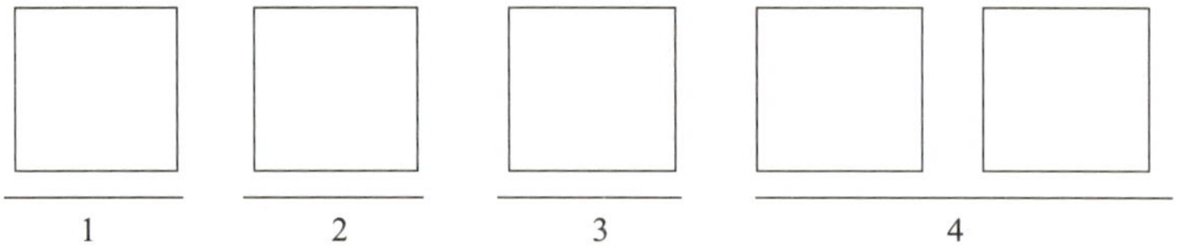

图 1－2－3　熔断器的编码规则图

（一）类别代码

统一采用 F 表示。

（二）位置代码

配电盒处用数字表示，外挂熔断器与插接器的编码相同。

（三）分隔代码

采用“/”表示。

（四）排序代码

采用 1、2、3…表示，按照配电盒熔断器端子的顺序号进行排列。
例如：
前舱配电盒上配的熔断器，按相应位置编号为 F1/1、F1/2 等。
仪表板配电盒上配的熔断器，按相应位置编号为 F2/1、F2/2 等。
仪表板配电盒Ⅱ上配的熔断器，按相应位置编号为 F4/1、F4/2 等。
正极配电盒Ⅰ上配的熔断器，按相应位置编号为 F5/1、F5/2 等。
正极配电盒Ⅱ上配的熔断器，按相应位置编号为 F8/1、F8/2 等。
地板线束外挂熔断器，按相应位置编号为 FX/1、FX/2 等。

八、新能源汽车电路中继电器的编码规则（以比亚迪新能源汽车为例）

继电器的编码由四部分组成，如图 1－2－4 所示。

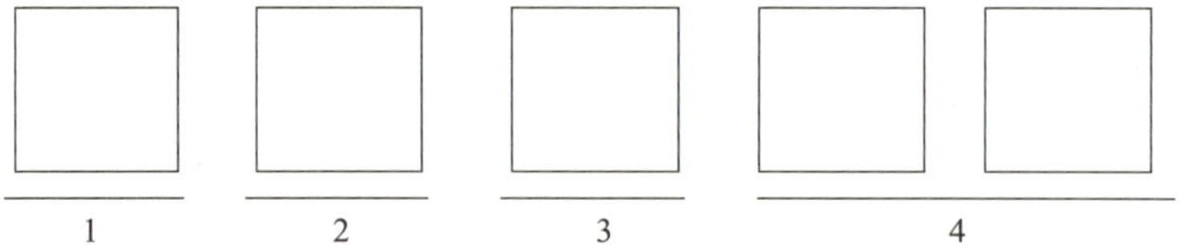

图 1－2－4　继电器的编码规则图

（一）类别代码

元件内置不可拆卸继电器采用 Ki 表示，其余采用 K 表示。

（二）位置代码

配电盒处用数字表示，外挂继电器与插接器编码相同。

（三）分隔代码

采用“-”表示。

（四）排序代码

采用 1、2、3…表示。举例：
前舱配电盒附配的继电器按相应位置编号为 K1-1、K1-2 等。
仪表板配电盒附配的继电器按相应位置编号为 K2-1、K2-2 等。
前舱配电盒Ⅱ附配的继电器按相应位置编号为 K3-1、K3-2 等。
仪表板配电盒Ⅱ附配的继电器按相应位置编号为 K4-1、K4-2 等。
外挂继电器编号随对应的线束，如 KG-1、KG-2、…、KC1-1、KC2-1、…、KX-1。
控制模块内部不可拆继电器按相应顺序编号为 KI1-1、KI1-2 等。

安全提醒

汽车电路中插接器、熔断器和继电器很多，整车线束较为复杂，作为未来的汽车维修技师，在读取电路图时一定要以认真严谨的态度，从局部到整体，善于化整为零，精益求精，臻于至善！

任务分析

要想完成新能源汽车电气系统故障的诊断与排除，需要具备以下知识和技能：

1. 相关知识

（1）了解新能源汽车电路图的表达方法。
（2）了解新能源汽车电气系统电路图的识图原则和方法。
（3）了解新能源汽车各车型电路图的特点，以及插接器、熔断器、继电器的编号规则。

2. 相关技能

（1）会识读电路图。
（2）能根据电路图在实车找到相应的部件位置。
（3）7S 管理和操作。

新能源汽车的电路图识读

任务实施

技能实训　新能源汽车的电路图识读

以比亚迪新能源汽车前舱配电盒的前照灯控制电路图为例，如图 1－2－5 所示。

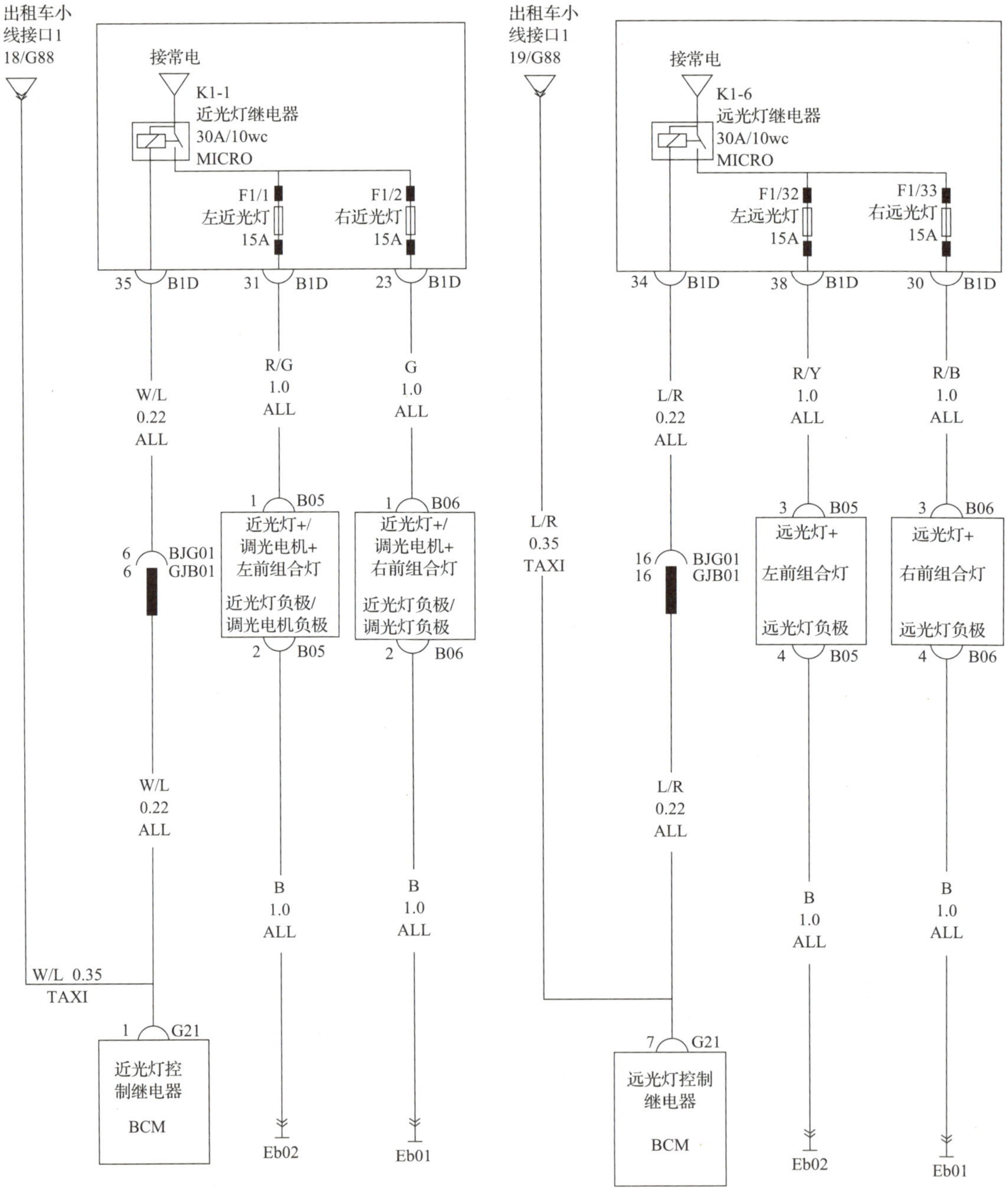

图 1－2－5　比亚迪前照灯控制电路图

步骤 1：图 1－2－5 中 F1/1、F1/2、F1/32、F1/33　15A 的意义。前舱配电盒上配的熔断器排序号为 1、2、32、33；15A 是 15 安培的电流，如果电路中电流达到 15A，熔断器就会熔断。

步骤 2：图 1－2－5 中 K1-1、K1-6 的意义。近光灯继电器，远光灯继电器，排序号第 1 和第 6 个继电器。K1-1 全名应该是 Ki1-1。

步骤 3：图 1－2－5 中 B1D 的意义。前舱线束插接器，位于前舱配电盒上背面，D 区端子。

步骤 4：图 1－2－5 中 B1D/35 的意义。前舱线束插接器，位于前舱配电盒上背面，D 区第 35 个端子。

步骤 5：图 1－2－5 中 W/L　0.22　ALL 的意义。W/L 是指导线的颜色是双色，主色是白色、辅色是蓝色；0.22 是指导线的截面积，单位是平方毫米；ALL 是指导线的材质为合金材料。

步骤 6：图 1－2－5 中 BJG01 的意义。BJG 是线束插座，前舱线束到仪表板线束的对插插座，01 是指线束的空间位置序号为 01。

步骤 7：图 1－2－5 中 GJB01 的意义。GJB 是线束插头，仪表板线束到前舱线束的对插插头，01 是指线束的空间位置序号为 01。

步骤 8：图 1－2－5 中 Eb01、Eb02 的意义。Eb 是搭铁线束插头，01 是指搭铁线束点空间位置第 1 个搭铁点，02 是指搭铁线束点空间位置第 2 个搭铁点，即为左右两侧近光灯和远光灯的搭铁点。

步骤 9：读出图 1－2－5 中近光灯继电器线圈的工作路径。常电→继电器线圈→前舱配电盒背面插头→ B1D/35 →白蓝 0.22 导线→ BJG01/6 → GJB01/6 →白蓝 0.22 导线→ G21/1 → BCM → BCM 内部负极→车身→蓄电池负极。

步骤 10：读出图 1－2－5 中左侧近光灯工作的工作路径。常电→ K1-1 近光灯继电器开关触点→ F1/1 → B1D/ 31 →红橙 1.0 导线→ B05/ 1 →左侧近光灯（近光灯调光电机）→ B05/2 →黑色 1.0 导线→ Eb02 搭铁点→车身→ 12V 蓄电池负极。

考核评价

任务		姓名	
教学场所			
知识目标	1. 了解新能源汽车电路图的表达方法	□完成　□基本完成　□未完成	
	2. 了解新能源汽车电路图的识读原则和方法	□完成　□基本完成　□未完成	
	3. 了解新能源汽车各车型电路图的特点，以及熔断器、继电器的编号规则	□完成　□基本完成　□未完成	
技能目标	1. 能正确识读电路图	□完成　□基本完成　□未完成	
	2. 能根据电路图完成各部件的查找	□完成　□基本完成　□未完成	
	3. 能正确分析电路图	□完成　□基本完成　□未完成	

续表

素养目标	能够按照 7S 管理要求整理实训场地	□完成　□基本完成　□未完成
步骤一	正确识读电路图	□完成　□基本完成　□未完成
步骤二	分析电路图	□完成　□基本完成　□未完成
步骤三	利用电路图找插接器位置	□完成　□基本完成　□未完成
步骤四	利用电路图找熔断器位置	□完成　□基本完成　□未完成
步骤五	利用电路图找继电器位置	□完成　□基本完成　□未完成
步骤六	验证	□完成　□基本完成　□未完成
总评		

任务拓展

常见的新能源汽车电气系统电路图符号如表 1－2－5 所示。

表 1－2－5　常见的新能源汽车电气系统电路图符号

符号	意义	符号	意义	符号	意义
	发光二极管		喇叭	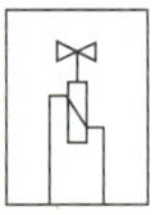	电磁阀
	电机		时钟弹簧	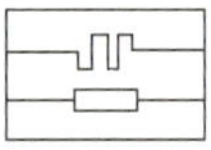	氧传感器
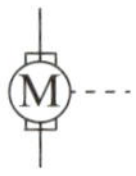	限位开关	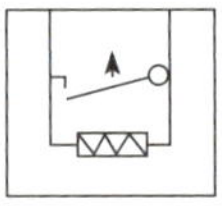	安全气囊	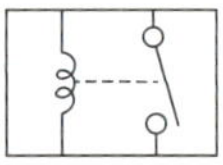	低速风扇继电器 B
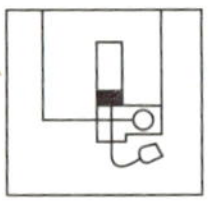	安全带预紧器	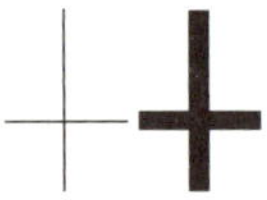	未连接交叉线路	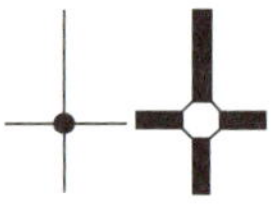	相连接交叉线路
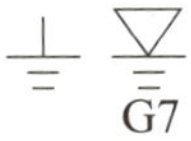	接地	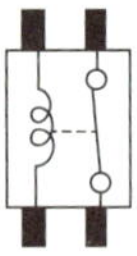	常闭继电器	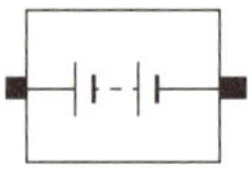	蓄电池
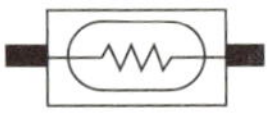	温度传感器	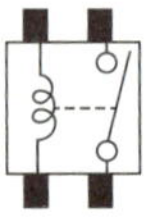	常开继电器		电容
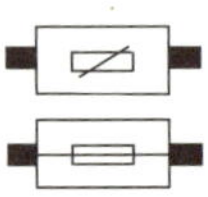	短接片	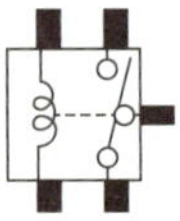	双掷继电器	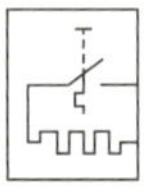	点烟器

续表

符号	意义	符号	意义	符号	意义
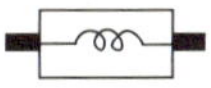	电磁阀	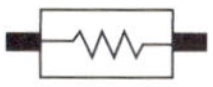	电阻		天线
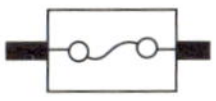	小负载熔断器	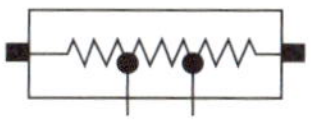	电位计	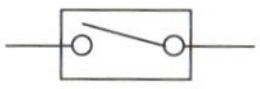	常开开关
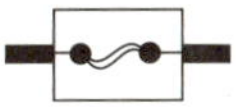	中负载熔断器		可变电阻器	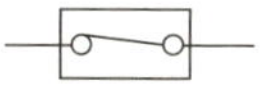	常闭开关
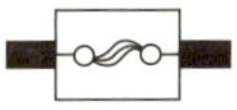	大负载熔断器	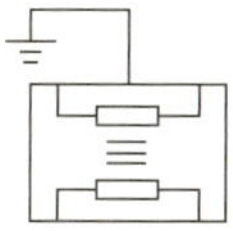	点火线圈	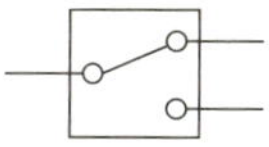	双掷开关
	加热器	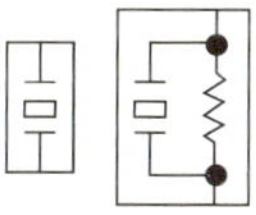	爆燃传感器	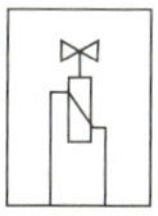	电磁阀
	二极管		灯泡		双绞线
	光电二极管		线路走向	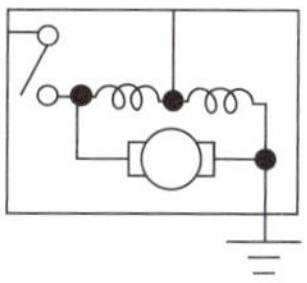	起动机

情智课堂

新能源汽车线束技术

在新能源汽车市场，尤其是电动汽车领域，对高性能线束的需求日益增长。随着智能化和高级驾驶辅助系统（ADAS）的广泛应用，以及车联网（V2X）技术的不断发展，北斗导航模块的集成，线束的设计和制造必须满足更高的技术标准。这些线束需要具备更高的数据传输速率、更强的抗干扰能力、更优的热管理性能，以适应日益复杂的车辆电子系统。因此，汽车线束技术的发展不仅见证了汽车电气化的历程，也预示着未来汽车技术的发展方向。

新能源汽车的一个显著特点是其高压系统。为了应对这一挑战，线束行业正在积极研究电磁兼容性（EMC）屏蔽技术和优化布线方案。同时，高压充电所需的单芯和多芯金属箔以及编织网材料的上下游企业也在积极响应这一市场需求。

线束技术的另一项重要课题是重量的减轻。随着汽车行业对轻量化的追求，线束的优化也变得尤为重要。目前，线束的重量已经相当可观，例如，某些车型的线束重量接近50kg，这相当于一个成年人的体重。行业正在努力将视频和摄像头信号传输功能集成到一根线上，以减轻重量。这一趋势预示着光纤和轻量化高压同轴电缆等领域将成为下一个风口。

在低压线束领域，自动化和去人工化是主要的发展方向。全球线束市场目前主要由日本和欧美的几家大厂，如住友、藤仓、安波福、李尔、莱尼等主导。国内市场也出现了一些优秀的本土企业，如昆山沪光、上海金亭、长春捷翼等。这些企业专注于高溢价率的线束设计，而非仅仅追求低成本和高产量，因为低端线束市场很快将因通信协议的进步而发生变革。

此外，线束安全也是新能源汽车领域的一个重要议题。高压互锁（HVIL）系统是确保新能源汽车高压系统安全的关键技术。这一系统通过引入12V小电流回路来检测高压系统的完整性，并在检测到问题时迅速断开电源，以保护车辆安全。

新能源汽车线束技术不断发展，我们在未来岗位上进行新能源汽车电气系统电路检验或者检修时，更需要以认真严谨、精益求精的态度，分析、诊断、排除故障。

项目小结

本项目主要讲述了新能源汽车电气系统的组成、特点，电气系统电路图中常用的基础元件如熔断器、继电器等的结构、符号和工作原理，介绍了新能源汽车电气系统电路图的基本组成、特点，识读电路图的基本原则和方法，同时介绍了常用诊断维修工具如万用表、试灯、兆欧表、故障诊断仪等的使用方法，如何利用工具完成车辆绝缘检查、对基础元件熔断器和继电器等的工作性能的检测等。最后参照电路图实车识别对应的线束、插接器等，为后续排除新能源汽车电气系统电路故障打下良好的基础。

同步练习

一、选择题

1. 新能源汽车电气系统的组成主要有电源系统、用电设备和（　　）。

A. 配电装置　　B. 驱动电机　　C. 动力蓄电池

2. 新能源汽车电气系统的特点主要有单线制、用电设备并联和低压电源（　　）。

A. 负极搭铁　　B. 正极搭铁

3. 当电路中流过超过规定大电流时，（　　）会切断电源，保护用电导线和设备。

A. 继电器　　B. 熔断器　　C. 插接器

4.（　　）用来控制用电设备电源电路的接通和断开，用小电流控制大电流，可以减小控制开关的电流，保护电路中的控制开关。

A. 继电器　　B. 熔断器　　C. 插接器

5. 新能源汽车电气系统电路采用并联单线制，局部电路之间相互独立，因此，读图时要采取（　　）方法，将局部电路从全车电路中分离出来。

A. 从集中到分散　　B. 从分散到集中

二、判断题

1. 新能源汽车电气系统一般为多个用电设备串联连接。(　　)

2. 新能源汽车高压线束承担着安全可靠地传输车辆行驶时所需电能的重要使命。(　　)

3. 在车上测量熔断器的阻值时，不需要对整车断电。(　　)

4. 检修新能源汽车电路时，在分离插接器时，可以不用解除闭锁装置，直接拔开。(　　)

5. 利用兆欧表对高压线束进行绝缘检测时，一定要佩戴绝缘手套，当心触电。(　　)

三、简答题

1. 新能源汽车电气系统基础元件有哪些?

2. 新能源汽车高压线束的特点是什么?

3. 简述新能源汽车电路图的识读原则和方法。

四、实训题

1. 请利用兆欧表完成新能源汽车的绝缘测试。

2. 利用检修工具，完成继电器性能的静态和动态测试。

项目二

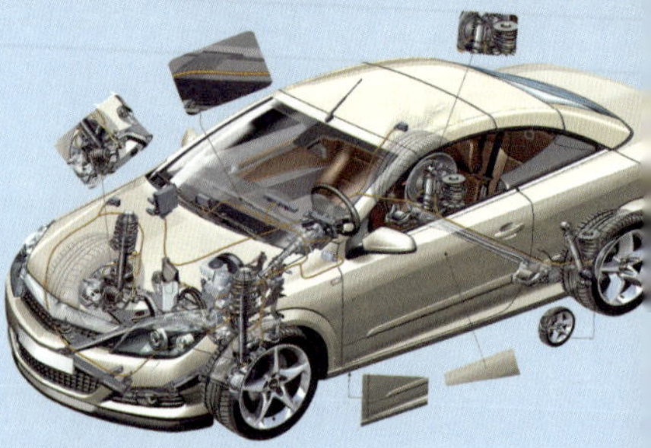

新能源汽车起动系统检修

项目描述

新能源汽车能正常起动需要满足两个基本条件：一是蓄电池的电压正常，二是智能钥匙合法。新能源汽车电气系统的供电主要来源于12V辅助蓄电池，当电量不足时需要通过DC/DC转换器进行充电。无钥匙进入和起动系统简称PEPS（Passive Entry Passive Start）系统，是一种汽车新型智能电子防盗系统。PEPS系统工作正常是进入车辆和起动车辆的基础。因此，12V辅助蓄电池亏电、PEPS系统故障等原因引起的新能源汽车低压无法上电故障是新能源汽车电气系统最重要的检修内容之一。

本项目包括以下2个任务：

任务一　新能源汽车低压电源系统检修

任务二　新能源汽车无钥匙进入和起动系统检修

知识目标

1. 了解蓄电池的结构。
2. 掌握蓄电池的工作原理。
3. 掌握蓄电池的使用方法。
4. 掌握DC/DC转换器的结构和工作原理。
5. 了解新能源汽车无钥匙进入和起动系统的基本组成。
6. 了解新能源汽车无钥匙进入和起动系统的控制逻辑和工作原理。

能力目标

1. 能说出蓄电池各部分的结构名称。
2. 能正确使用和养护蓄电池。
3. 能对蓄电池进行检测。
4. 能对DC/DC转换器进行检修。
5. 能正确进行新能源汽车无钥匙进入和起动系统资料查找。
6. 能对新能源汽车无钥匙进入和起动系统进行检修。

素养目标

1. 培养安全规范、认真严谨的工作态度。
2. 培养主动思考、自主学习的能力。
3. 培养良好的沟通交流、语言表达及团队合作能力。

任务一　新能源汽车低压电源系统检修

任务描述

比亚迪新能源汽车4S店售后维修小组接到一张任务工单：一辆新能源汽车，行驶里程75 000km，突然出现车辆无法起动的现象。维修技师初步断定为低压电源电压不足故障。你接下来要做的是查找资料，了解蓄电池的工作原理及作用，掌握蓄电池的维护方法，学会正确检测蓄电池。

知识储备

一、新能源汽车电源系统

图2－1－1所示为新能源汽车12V电源系统示意图。新能源汽车的电源分为主电源和辅助电源。主电源是动力蓄电池组，它为驱动电机、空调和DC/DC转换器等提供直流高压电源。图2－1－2所示的是比亚迪秦EV所用的12V辅助蓄电池，为车载各种仪表、控制系统等提供直流低压工作电源。

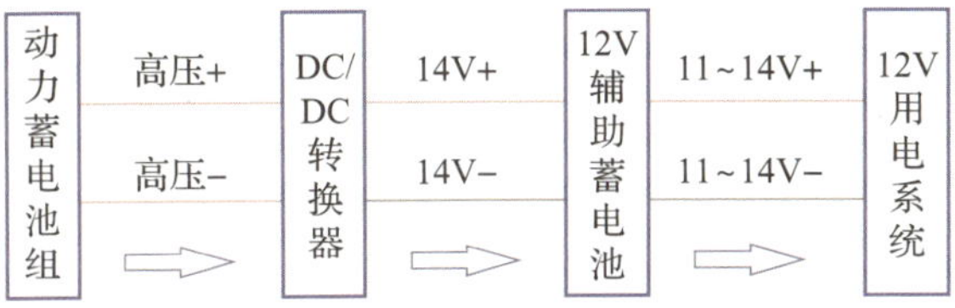

图2－1－1　新能源汽车12V电源系统

图2－1－2　比亚迪秦EV辅助蓄电池

电源系统是新能源汽车稳定运行的能源保障，电源系统的可靠性对于整车系统的性能起着至关重要的作用。新能源汽车设计和选择电源时要考虑配电方案、布局、搭铁回路等，以实现对负载良好的供电，实现电压调整高精度、低噪声，同时避免系统中电路之间的干扰、振荡以及过热等问题的出现。混合动力汽车和纯电动汽车一般采用 DC/DC 转换器替代传统汽车的交流发电机。DC/DC 转换器将直流高压转换为 14V 左右的直流电源，为汽车用电设备供电，同时为 12V 辅助蓄电池充电。

蓄电池的认知与检修

（一）新能源汽车蓄电池的构造

汽车蓄电池是一种将化学能转换为电能的储能装置，是一种可逆的直流电源。如果连接外部负载或接通充电电路，蓄电池便开始放电或充电，实现能量转换。充电时，将电能转化成化学能储存起来；放电时，将化学能转变为电能输出。蓄电池能量转换示意图如图 2－1－3 所示。

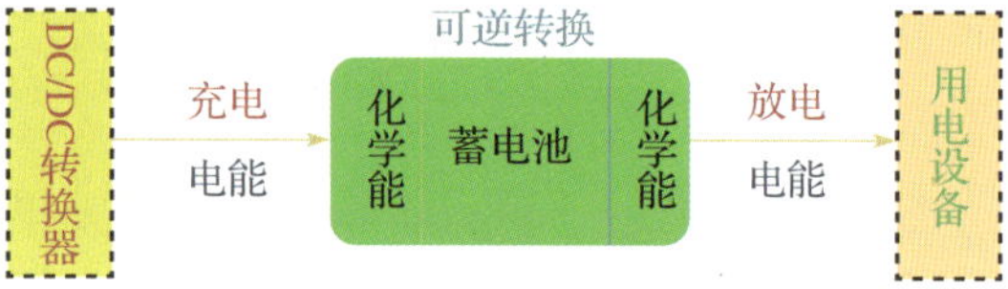

图 2－1－3　蓄电池能量转换示意图

普通型铅酸蓄电池由单格的电池组成，每只单格电池电压约为 2V，一般将 3 只或 6 只单格电池串联成一只 6V 或 12V 蓄电池总成。目前比亚迪新能源汽车有部分起动电池采用的是磷酸铁锂（$LiFePO_4$）电池，如图 2－1－4 所示，每只单格电池电压约为 3.2V，一般将 4 只单格电池串联成 12V 蓄电池总成，内部 $LiFePO_4$ 作为电池的正极，由铝箔与电池正极连接，石墨作为电池负极，由铜箔与电池的负极连接。该电池具有质量轻、循环寿命高等优点。无论是普通型铅酸蓄电池还是磷酸铁锂电池，它们都由极板（正极板、负极板、正极板栅、负极板栅）、隔板、外壳、联条、极柱、电眼等组成，如图 2－1－5 所示。

图 2－1－4　比亚迪磷酸铁锂电池

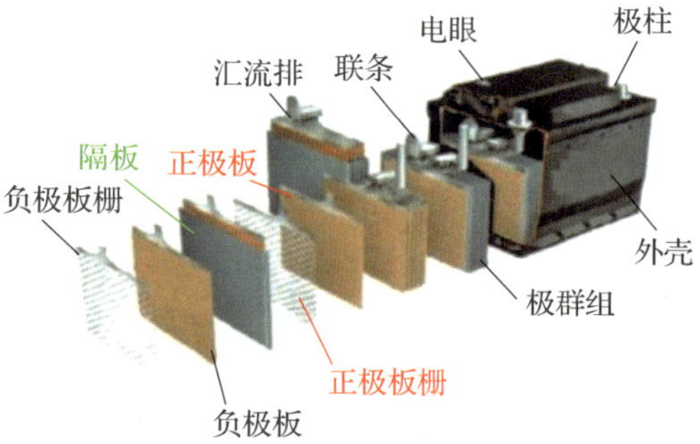

图 2－1－5　蓄电池的基本结构

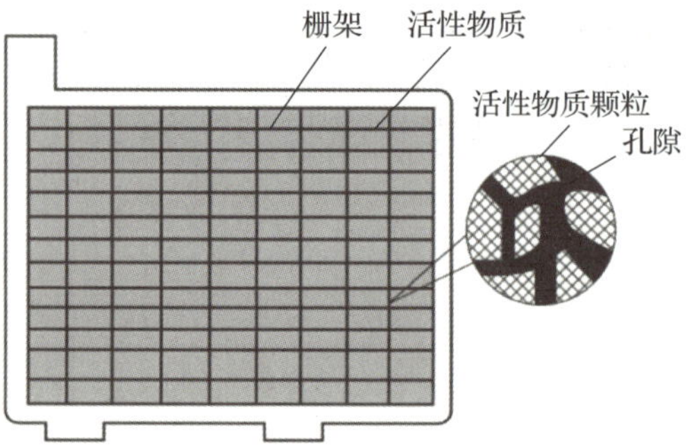

图 2－1－6　极板的结构

1. 极板

极板是蓄电池的核心部分，由它接收充入的电能和向外释放电能。它由栅架和活性物质组成，如图 2－1－6 所示。极板分为正极板和负极板。铅酸蓄电池正极板上的活性物质为二氧化铅（PbO_2），呈深褐色；负极板上的活性物质为海绵状纯铅（Pb），呈青灰色，如图 2－1－7 所示。正、负极板上的活性物质分别填充在铅锑合金铸成的栅架上。通过极板上活性物质与电解液中硫酸的化学反应实现蓄电池在充电与放电过程中电能和化学能之间的相互转换。一片正极板和一片负极板浸入电解液中，可得到 2.1V 的电动势。为增大蓄电池容量，常将多片正、负极板分别并联组成正、负极板组，如图 2－1－8 所示。在单格电池中，负极板总比正极板多一片，将正极板夹在负极板之间，可使两侧均匀放电，防止因活性物质体积变化不一致而造成极板拱曲。

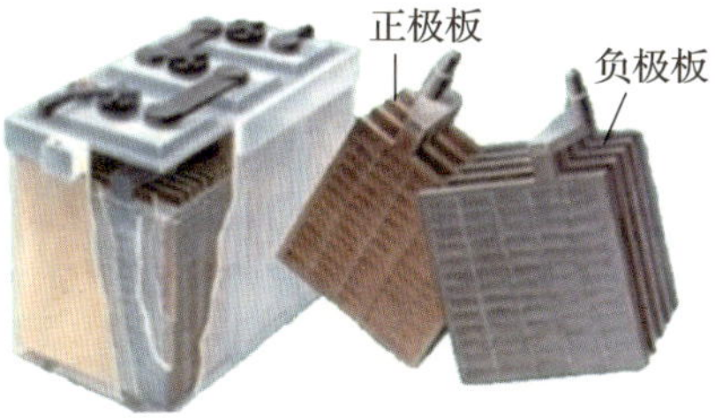

图 2－1－7　正、负极板颜色

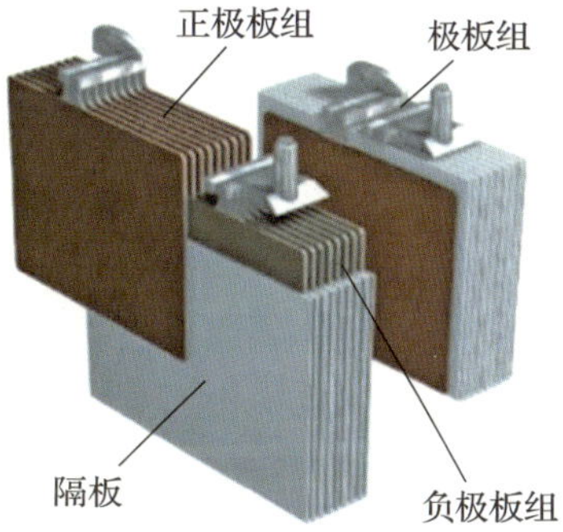

图 2－1－8　正、负极板组

2. 隔板

作用：隔板插放在正负极板之间，防止正、负极板互相接触造成短路。

要求：应具有良好的绝缘性、多孔性、耐酸性、抗氧化性能。

隔板（如图 2－1－9 所示）有许多微孔，能让电解液畅通无阻。隔板一面平整，一面有沟槽，沟槽面对着正极板，使充、放电时电解液能通过沟槽及时供给正极板，当正极板上的活性物质 PbO_2 脱落时能迅速通过沟槽沉入容器底部，避免与负极板接触造成短路。部分蓄电池采用带薄膜隔离套的极板，如图 2－1－10 所示。蓄电池隔板实物图如图 2－1－11 所示。

图 2－1－9　蓄电池隔板

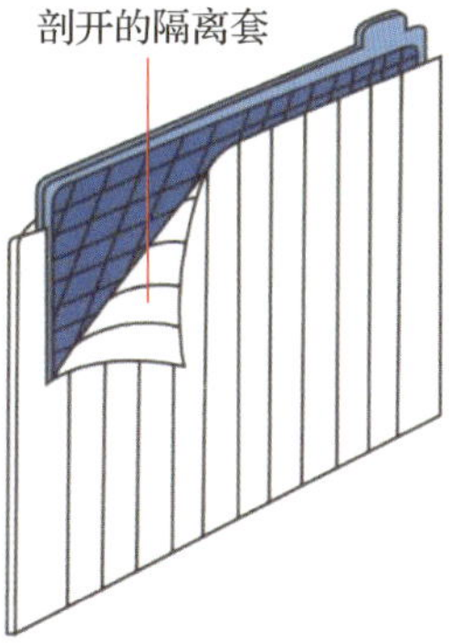

图 2－1－10　带薄膜隔离套的极板

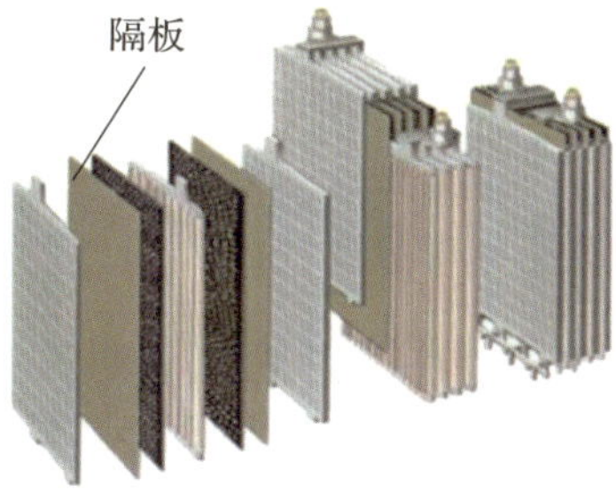

图 2－1－11　蓄电池隔板实物图

3. 电解液

铅酸蓄电池的电解液是由密度为 $1.84g/cm^3$ 的纯硫酸和蒸馏水按一定的比例配制而成的。蓄电池电解液的密度一般在 1.24 ～ $1.31g/cm^3$，使用中，密度应根据地区、气候条件和制造厂的要求而定。电解液的密度、温度、纯度会影响蓄电池的性能、寿命，一般工业用的硫酸和普通水中含有铁、铜等有害杂质，绝对不能加入蓄电池中，否则会造成蓄电池自行放电，容易损坏极板，蓄电池电解液要用规定的蓄电池专用硫酸和蒸馏水配制。电解液密度还与充放电状态直接相关。

4. 外壳

蓄电池外壳由电池槽和电池盖组成，其作用是盛装电解液和极板组，应该耐酸、耐热、耐振。常用的材料有硬橡胶或聚丙烯塑料。现在普遍采用聚丙烯塑料外壳，为整体式结构，底部有凸起的肋条以搁置极板组。电池槽被隔板分为 6 个互不相通的单格，底部制有凸起的筋条。每个单格都有一个加液孔，用于加注电解液或检测电解液密度。加液孔用螺塞或盖板密封，防止电解液外溢。在加液孔盖上设有通气孔，以便排出化学反应所产生的气体。该通气孔在使用中应保持畅通，防止外壳膨胀而发生事故。

5. 联条

联条（如图 2－1－12 所示）的作用是将单格电池串联起来，以提高整个蓄电池总成的端电压。制造联条的材料是铅锑合金。单格电池串联的方式有传统外露式、穿壁式、跨越式三种。

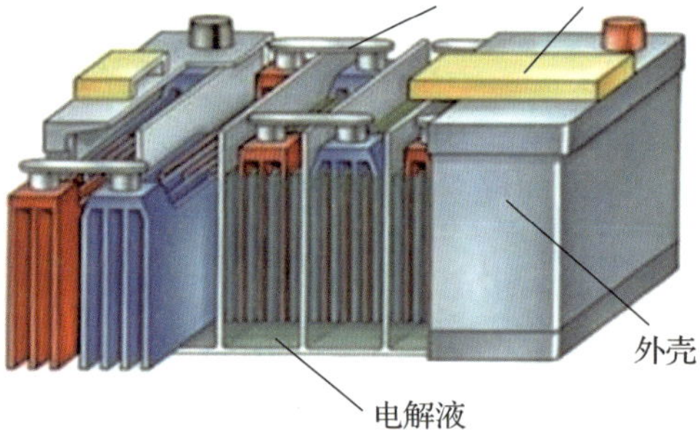

图 2－1－12　蓄电池联条

6. 极柱

蓄电池极柱（又称为极桩）的形状有圆锥形和 L 形等。蓄电池极柱分为正极和负极。为了便于区分，正极柱的直径通常比较粗，且用“＋”或符号“P”表示，表面常涂红色油漆；负极柱的直径通常较细，且用“－”或符号“N”表示，表面可涂成蓝色或不涂颜色，如图 2－1－13 所示。

7. 电眼

电眼又称为密度指示器，如图 2－1－14 所示。它是以蓄电池内部电解液的密度为测试标准的。蓄电池在使用过程中，电解液的密度随着电量的多少而变化。电量大，密度高；电量少，密度低。电眼内有一个红色和一个绿色密度球，它们随着密度的变化而升降，显示不同的颜色，但因准确度低，一般只作参考。

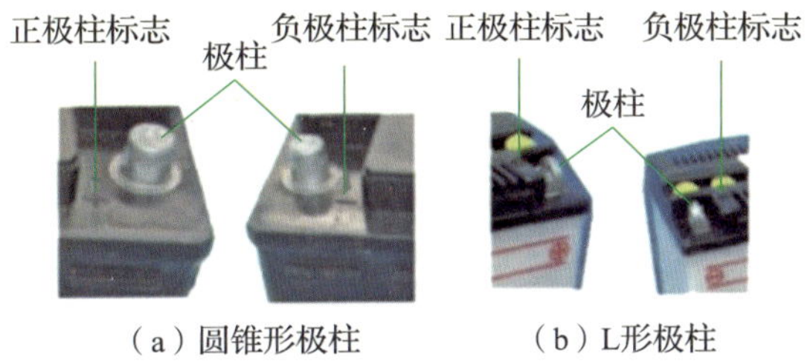

图 2-1-13　极柱

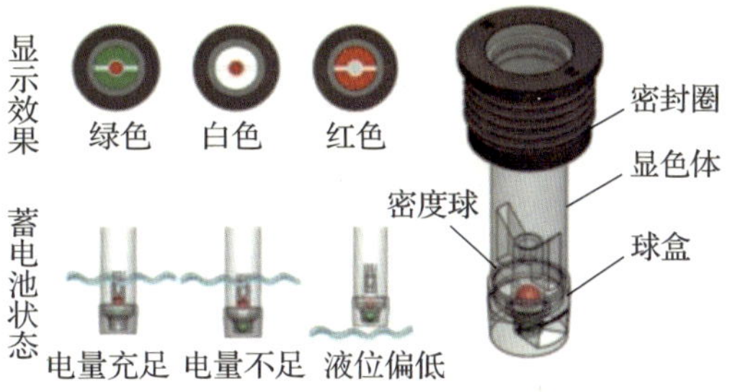

图 2-1-14　蓄电池密度指示器

（二）铅酸蓄电池的工作原理

将蓄电池与电路上的负载接通时，蓄电池放电，如图 2-1-15 所示，在电动势的作用下，电流从正极经过负载流往负极，同时电子从蓄电池负极经外电路流向正极，使正极电位降低，负极电位升高，破坏了原有的平衡。电解液中硫酸浓度降低，电解液相对浓度下降。放电时的化学反应方程式为

$$PbO_2 + Pb + 2H_2SO_2 \rightarrow 2PbSO_2 + 2H_2O$$

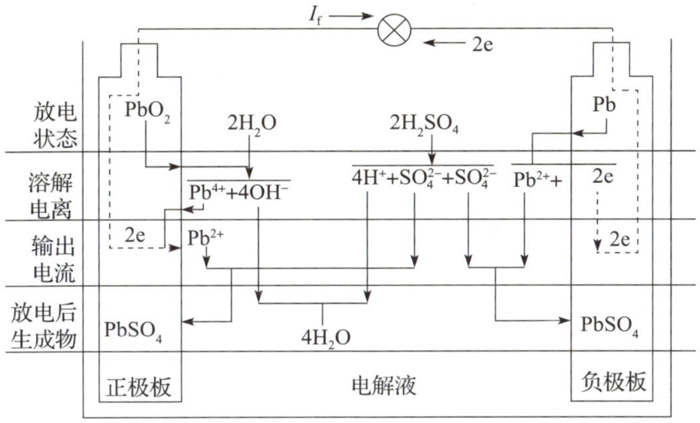

图 2-1-15　放电时的化学反应

充电时的化学反应如图 2-1-16 所示。充电时将蓄电池的正负极与直流电源的正负极对应相接，当电源电压高于蓄电池的电动势时，电流从蓄电池正极流入，从负极流出，电源驱使电子从蓄电池正极经外电路流向负极。电解液中硫酸逐渐增多而水减少，电解液相对密度上升。充电时的化学反应总方程式为

$$2PbSO_4 + 2H_2O \rightarrow PbO_2 + Pb + 2H_2SO_4$$

（三）蓄电池的充电方法

蓄电池的充电方法有定流充电（恒流充电）、定压充电（恒压充电）及快速脉冲充电。

1. 定流充电

定流充电是充电电流保持恒定的充电方法，广泛用于初充电、补充充电和去硫化充电等，如图 2-1-17 所示。

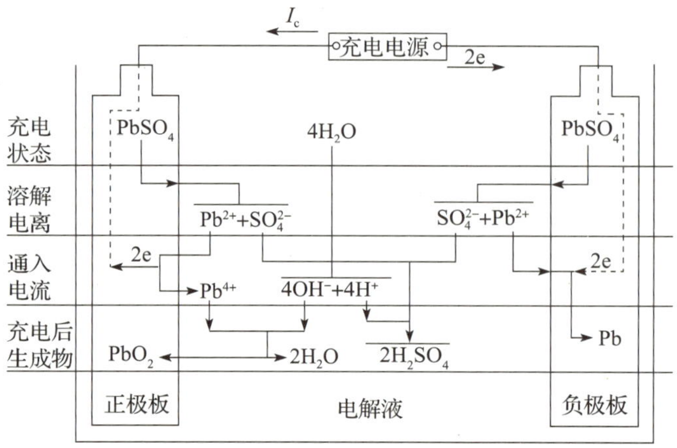

图 2－1－16　充电时的化学反应

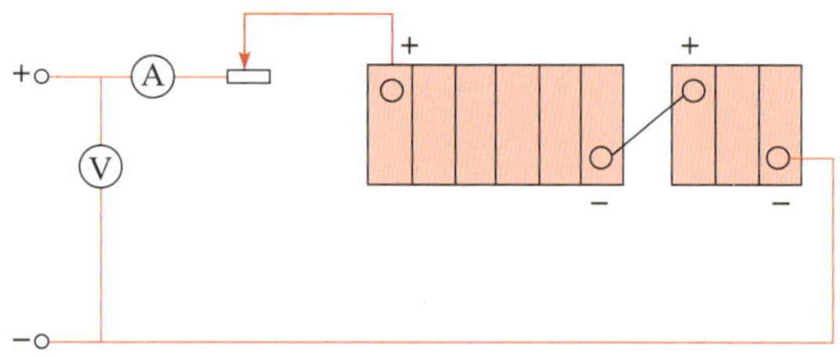

图 2－1－17　定流充电

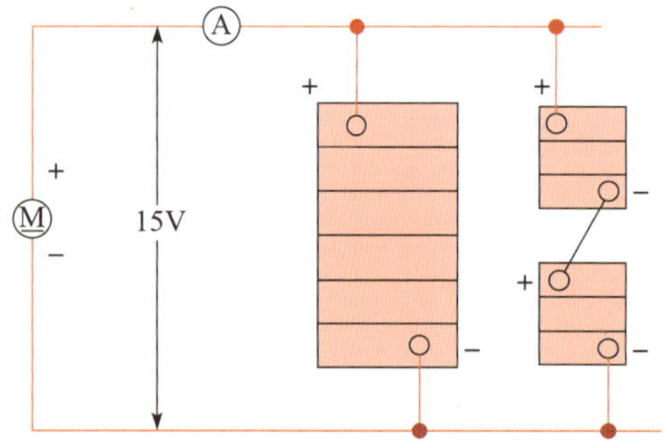

图 2－1－18　定压充电

（1）定流充电的优点：适用性好，可任意选择和调整充电电流，有利于延长蓄电池的使用寿命。

（2）定流充电的缺点：充电时间长，且需要经常调节充电电流。

2. 定压充电

在充电过程中，加在蓄电池两端的电压保持恒定的方法称为定压充电，如图 2－1－18 所示。采用定压充电时，充电电压必须适当。过高，则充电初期充电电流过大，且会发生过充电现象；过低，则充电不足。

（1）定压充电的优点：一是充电效率高，开始充电 4 ～ 5h 内，蓄电池就能获得 90% ～ 95% 的电量，因而可大大缩短充电时间；二是操作方便，不易过充电。

（2）定压充电的缺点：由于充电初期电流太大，易造成电解液升温过快、极板弯曲、活性物质脱落，从而影响蓄电池的技术性能和使用寿命。因此，这种方法除了在短时间补充充电的情况下，一般很少使用。

3. 快速脉冲充电

快速脉冲充电必须用快速脉冲充电机（如图 2－1－19 所示）进行。快速脉冲充电过程：先用额定容量 80% ～ 100% 的大电流进行恒流充电，使蓄电池在短时间内充至额定容量的 50% ～ 60%，当单格电池电压升至 2.4V，电解液开始冒气泡时，由充电机的控制电路自动控制，开始脉冲快速充电。以后的充电过程一直按正脉冲充电—停充—负脉冲瞬时放电—停充—正脉冲充电的循环过程进行，直至充足电。快速脉冲充电波形如图 2－1－20 所示。快速脉冲充电机充电如图 2－1－21 所示，连接方式如图 2－1－22 所示。

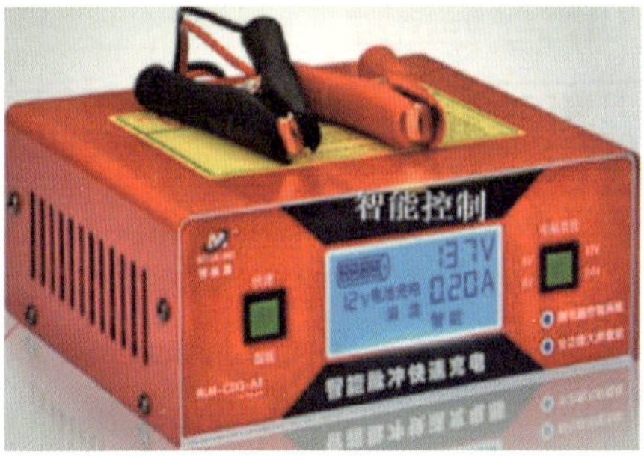

图 2－1－19　快速脉冲充电机

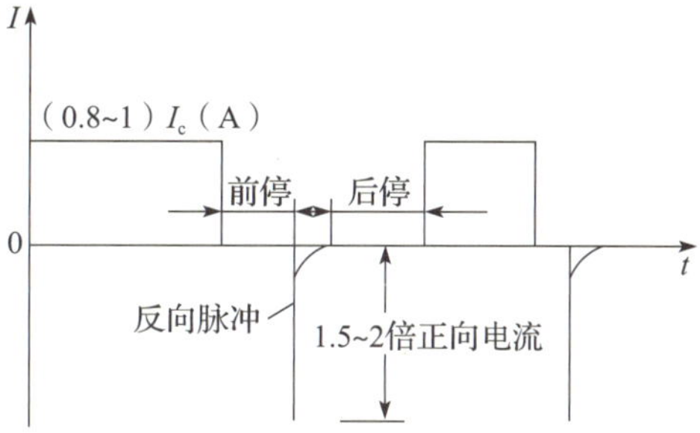

图 2－1－20　快速脉冲充电波形

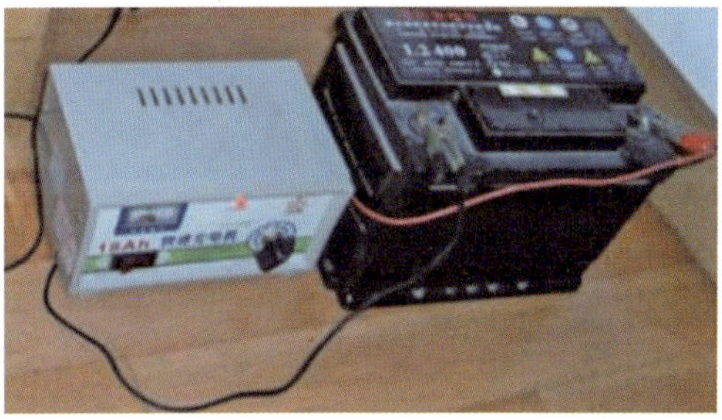

图 2－1－21　快速脉冲充电机充电

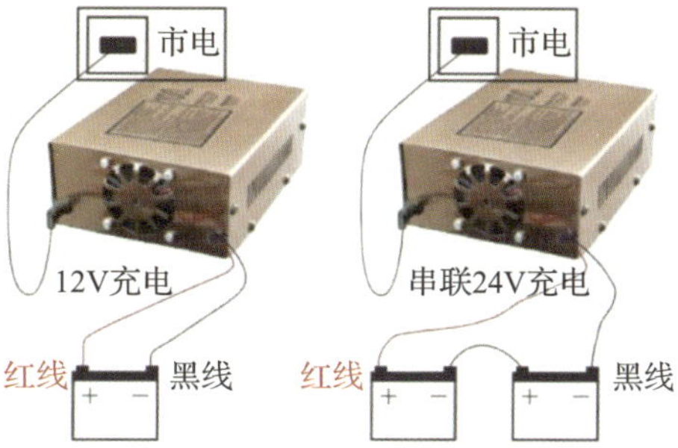

图 2－1－22　快速脉冲充电机连接方式

（四）蓄电池的使用及维护

蓄电池的性能与使用寿命不仅取决于其结构和质量，还与使用条件和维护质量密切相关。加强蓄电池的维护，合理地使用蓄电池，对延长蓄电池的使用寿命特别重要。蓄电池的使用中需要注意以下事项：

（1）电压必须和汽车电气系统的额定电压一致。

（2）容量必须满足汽车起动的要求，禁止长时间使用起动机。

（3）最好选用与原厂品牌、规格、容量相一致的产品。

（4）进行蓄电池充电时，应选择合适的充电方法，不能过充。

为了使蓄电池经常处于完好的技术状态，对使用中的蓄电池，应做好下列维护工作：

（1）观察蓄电池外壳是否有裂纹和电解液是否泄漏，并做适当处理。

（2）检查蓄电池的安装是否牢固，电极接线柱与接线连接是否紧固，如图 2－1－23 所示。

（3）经常清除蓄电池上的灰尘、泥土及接线柱和接线端子上的氧化物，通常应涂以保护剂，如图 2－1－24 所示。

图 2－1－23　蓄电池的紧固

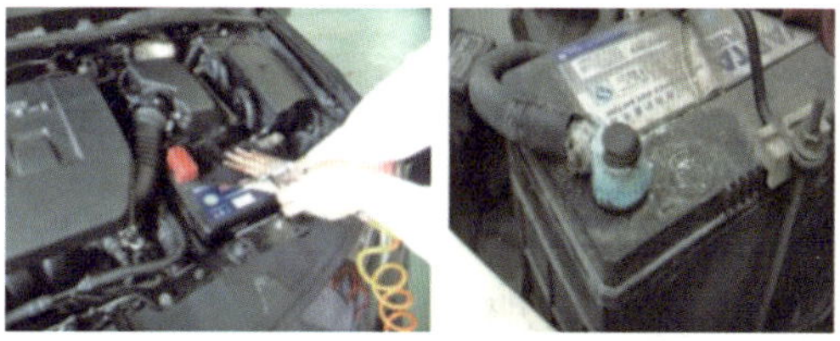

（a）　　（b）

图 2－1－24　蓄电池表面清洁

二、DC/DC 转换器的结构及工作过程

DC/DC 转换器的认知与检修

（一）DC/DC 转换器的结构

直流 / 直流转换器（DC-to-DC Converter）也称为 DC/DC 转换器，是进行电能转换的装置，可以将直流（DC）电源转换为不同电压的直流（或近似直流）电源。在新能源汽车上 DC/DC 转换器将动力蓄电池的高压直流电转换为整车 12V 低压直流电，给整车低压电气系统供电及蓄电池充电。其在整车电气系统中的位置如图 2 – 1 – 25 所示。

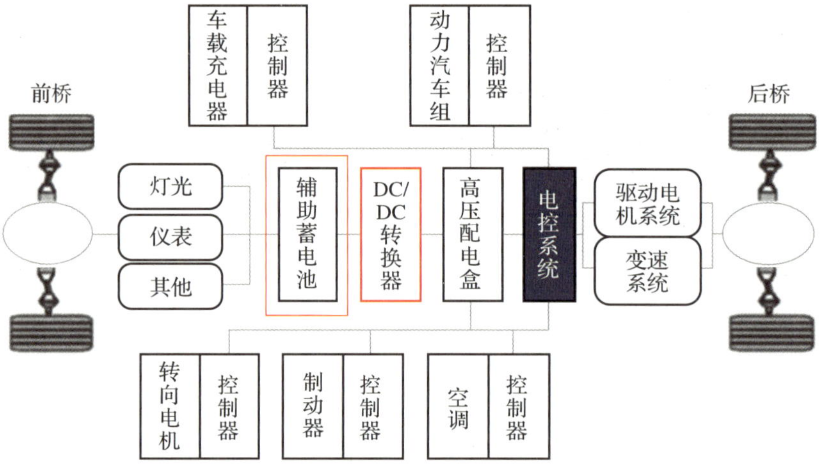

图 2 – 1 – 25　DC/DC 转换器在整车电气系统中的位置

DC/DC 转换器的外观如图 2 – 1 – 26 所示，它主要有四个接口，分别为高压输入端、低压控制端、低压输出正极、低压输出负极。它的内部主要由主电路、驱动模块和控制模块三部分组成。

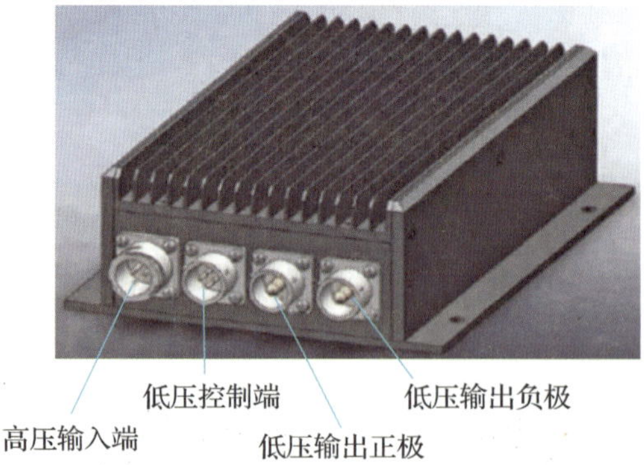

图 2 – 1 – 26　DC/DC 转换器的外观

1. 主电路

主电路是 DC/DC 转换器的主体，其电路图如图 2 – 1 – 27 所示。当高压直流电通过 V_{in} 输入 DC/DC 转换器后，会通过转换、降压、转换等过程，经由 C_f 和 R_L 进行滤波处理，最终变为新能源汽车内部电气系统常用的 12V 低压直流电。

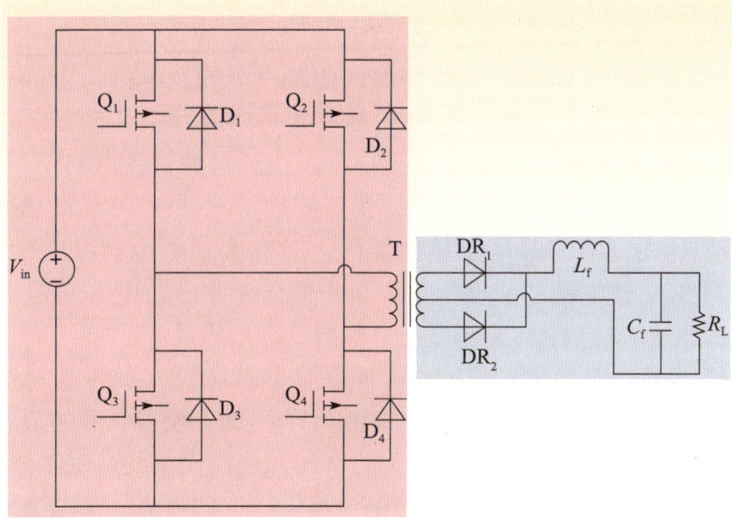

图 2－1－27　DC/DC 转换器的主电路图

2. 驱动模块

驱动模块可控制 DC/DC 转换器内部的多个开关，以控制其输出电压。通常，驱动模块的控制能力是通过驱动电路实现的，常见的驱动电路有直接耦合型、脉冲耦合型、芯片驱动型三种。

3. 控制模块

控制模块主要用来反馈主电路的工作状态，通过监控主电路的输出状态来控制主电路的工作状态。控制模块主要有电压控制、峰值电流控制、平均电流控制三种控制模式。

（二）DC/DC 转换器的工作过程

从动力蓄电池传输过来的高压直流电经过 DC/DC 转换器的高压输入端输入，转换为高频的方波电压或电流后，经过变压器转换为低压交流电，又经过整流二极管和滤波电路转换为新能源低压蓄电池所需的低压直流电。其工作过程如图 2－1－28 所示。

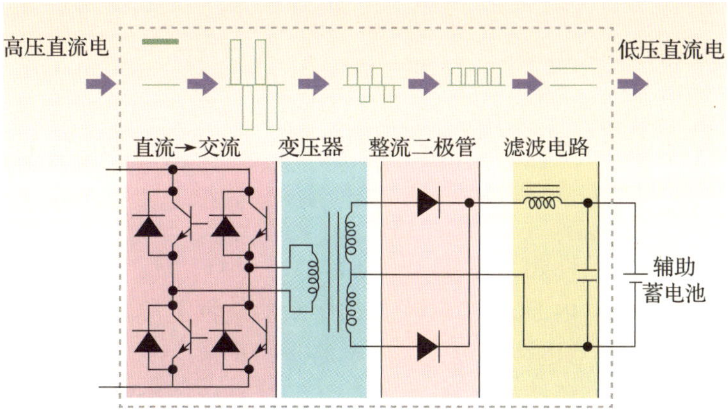

图 2－1－28　DC/DC 转换器的工作过程

三、12V 蓄电池亏电对新能源汽车的影响

大部分新能源汽车采用 DC/DC 转换器取代传统汽车的发电机，为新能源汽车低压电气系统提供工作的直流电源，使得原有 12V 蓄电池的功用发生了改变，只作为新能源汽车的辅助能源单元，而不需要提供瞬时过高功率。在较早的普锐斯 HEV 车型上，12V 蓄电池采用了循环充电能力比铅酸蓄电池高 3 倍、使用寿命 7 ～ 10 年的 AGM 免维护专用电池。DC/DC 转换器由于本身是电子控制器件，对电流和电压均可进行较精确的控制，所以，可以实现对 12V 蓄电池的能量管理，某些整车企业已经用 12V 锂电池代替原有的铅酸蓄电池，如比亚迪 E5 新能源汽车的 12V 磷酸铁锂电池。

实际上，由于汽车的电动化、智能化、网联化，新能源汽车的电气和控制系统结构相对传统车要复杂一些，模块更多。电子控制模块的增加，使得车辆的静态电流增大；电子控制模块之间通信网络（以 CAN 网为主）的增加，使得网络的睡眠唤醒机制较为复杂，特别是充电（快充和慢充）时需要给 12V 蓄电池提供较大的电流；又因为新能源汽车接入车联网，有监控等需求，车辆某些电子控制模块总是处于工作或准备工作的状态，可能在某些状态下没办法完全让车辆“休眠”。这些原因有可能导致停置一段时间（几天或者一周以上）的车辆，即使高压动力蓄电池满电的情况下，车辆也起动不了。因为控制模块正常工作电压通常是 9 ～ 16V，造成亏电的铅酸蓄电池持续输出电流，电压就会持续下降（降到低于继电器的正常工作电压），而 DC/DC 转换器给蓄电池充电的电路本身就需要 12V 电源，通过给继电器线圈供电来维持触点的接通，所以，一旦蓄电池供电不足，这个系统就无法正常工作。

四、新能源汽车辅助蓄电池亏电的故障诊断

（一）故障现象

新能源汽车无法上电起动。

（二）故障原因

（1）12V 蓄电池本身故障。

（2）DC/DC 转换器供电故障。

（3）DC/DC 转换器内部故障。

（4）DC/DC 转换器与蓄电池连接电路故障。

（三）诊断思路

（1）检查蓄电池电压及性能，标准电压值为 11 ～ 14V。

（2）检查低压熔断器盒内 DC/DC 转换器的熔断器是否正常。

（3）检查 DC/DC 转换器电源正负极供电电路是否正常。

（4）检查高压分电盒高压插接器与 DC/DC 转换器高压插接器的插头是否导通。

（5）检查 DC/DC 转换器输出端的搭铁线负极插接器端子。

任务分析

要想完成本任务故障的诊断与排除，需要具备以下知识和技能：

1. 相关知识

（1）了解蓄电池的组成。

（2）了解蓄电池的工作原理。

（3）了解蓄电池的使用方法。

2. 相关技能

（1）万用表、示波器、解码器等常见设备的使用。

（2）蓄电池性能检测。

（3）蓄电池的拆卸与更换。

（4）7S 管理和操作。

任务实施可按照图 2－1－29 所示的流程图进行。

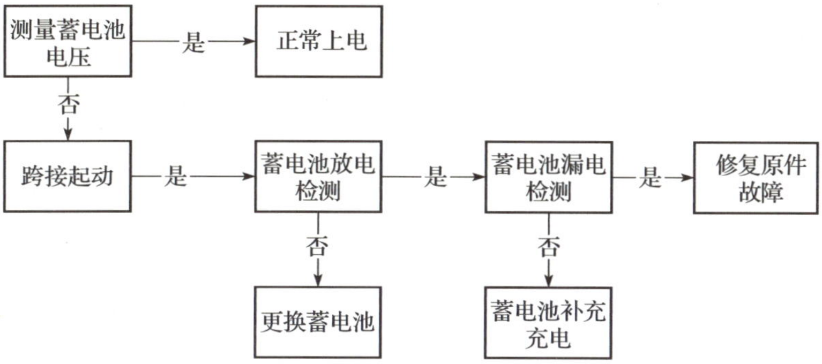

图 2－1－29　流程图

任务实施

技能实训　低压辅助蓄电池的检修

步骤 1：测量蓄电池电压。

蓄电池的检测

蓄电池静态电压、充电电压测量：将万用表旋转至 20V 直流电压挡，用红表笔接蓄电池正极，黑表笔接蓄电池负极，在没上电时读取电压表读数应在 12V 左右，如图 2－1－30 所示。车辆正常上电以后，读取电压表读数应在 14V 左右，如图 2－1－31 所示，电压应为 DC/DC 转换器充电电压。

图 2－1－30　静态电压

图 2－1－31　充电电压

步骤 2： 蓄电池亏电应急处理。

如果电压不正常导致车辆无法上电，实用的应急处理方法是用一个正常的蓄电池和故障车蓄电池相连，进行跨接起动，如图 2－1－32 和图 2－1－33 所示。

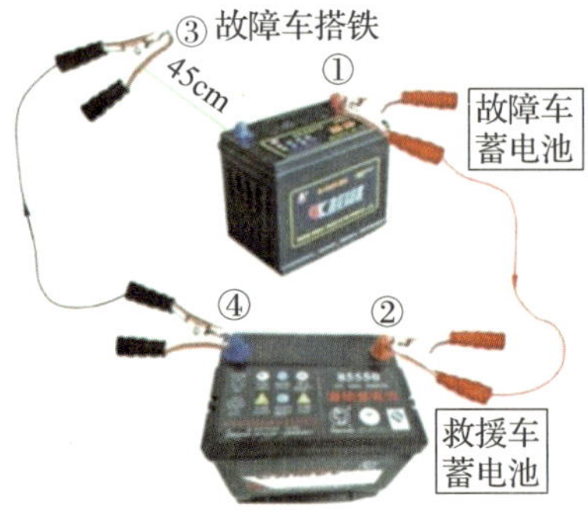

图 2－1－32　蓄电池跨接

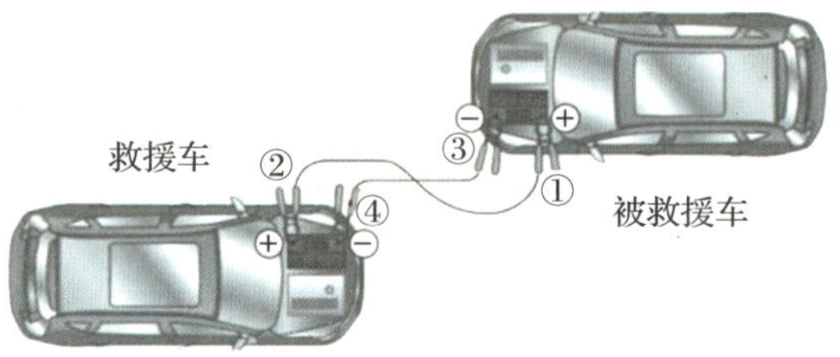

图 2－1－33　车辆跨接起动

步骤 3： 蓄电池放电检测。

测量蓄电池放电电压主要用于判断蓄电池的放电程度，以此来判断蓄电池的技术状况。检测时，可用高率放电计（如图 2－1－34 所示）或蓄电池检测仪检测。

检测时，将高率放电计的正、负放电针分别压在蓄电池的正、负极柱上，保持 7s，如果电压稳定在 9.6 ～ 10.6V，说明性能良好，但存电不足，应进行补充充电；如果电压稳定在 10.6 ～ 11.6V，说明存电充足；如果电压迅速下降，说明蓄电池有故障，应进行修理或更换。

注意

此项测量要严格按照技术规范，不能连续进行，必须间隔 1min 后才可以再次测量，测量时间不超过 7s，以防止蓄电池损坏！

蓄电池放电检测还可利用检测仪，如图 2－1－35 所示，它是判断汽车蓄电池工作能力的专业分析检测设备，能够精确测量蓄电池两端电压和内阻，并以此来判断蓄电池容量和技术状态的优劣。

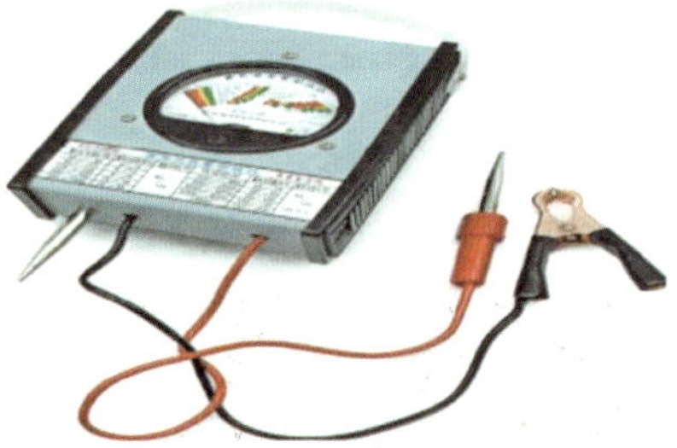

图 2－1－34　蓄电池高率放电计

图 2－1－35　蓄电池检测仪

步骤 4： 蓄电池漏电检测。

检测蓄电池漏电的方法一般是将电流表串接在负极电缆中，先把万用表旋转至直流

20A 挡，如果发现放电电流很小，再转换到直流 mA 挡，用黑表笔接蓄电池负极，红表笔接蓄电池负极，如图 2－1－36 所示，这时表中的读数即为车身的漏电量。

电流表的读数等于或大于 50mA，如图 2－1－37 所示，说明存在电流泄漏（具体车型会随制造商的不同而有不一样的标准），则应在熔断器或配电盒找原因，每拆掉一个熔断器，然后观察电流表，如果拆掉某个熔断器时电流减小，说明该拆掉的熔断器所保护的电路就是问题源。

图 2－1－36　蓄电池漏电检测

图 2－1－37　漏电电流测量

步骤 5：蓄电池的拆卸更换。

将点火开关置于断开位置，使全车用电设备与电源断开。拆卸时，应先拆蓄电池负极接线柱，后拆蓄电池正极接线柱。装复时按相反顺序。

在拆卸蓄电池时，应先读取其故障码，或收集相关系统的密码，防止断电后锁死相关系统。

考核评价

任务		姓名	
教学场所			
知识目标	1. 了解蓄电池的组成	□完成　□基本完成　□未完成	
	2. 了解蓄电池的工作原理	□完成　□基本完成　□未完成	
	3. 了解蓄电池的使用方法	□完成　□基本完成　□未完成	
技能目标	1. 能说出蓄电池的结构名称	□完成　□基本完成　□未完成	
	2. 能正确使用和养护蓄电池	□完成　□基本完成　□未完成	
	3. 能对蓄电池进行检测	□完成　□基本完成　□未完成	
素养目标	能够按照 7S 管理要求整理实训场地	□完成　□基本完成　□未完成	
步骤一	正确测量蓄电池电压	□完成　□基本完成　□未完成	
步骤二	正确进行跨接起动	□完成　□基本完成　□未完成	
步骤三	正确进行蓄电池放电检测	□完成　□基本完成　□未完成	
步骤四	正确进行蓄电池漏电检测	□完成　□基本完成　□未完成	
步骤五	正确进行蓄电池拆卸更换	□完成　□基本完成　□未完成	
步骤六	验证	□完成　□基本完成　□未完成	
总评			

情智课堂

比亚迪汽车低压磷酸铁锂电池

对于传统燃油汽车的起动电池，一直以来行业主要使用的都是铅酸蓄电池，而铅酸蓄电池其实是有一些必须要去直视的缺点的，比如体积大，寿命较短，比较容易出现亏电的情况。随着中国新能源汽车技术的崛起，比亚迪汽车低压电源开始使用磷酸铁锂电池。

新能源汽车的低压磷酸铁锂电池相当于燃油汽车的铅酸蓄电池，为汽车提供 12V 电源，用来起动车辆和车身用电设备，不同于铅酸蓄电池的是其内部包含电池管理器，通过通信口和整车模块交互信息。磷酸铁锂电池有电压、电流和温度监测功能，存在异常状态会触发故障报警功能，当磷酸铁锂电池故障报警时，仪表上故障警告灯点亮，同时显示“请检查低压电池系统”。

车辆拥有智能充电模式，当检测到电量偏低时，在安全条件满足的情况下，通过动力蓄电池给低压磷酸铁锂电池充电。当车辆长期存放后，低压磷酸铁锂电池可能已进入休眠状态，智能钥匙将无法实现遥控寻车及车辆解锁功能，此时只需要将智能钥匙靠近左前门附近，按下左前门把手微动开关，即会唤醒低压磷酸铁锂电池。电池组是由 4 个 3.4V 的单体电池串联而成的，每个单体电池上都有一条采集线来采集电池的电压，还有一个温度传感器，将信号由电池正极输入电池管理器。

这款电池有几大优点：第一大优点是使用寿命很长，和车辆的使用寿命一样长，整车使用周期内不用更换；第二大优点是拥有智能保电的功能，不会出现电池亏电的情况；第三大优点是体积比较小，重量也比较轻；第四大优点是产品绿色环保，不含铅元素，不会对环境造成污染。

任务二　新能源汽车无钥匙进入和起动系统检修

任务描述

一位客户的比亚迪秦 EV 出现了故障，故障现象主要表现为：按下智能钥匙解锁车辆，车辆无反应，使用机械钥匙解锁车辆进入车内，踩下制动踏板，同时按起动按钮，提示“未检测到钥匙，请将钥匙靠近射频读卡器后起动车辆”。如果你是 4S 店的一名维修技师，请进行上述故障的排除。

知识储备

一、无钥匙进入和起动系统的基本组成

无钥匙进入和起动系统是一种汽车新型智能电子防盗系统。无钥匙进入和起动系统主要由车身控制模块（BCM）、无钥匙进入和起动（PEPS）模块、电子转向柱锁（ESCL）、起动/停止按钮、门把手（封装有电容传感器或者触点传感器）、低频天线、智能钥匙等零部件组成。汽车无钥匙进入和起动系统各个零部件在整车的分布，如图 2-2-1 所示。

无钥匙进入和起动系统的组成及基本原理

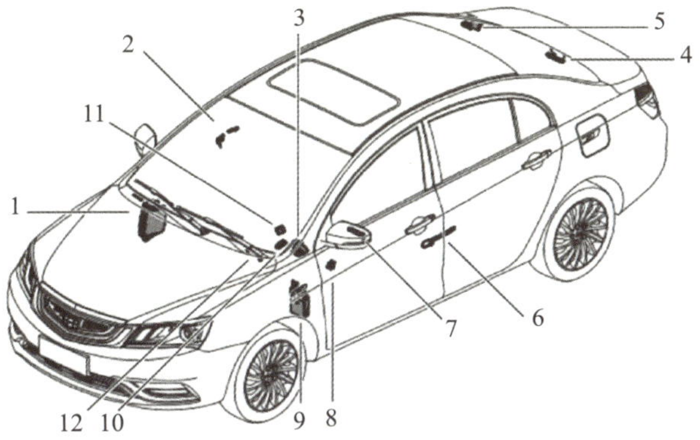

图 2-2-1　新能源汽车 PEPS 系统零部件位置

1—PEPS 模块；2—乘客侧门把手；3—电子转向柱锁；4—低频天线（行李舱）；5—防盗喇叭；6—驾驶人侧门把手；7—低频天线（副仪表板）；8—防盗指示灯；9—BCM；10—智能钥匙；11—起动/停止按钮；12—低频天线（仪表板）

（一）智能钥匙

智能钥匙由发射器、遥控器、驾驶授权系统控制模块三个接收器及相关线束组成，其外观如图 2-2-2 所示。车辆可以根据智能钥匙发来的信号，进入锁止或不锁止状态，自动关闭车窗和天窗。智能钥匙内安装三向 125kHz 的低频接收天线，保证智能钥匙在任意

图 2-2-2　智能钥匙外观

角度均能接收到良好的低频信号。智能钥匙接收到合法低频信号后向外发送 433.92MHz 的高频认证信号。新能源汽车智能钥匙具备三个功能按键，实现遥控中控门锁功能。按下遥控器上的解锁键一次，四门解锁，转向信号灯闪烁三次确认，室内灯渐亮，位置灯点亮；按下遥控器上的上锁键一次，四门上锁，转向信号灯闪烁确认，室内灯渐灭，位置灯熄灭；长按行李舱开启键两秒以上，行李舱弹开。智能钥匙具有的功能包括以下几个：

（1）安全的射频连接。智能钥匙将在用户携带的发射器和接收器之间提供一个安全的射频连接，这种射频连接对每个智能钥匙是唯一的。

（2）安全的低频连接。已匹配过的智能钥匙可以接收低频信号和发射射频响应信号。

（3）智能钥匙电池低电压检测功能。

（4）通过低频场强测试实现智能钥匙定位功能。

（二）PEPS 模块

PEPS 模块是无钥匙进入的主控单元，也是钥匙授权识别代码的解码器。PEPS 模块包括必要的电子元器件，用以产生和发送低频征询信号及接收射频响应信号，进行 CAN 总线通信、车辆防盗认证等。PEPS 模块的主要功能有以下几点：

（1）从车辆向钥匙提供低频连接，用以通信。

（2）读取起动 / 停止按钮信号来开始或停止无钥匙进入和起动。

（3）在钥匙验证有效后，控制电源模块和电源继电器的输出，实现与车辆防盗系统的防盗认证。

（4）识别从驾驶人 / 副驾驶人侧门把手传感器上传来的信号，用以开始无钥匙进入过程。

（5）识别从驾驶人 / 副驾驶人侧门把手传感器上传来的信号，用以开始无钥匙锁车过程。

（6）钥匙进入和退出过程中，当钥匙验证有效后，传输信号给 BCM，驱动门锁电机控制车门的上锁和解锁。

（7）主控制器还包括射频接收功能、通过 CAN 总线与其他控制器通信的功能、诊断功能等。

（三）车身控制模块

在无钥匙进入和起动系统中，车身控制模块（BCM）收到 PEPS 模块的信号后控制车门解锁 / 上锁。

（四）起动 / 停止按钮

为预防智能钥匙在亏电情况下无法与 PEPS 模块进行通信，采用带 IMMO（车辆防盗）线圈、IMMO 基站芯片功能的起动 / 停止按钮。为预防起动 / 停止按钮损坏或线束故障导致整车无法起动或停止，采用两路联动开关与控制器连接（见图 2－2－3），当某一开关或线束出现故障时，控制器可利用另一路开关信号按照故障模式处理方法对整车进行控制。起动 / 停止按钮 10 号线接 12V 蓄电池正极（B+）；5 号线连接到 G14 搭铁点（该点位于副驾驶左前方）；当按下按钮时，6 号线和 1 号线将两路联动开关的搭铁信号传送给 PEPS 模块，来表达驾驶人要起动车辆的意图；7 号线为开关的背景灯控制线；3 号线为开关绿色指示灯控制线；8 号线为开关橙色指示灯控制线；9 号线为 LIN 网通信线。

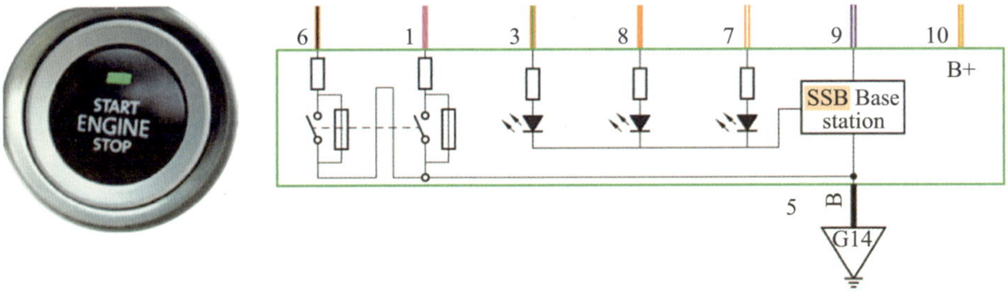

图 2－2－3　起动 / 停止按钮内部电路

（五）低频天线

由控制器驱动低频天线向外发送 125kHz 低频信号。由于无线信号的传输是通过天线的辐射实现的，信号的传播向着一个平面的各个方向传播，汽车无钥匙进入和起动系统中采用低频通信模块，为了保证系统的功能要求，低频信号的通信距离成为影响系统工作情况的关键因素，而低频信号通信距离取决于汽车端天线与钥匙端天线的电感性耦合程度。为了达到最高的耦合度，往往需要天线正面重合率达到 100%。考虑到 PEPS 系统的应用环境，汽车钥匙端在驾乘人员身上的放置方向可能是任意的，因此钥匙端的天线与汽车端的天线面对面概率最高只有 30% 左右。但如果钥匙端采用三副空间方向各异的天线，则这种概率可增加至 100% 左右，此时钥匙端可以收到任何方向上的信号。吉利帝豪 EV300 汽车 PEPS 系统总共有五个天线，两个前门把手总成中有两个外部天线，车内有三个天线（见图 2－2－4）。天线的主要作用是激发智能钥匙，使智能钥匙发送密码给 PEPS 模块进行验证。

（六）门把手

门把手内封装了低频天线及触感传感器或电容传感器，低频天线用于在门把手周围特定区域内发射征询信号，触感传感器或电容传感器用于监测被动进入、退出车内动作。门把手总成如图 2－2－5 所示。

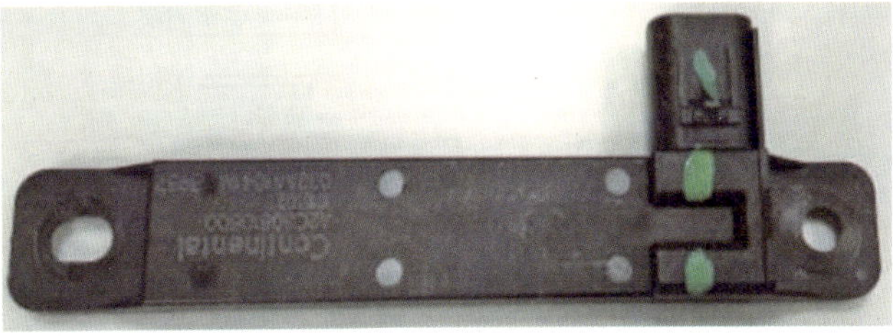

图 2－2－4　天线

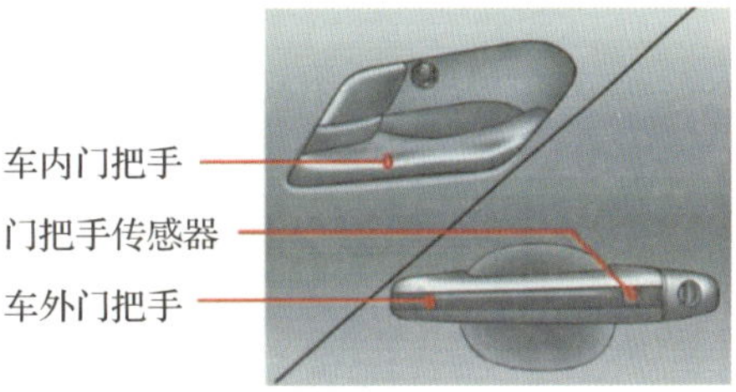

图 2－2－5　门把手总成

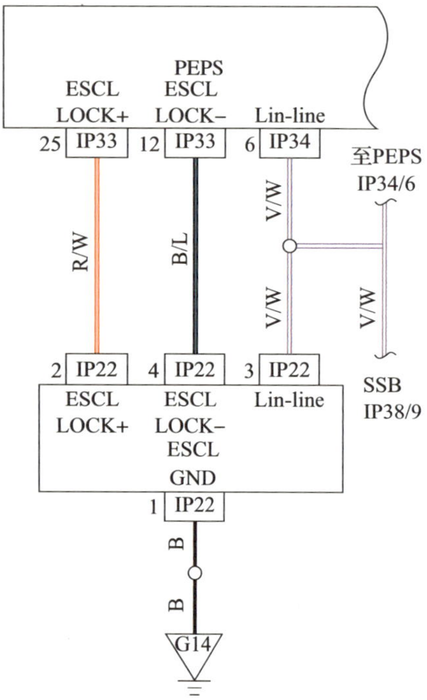

图 2－2－6　电子转向柱锁控制电路

（七）电子转向柱锁

电子转向柱锁通过 LIN 线与 PEPS 和 SSB 通信。图 2－2－6 所示为电子转向柱锁控制电路，起动车辆时，在钥匙验证有效，并与车辆防盗系统进行防盗认证后，电子转向柱锁进行解锁。

二、无钥匙进入和起动系统的基本原理

以比亚迪秦 EV 为例，驾驶人持有合法的比亚迪秦 EV 智能钥匙，当驾驶人靠近车辆 0.7 ～ 1.5m 时，智能钥匙发出 434MHz 频率的寻车信号，前舱配电盒给集成式 BCM 提供 12V 的常电，BCM 控制车内外的天线发出低频信号，智能钥匙的寻车信号经过舒适网以及车载 4G 模块与云端进行信息交互，钥匙对码、匹配成功后，BCM 控制喇叭继电器工作，车辆的喇叭会应答一声，说明钥匙匹配成功，驾驶人可以直接拉开车门进入驾驶室内起动车辆。图 2－2－7 所示为无钥匙进入和起动系统原理框图。

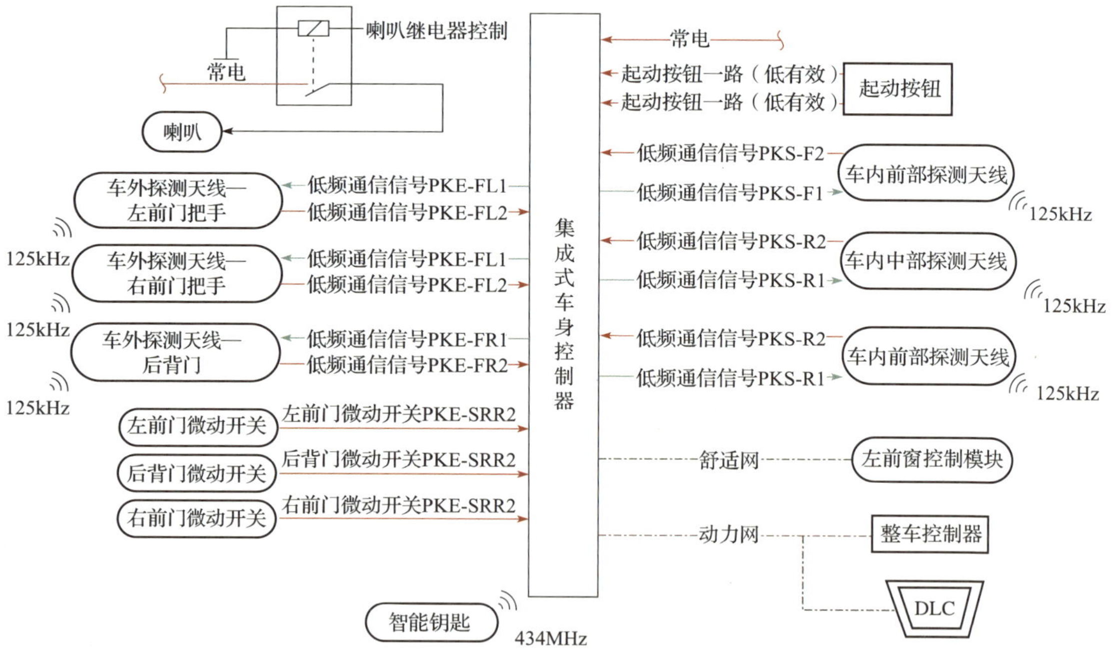

图 2－2－7　无钥匙进入和起动系统原理框图

无钥匙进入和起动系统可以使驾驶人直接拉门把手进入车辆，并使用一键式点火开关起动车辆，其防盗功能分为车门防盗和动力系统防盗两种。

（一）车门防盗

当驾驶人按压微动开关并拉动门把手时，智能钥匙控制系统检测到车门把手微动开关信号变化，随即通过车外天线（左前、右前车门外天线及后行李舱天线）发送 LF 低频信号（125kHz）至车辆周围查找钥匙。

智能钥匙接收到这个低频信号后，发送 HF 高频信号（434MHz）回应，智能钥匙控制系统内置的高频接收模块将接收到的带有防盗代码信息的数据信号传送至智能钥匙控制单元，智能钥匙控制单元解析此信息，并验证其有效性。如果智能钥匙数据信息正确有效，智能钥匙控制系统通过起动 CAN 发送车门解锁信息至 BCM 解锁所有车门。比亚迪秦 EV 的智能钥匙模块安装在行李舱左侧翼子板处。在维修检测时需要拆卸行李舱内饰板。注意，内饰板扣损坏后要立即更换，否则会增大噪声。图 2－2－8 所示为比亚迪秦 EV 智能钥匙模块安装位置。

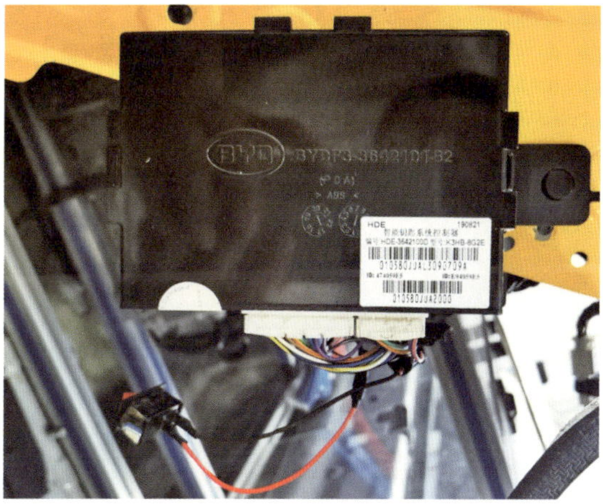

图 2－2－8　比亚迪秦 EV 智能钥匙模块安装位置

（二）动力系统防盗

要解除动力系统防盗，完成车辆的上电，首先要完成钥匙认证，然后解锁电子转向柱锁，完成车辆上电。

1. 钥匙认证

图 2－2－9 所示为钥匙认证工作原理图。

当驾驶人踩制动踏板时，BCM 检测的两路制动开关信号由低位变为高位，BCM 即判断此时可能需要整车上电。BCM 将整车上电信息通过起动 CAN 发送至智能钥匙控制系统，智能钥匙控制系统接收到整车上电信息后，通过驾驶室内的前部、中部、后部天线发送 LF 低频信号（125kHz）至驾驶室内区域查找钥匙。智能钥匙接收到这个低频信号后，发送 HF 高频信号（434MHz）回应，智能钥匙控制系统内置的高频接收模块将接收到的带有防盗代码信息的数据信号传送至智能钥匙控制单元，智能钥匙控制单元解析此信息，并验证其有效性。如果智能钥匙数据信息正确有效，智能钥匙控制系统等待与整车控制器的认证信息，验证钥匙是否在起动许可范围内。如果验证失败，开关绿色指示灯不点亮。验证成功后，通过起动 CAN 发送起动许可信息给 BCM，BCM 控制开关绿色指示灯点亮，钥匙认证完成。

2. 模块认证

BCM 通过起动按钮确认整车上电。按压起动按钮后，BCM 检测到起动按钮两路开关信号中任一信号由高位变为低位（+12V 左右→0V），即确认此时需要整车低压、高压上电。图 2－2－10 所示为起动按钮及制动开关控制原理图。

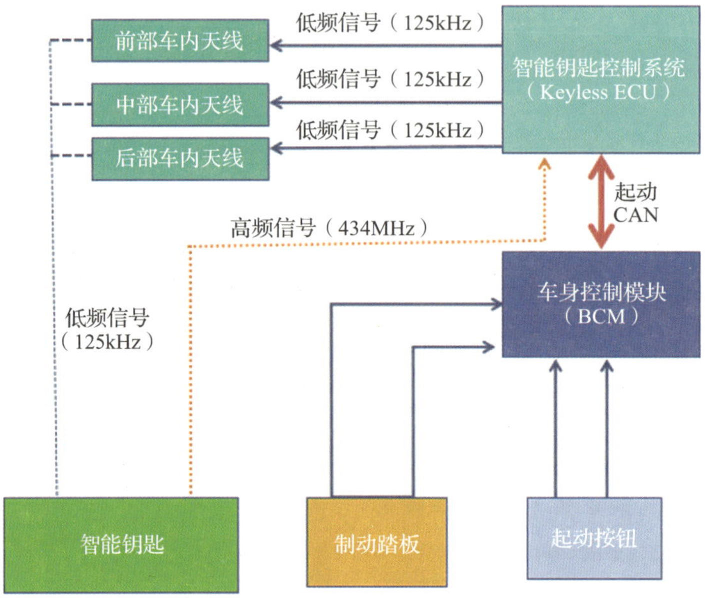

图 2－2－9　钥匙认证工作原理图

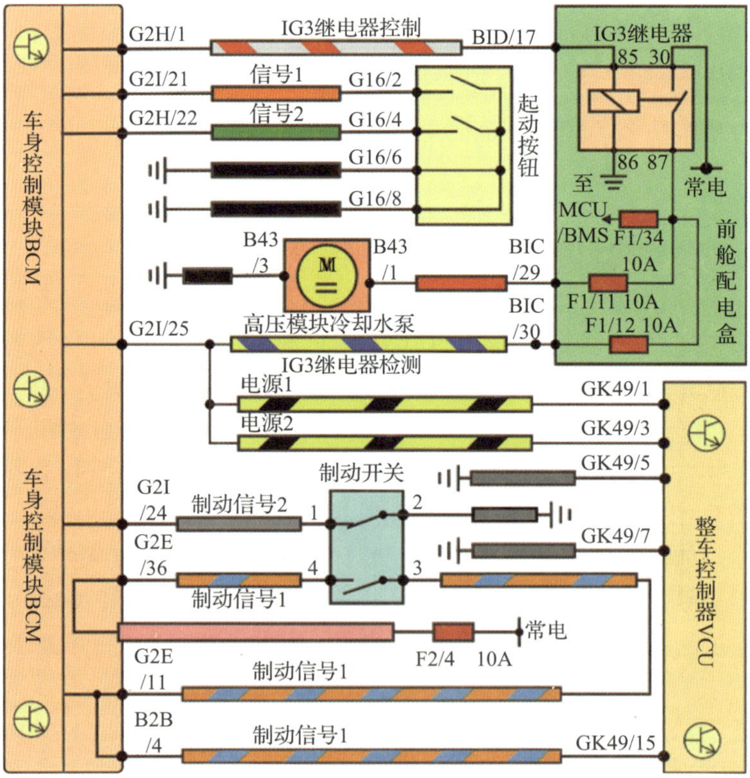

图 2－2－10　起动按钮及制动开关控制原理图

BCM 确认此时需要整车高压上电后，随即接通 IG1、IG2、IG3、IG4 继电器，首先进行低压上电，VCU、BMS 接收到由 IG3 继电器提供的电源后被唤醒。VCU 被唤醒后，首先通过动力 CAN（500kbps）发送身份认证信息至网关控制器，网关控制器将接收到的速率为 500kbps 的身份认证信息转换为速率为 125kbps 的身份认证信息，通过舒适 1-CAN 发送至 BCM，BCM 接收到此身份认证信息后，通过启用 CAN 发送至智能钥匙控制系统进行认证。如果 VCU 身份认证信息通过，智能钥匙控制系统通过启用 CAN 发送解锁信息至 BCM，BCM 接收到此信息后，通过舒适 1-CAN（速率 125kbps）发送解锁信息至网关控制器，网关控制器将接收到的速率为 125kbps 的信息转换为速率为 500kbps 的数据信息，通过动力 CAN 总线发送至 VCU 及组合仪表进行解锁，VCU 接收到解锁信息后，向 BMS 发送上电信息，车辆进入高压上电流程；组合仪表接收到解锁消息后，解除防盗信息显示功能，进入高压上电显示功能。

在此信息传输过程中，如果信息、通信线路、模块及模块电源异常，将导致车辆无法高压上电。说明如下：

（1）上车后，如果首先踩制动踏板而没有按起动按钮，BCM 会启用防盗解锁功能，并和智能钥匙控制系统通过启用 CAN 完成对智能钥匙的查找和认证过程，然后 BCM 等待起动按钮的信息输入，起动按钮信息输入后，IG 继电器接通，开始对 VCU 进行认证。

（2）上车后，如果首先按起动按钮，而没有踩制动踏板，BCM 也会启用防盗解锁功能，并和智能钥匙控制系统通过启用 CAN 完成对智能钥匙的查找和认证过程，查找和认证过程结束后，BCM 没有检测到制动信号，整车防盗功能不解锁，并通过组合仪表进行上电流程信息提示，如图 2－2－11 所示。

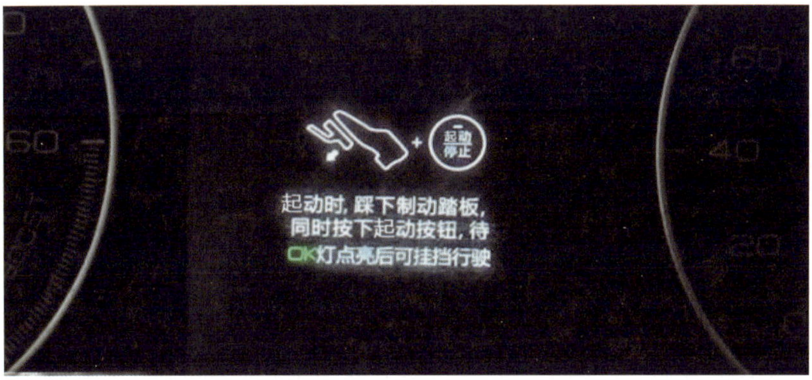

图 2－2－11　组合仪表信息提示图

驾驶人持有合法的智能钥匙进入驾驶室内，踩下制动踏板，同时按下起动按钮，如果整车系统处于正常状态，此时组合仪表上的“OK”指示灯点亮，车辆上电成功。智能钥匙模块通过起动子网与 BCM 进行通信，BCM 通过 G2I/21 和 G2I/22 两个端子采集起动按钮信号。按下起动按钮，插接器 G16/8 和 G16/6 同时与 GND 导通，此时 BCM 控制 IG3 继电器吸合，输出各模块所需要的双路电。比亚迪秦 EV 起动按钮电气原理图如图 2－2－12 所示。

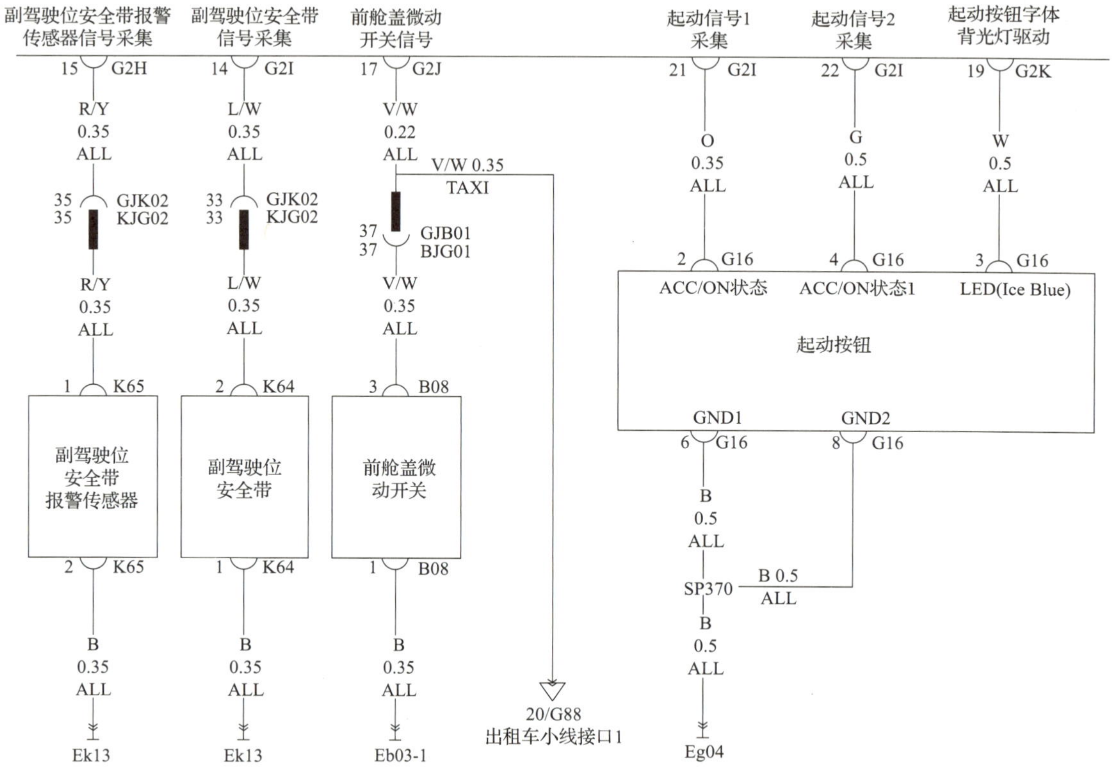

图 2－2－12　比亚迪秦 EV 起动按钮电气原理图

任务分析

要想完成本任务故障的诊断与排除，需要具备以下知识和技能：

1. 相关知识

（1）了解新能源汽车无钥匙进入和起动系统的基本组成。

（2）了解新能源汽车无钥匙进入和起动系统的控制逻辑。

2. 相关技能

（1）万用表、示波器、解码器等常见设备的使用。

（2）维修资料的查阅、无钥匙进入和起动系统电路原理图的识读和分析。

（3）智能钥匙模块故障的诊断与排除。

（4）7S 管理和操作。

任务实施可按照图 2－2－13 所示的流程图进行。

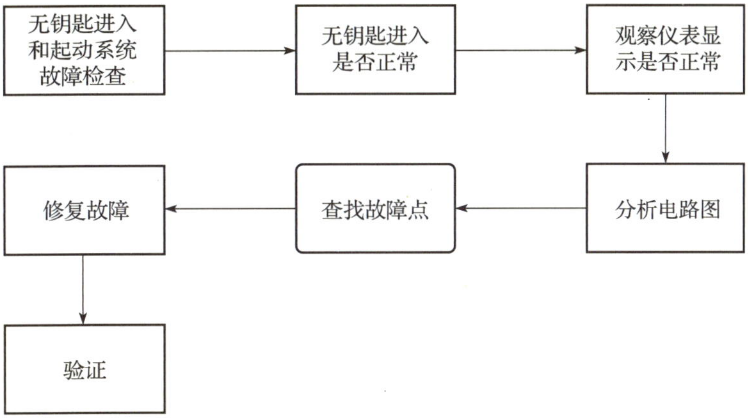

图 2－2－13　流程图

任务实施

技能实训 1　智能钥匙模块故障检修

智能钥匙模块的检修

当车辆无法正常进入时，需要对智能钥匙模块进行检修。对智能钥匙模块端子的各数据进行采集时，关闭起动按钮后，断开或使用探针检测各端子的电压值或电阻值。以比亚迪秦 EV 为例，根据表 2－2－1 和表 2－2－2 的测试条件及测量值参考，判断是否存在故障。

表 2－2－1　智能钥匙模块 KG25（A）端子测试条件及测量值参考

端子号	线束颜色	端子描述	测试条件	正常值
KG25（A）-1	G/Y	电源	始终	11 ～ 14V
KG25（A）-9	B	车身、地	始终	小于 1Ω
KG25（A）-10	B	车身、地	始终	小于 1Ω

表 2－2－2　智能钥匙模块 KG25（B）端子测试条件及测量值参考

端子号	线束颜色	端子描述	测试条件	正常值
KG25（B）-1	W/L	车门把手开关（左前门）	按下左前门微动开关	小于 1Ω
KG25（B）-2	G/R	车门把手开关（右前门）	按下右前门微动开关	小于 1Ω
KG25（B）-3	B/R	后背门微动开关	按下后背门微动开关	小于 1Ω
KG25（B）-6	V	CAN-L	始终	2.5V
KG25（B）-12	P	CAN-H	始终	2.5V

步骤 1： 查阅比亚迪秦 EV 智能钥匙控制电路图，如图 2－2－14 所示，从图上可知熔断器 F2/46 是给智能钥匙控制系统供电的，如果无供电，也会造成控制系统无法检查钥匙，从仪表配电盒找到熔断器 F2/46，利用试灯检查其供电情况，如图 2－2－15 所示。若两测试点试灯点亮，说明电源到熔断器电路正常。

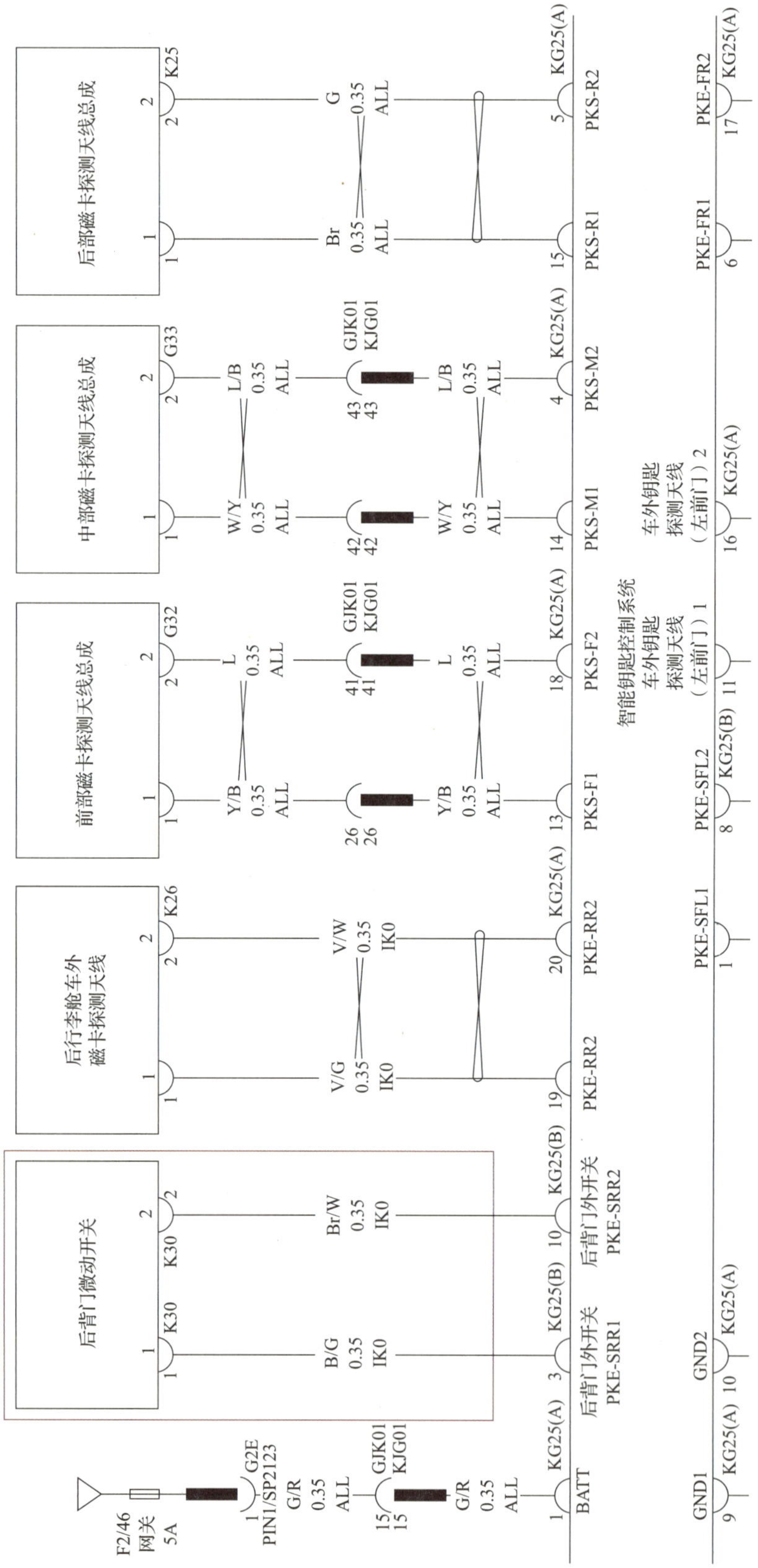

图 2-2-14　比亚迪秦 EV 智能钥匙控制电路图

图 2－2－15　测试 F2/46 的供电情况

步骤 2： 找到智能钥匙模块 KG25，其分为 A 模块和 B 模块，图 2－2－16 所示为智能钥匙模块 KG25（A）插接器，图 2－2－17 所示为智能钥匙模块 KG25（B）插接器。

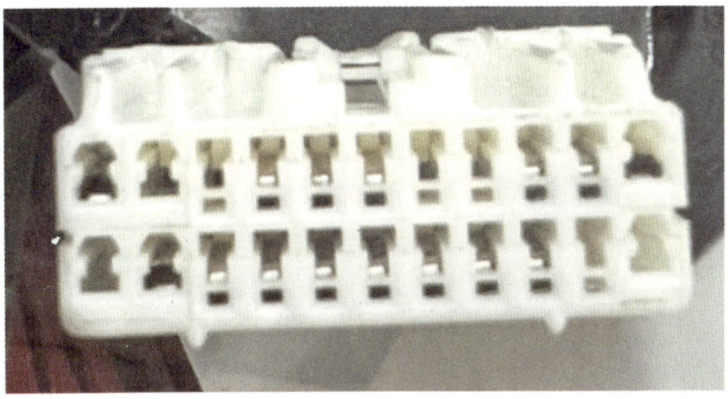

图 2－2－16　KG25（A）插接器

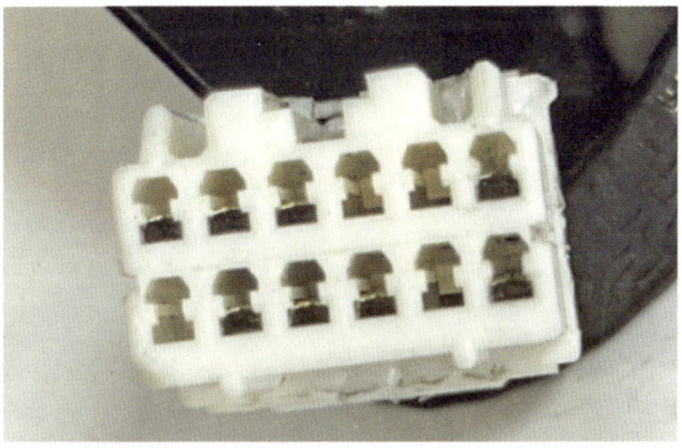

图 2－2－17　KG25（B）插接器

步骤 3： 查阅电路图，对智能钥匙模块进行端子测试。根据表 2－2－1 和表 2－2－2 中的测试条件和测试值参考以及对应的数据判断 KG25（A）和 KG25（B）是否存在故障。

步骤 4： 测量 KG25（A）-1 与车身、地之间电压应为 12.6V 左右，测量结果如图 2－2－18 所示，说明智能钥匙模块供电正常。若无电压，说明线路故障，排查线路故障。

步骤 5： 分别测量 KG25（A）-9 与车身或地之间、KG25（A）-10 与车身或地之间的电阻，正常应都小于 1Ω，测量结果如图 2－2－19 所示，显示正常。如果显示数值偏大或者无穷，说明接地线连接异常，需要查找线路，排除故障。

图 2－2－18　测量模块的供电状况

图 2－2－19　测量模块接地线连接状况

步骤 6： 分别按下左前门微动开关、右前门微动开关、后背门微动开关，分别测量 KG25（B）模块 1、2、3 号端子的阻值，应均小于 1Ω。图 2－2－20 所示为车后背门微动开关的测试。

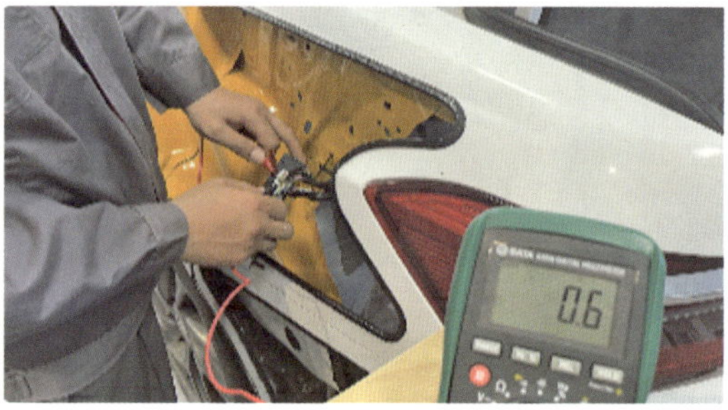

图 2－2－20　测试车后背门微动开关

步骤 7： 测量 KG25（B）模块输出信号 6 号端子和 12 号端子的静态电压，应均为 2.5V 左右，测量结果如图 2－2－21 所示，正常。否则，说明 CAN 线异常，应排查线路，排除故障。

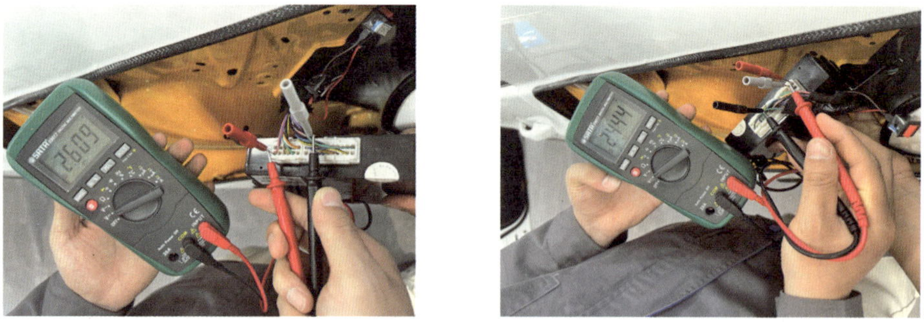

（a）CAN-H 的测试　　（b）CAN-L 的测试

图 2－2－21　智能钥匙模块输出信号测试

技能实训 2　检修起动按钮插接器断开故障

步骤 1： 观察无钥匙进入车辆是否正常，如图 2－2－22 所示。钥匙放在手里，直接拉主驾驶侧车门把手，看是否能正常打开车门。

图 2－2－22　无钥匙进入

步骤 2：踩下制动踏板，观察钥匙指示灯是否闪烁，如图 2－2－23 所示。同时按下起动按钮，观察到仪表不亮，低压无法上电。

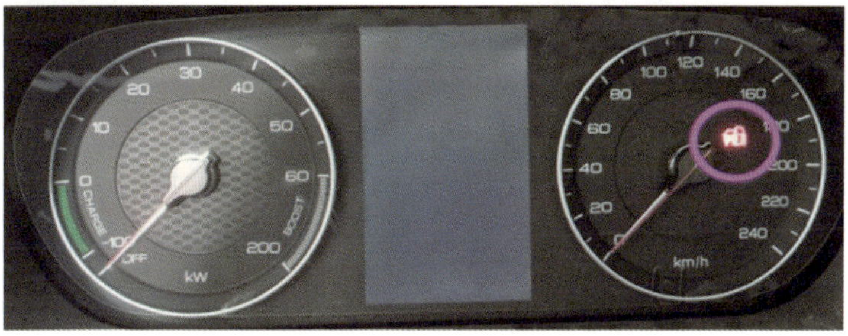

图 2－2－23　仪表状态显示

步骤 3：松开制动踏板，单独按下起动按钮，钥匙指示灯不闪烁，起动按钮背光灯不亮。按下双闪无反应。

结合起动按钮、制动开关电路原理可知，其故障原因主要为以下的一项或多项。

（1）起动按钮两路信号线路都断路、虚接、短路故障；

（2）起动按钮搭铁线路断路、虚接故障；

（3）起动按钮内部触点故障。

查阅起动按钮电路图，其 G16 端子示意图如 2－2－24 所示。使用万用表电阻挡，在按下起动按钮时，测量 G16-6 和 G16-8 与接地端之间的电阻，分别如图 2－2－25 和图 2－2－26 所示，标准值为 0Ω，若显示为无穷大说明为起动按钮搭铁线路断路、虚接故障。

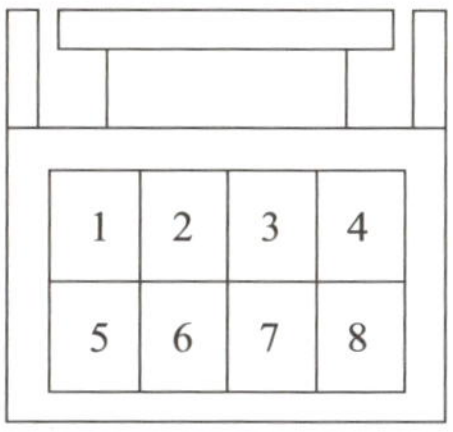

G16

图 2－2－24　起动按钮 G16 端子示意图

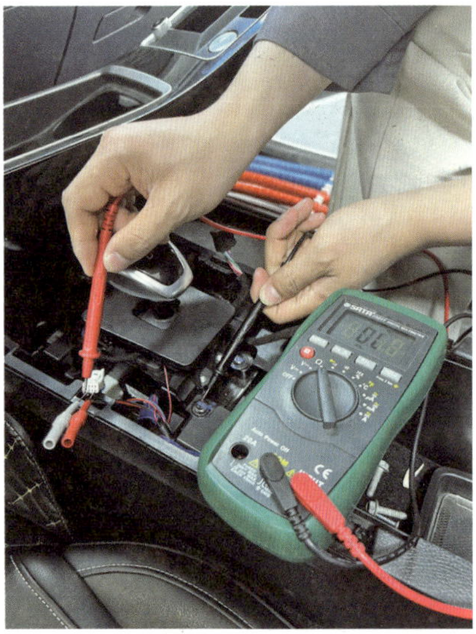

图 2－2－25　测量 G16-6 和接地端间的电阻

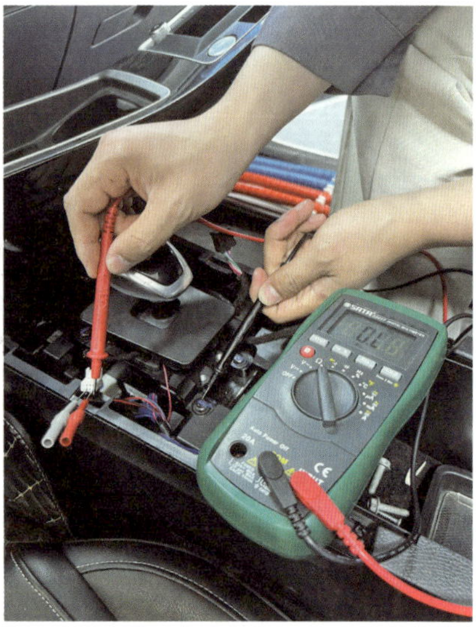

图 2－2－26　测量 G16-8 和接地端间的电阻

步骤 4：车辆下电，断开蓄电池负极。

步骤 5：翻开中央扶手箱，拿下中控面板。经过检查发现按钮损坏。

步骤 6：拆卸起动按钮，如图 2－2－27 所示，脱开图中的两个卡爪，用力向外挤压起动按钮，将坏的起动按钮拿下。

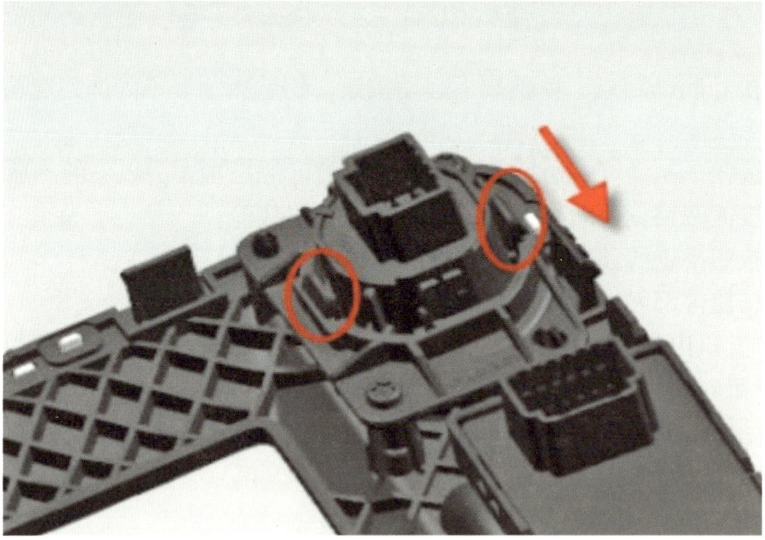

图 2－2－27　拆卸起动按钮

步骤 7：安装起动按钮，安装顺序和拆卸顺序相反，先用力将起动按钮压进卡槽，插好插接器。

步骤 8：安装中控面板。

步骤 9：接上蓄电池负极，车辆上电正常。

考核评价

任务		姓名	
教学场所			
知识目标	1. 了解新能源汽车无钥匙进入和起动系统的基本组成	□完成　□基本完成　□未完成	
	2. 了解新能源汽车无钥匙进入和起动系统的控制逻辑	□完成　□基本完成　□未完成	
技能目标	1. 掌握新能源汽车无钥匙进入和起动系统的工作原理	□完成　□基本完成　□未完成	
	2. 能正确进行新能源汽车无钥匙进入和起动系统资料查找	□完成　□基本完成　□未完成	
	3. 能对新能源汽车无钥匙进入和起动系统进行检修	□完成　□基本完成　□未完成	
素养目标	能够按照 7S 管理要求整理实训场地	□完成　□基本完成　□未完成	
步骤一	无钥匙进入	□完成　□基本完成　□未完成	
步骤二	观察车辆上电是否正常	□完成　□基本完成　□未完成	
步骤三	分析电路图	□完成　□基本完成　□未完成	
步骤四	正确查找故障点	□完成　□基本完成　□未完成	
步骤五	修复故障	□完成　□基本完成　□未完成	
步骤六	验证	□完成　□基本完成　□未完成	
总评			

情智课堂

比亚迪手机 NFC 车钥匙技术

当今社会，科技的飞速发展不仅令人类生活更加便捷，也不断推动着各行各业的创新和进步。随着智能手机的普及和功能的不断增强，其在日常生活中的应用也变得越发广泛和深入。比亚迪作为一家以新能源汽车和电池技术闻名的企业，近年来不仅在新能源汽车领域有了显著的发展，还积极探索智能科技在汽车领域的应用。特别是比亚迪手机 NFC（近场通信）车钥匙技术的突破，为汽车智能化带来了全新的体验和可能性。

传统车钥匙存在着易丢失、不便携带、安全性差等问题，已经不能完全满足人们对便利和安全性的需求，这些都推动了智能手机作为替代方案的出现。NFC 技术的应用，进一步提升了智能手机在车辆解锁和起动方面的可靠性和安全性。比亚迪率先推出的手机 NFC 车钥匙技术，意味着车主不再需要携带传统的物理车钥匙，而是通过安全加密的 NFC 信号，将智能手机转变为车辆的“数字身份”，实现远程解锁等功能。这一技术突破解决了智能手机作为车钥匙所面临的三大难题。

一、安全性

智能手机作为车辆的钥匙，其安全性是最为关键的问题之一。传统的 NFC 技术可能存在被破解或仿冒的风险，这对车辆的安全构成了潜在威胁。为了解决这一难题，比亚迪在技术上进行了多方面的创新与改进，采用了先进的加密算法和多重认证技术，确保只有授权的智能手机才能与车辆通信和互动，大大降低了车辆被盗的风险。

二、技术兼容性

多平台支持：比亚迪的手机 NFC 车钥匙技术不仅支持 iOS 和 Android 系统，还能够适配不同版本和型号的智能手机，确保广泛的用户群体可以享受到这一便利。

软件更新与优化：定期推出软件更新，以适应新的智能手机型号和操作系统版本，保证技术的持续可用性和兼容性。

三、用户体验

操作简便性：设计直观的用户界面和操作流程，使用户可以轻松学习和使用手机 NFC 车钥匙技术，降低了学习难度和操作失误的可能性。

反馈与改进机制：建立用户反馈渠道和改进机制，及时收集用户的意见和建议，针对性地进行技术和功能的优化，提升用户的整体满意度和体验感。

新能源汽车产业是我国从汽车大国迈向汽车强国的必由之路，是高速发展的战略性新兴产业，希望同学们以认真严谨的态度提高技能，为新能源汽车产业的发展贡献力量，并在此过程中实现自我价值。

项目小结

本项目主要介绍了新能源汽车起动系统，包含低压蓄电池、DC/DC 转换器、智能钥匙控制系统、起动按钮等。讲解了低压蓄电池的结构和工作原理，比较分析了传统铅酸蓄电池和新型蓄电池在性能结构等方面的区别，同时分析了低压蓄电池电能的来源，如何通过 DC/DC 转换器补充电能，分析了 DC/DC 转换器的结构和工作过程。阐述了无钥匙进入和起动系统的组成及工作过程，完成了蓄电池的工作电压检测、亏电应急处理、放电电压检测、漏电检测等。介绍了智能钥匙模块常见故障的分析及智能钥匙模块故障排除的过程，为诊断与排除生产过程中新能源汽车起动系统故障奠定坚实的基础。

同步练习

一、选择题

1. 新能源汽车电源系统是汽车稳定运行的能量保障，（　　）可靠性对于整车系统的性能起到至关重要的作用

A. 灯光系统　　B. 电源系统　　C. 辅助电气系统

2. 普通的铅酸蓄电池主要由单格电池组成，每个单格电池电压约为（　　）。

A. 3.4V　　B. 2.1V

3.（　　）是蓄电池的核心部分，由它接收充入的电能和向外释放电能。

A. 极板　　B. 隔板　　C. 电解液

4. 无钥匙进入和起动系统简称为（　　），是一种新型汽车智能电子防盗系统。

A. PTC　　B. PEPS　　C. PVC

5. 在无钥匙进入和起动系统中，（　　）收到 PEPS 模块的信号后进行车门解锁 / 上锁控制。

A.BCM　　B. VCU

二、判断题

1. 汽车蓄电池是一种将化学能转换为电能的储能装置，是一种可逆的直流电源。（　　）

2. 低压磷酸铁锂蓄电池体积比传统铅酸蓄电池体积大。（　　）

3. 蓄电池隔板应具有较好的绝缘性、多孔性、耐酸性和抗氧化性。（　　）

4. DC/DC 转换器将动力蓄电池的高压直流电转换为整车 12V 低压交流电。（　　）

5. 智能钥匙由发射器、遥控器、驾驶授权系统控制模块、接收器等组成。（　　）

三、简答题

1. 低压蓄电池主要由哪几部分组成?

2. DC/DC 转换器如何进行电能转换?

3. 简述新能源汽车无钥匙进入与起动系统的基本原理。

四、实训题

1. 请利用检测工具完成新能源汽车低压蓄电池的性能检测。

2. 请利用检修工具完成智能钥匙模块的故障检修。

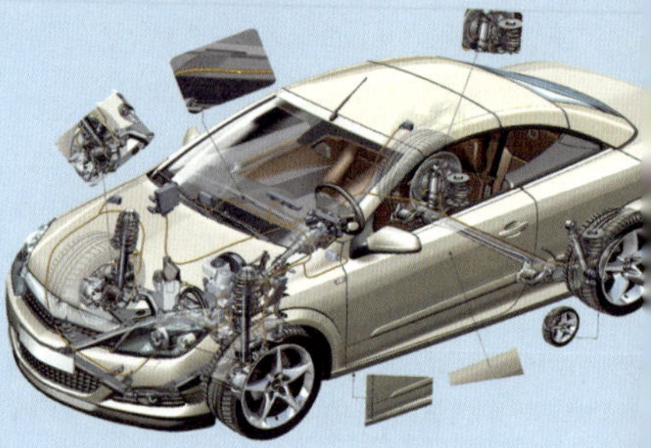

项目三

新能源汽车整车网络控制系统检修

项目描述

近年来，新能源汽车以其零排放、结构简单、噪声小等优点受到了众多消费者的喜爱，这使得新能源汽车在技术研发和市场消费等方面迅速发展。一辆新能源汽车能否稳定运行，取决于整车控制及与车载网络之间的相互配合，因此新能源汽车整车网络控制系统也是学习的重点。

本项目包括以下 2 个任务：

任务一　整车控制系统功能和网关检修

任务二　车载网络总线检修

知识目标

1. 掌握整车控制系统的组成及功能。
2. 掌握网关的作用及工作原理。
3. 熟悉总线的概念与常用术语。
4. 掌握 CAN 总线的结构及原理。

能力目标

1. 能通过维修手册查找网关控制器的安装位置，并能完成实物更换。
2. 会根据维修手册的指引进行相关信号的测量，并给出维修结论。
3. 能通过维修手册查找不同总线的端子。
4. 会根据维修手册对不同模块通信网络进行检测，并给出维修结论。

素养目标

1. 培养爱国主义情怀，增强职业自信心。
2. 培养精益求精、追求卓越的工匠精神。
3. 培养互相信任、开放沟通、共同成长的团队精神。
4. 养成良好的职业素养。

任务一 整车控制系统功能和网关检修

任务描述

随着绿色、低碳理念的提出，我国各行各业都在转型以适应新时代社会发展的需要，汽车行业也不例外。新能源汽车正加速“驶入”普通人的生活，成为一种新时尚。新能源汽车具有车型多元化、产品智能化等优点，这些也是人们想要购买新能源汽车的原因。其中，新能源汽车的智能化要靠整车控制系统来实现，因此，整车控制系统对新能源汽车的发展有深远影响。接下来我们学习整车控制系统的组成、功能及相关网关的检修。

知识储备

整车控制系统是新能源汽车的“神经中枢”，负责各系统的数据交换和信息传递、整车状态监控、安全控制、故障诊断、驾驶人意图解析、动力蓄电池能量管理等，对新能源汽车的动力性、经济性、安全性和舒适性等有很大影响。

整车控制系统的认识与检修

一、新能源汽车整车控制系统的组成

从新能源汽车内部执行机构（如驱动电机、空调、动力蓄电池等）的角度来看，整车控制系统由整车控制器（VCU）、其他控制单元（如电机控制器、空调控制单元等）、传感器和控制器局域网（Controller Area Network，CAN）总线组成。

从新能源汽车电气系统的角度来看，整车控制系统由低压电气控制系统、高压电气控制系统、整车网络控制系统三部分组成。

（1）低压电气控制系统：用于控制低压电气设备和电路，如低压蓄电池、刮水器、照明灯等。

（2）高压电气控制系统：用于控制高压电气设备，如动力蓄电池、驱动电机和DC/DC转换器等。

（3）整车网络控制系统：用于整车控制器与电机控制器、电池管理系统（Battery Management System，BMS）、空调控制单元等的通信与管理。整车控制器一般通过CAN总线实现与各子系统的通信与管理。

二、新能源汽车整车控制系统的控制策略

整车控制系统通常采用分层控制，如图3-1-1所示。整车控制器作为第一层，负责总体控制、协调各控制单元的工作及信息处理；其他控制单元作为第二层，包括电机控制

器、电池管理系统、车载充电机、DC/DC 转换器、仪表控制单元、空调控制单元、转向控制单元、制动控制单元等。各控制单元的输入信号由传感器负责采集并转换成电信号。整车控制器与各控制单元间通过 CAN 总线进行信息交互，共同合作实现整车功能控制。

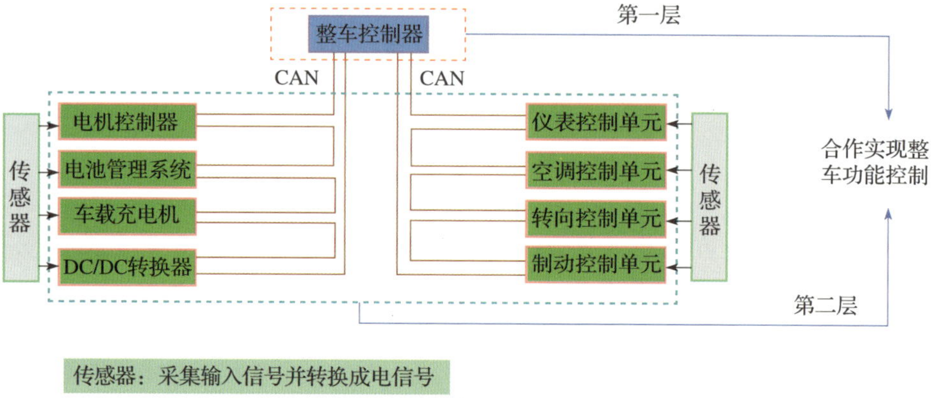

图 3－1－1　整车控制系统控制策略

三、新能源汽车整车控制系统的功能

图 3－1－2 所示为整车控制系统控制结构图，它主要围绕整车控制器（VCU）展开，通过检测挡位开关、加速踏板、制动踏板的信号和热管理信息，通过数据总线向驱动电机控制器（MCU）发出控制指令，控制驱动电机的旋转方向、转速和扭矩，通过减速器输出转速和扭矩，调整整车车速。同时，通过制动真空压力传感器信息对制动真空泵进行控制，在车辆运行过程中，确保制动系统在任何时候都处于安全状态。

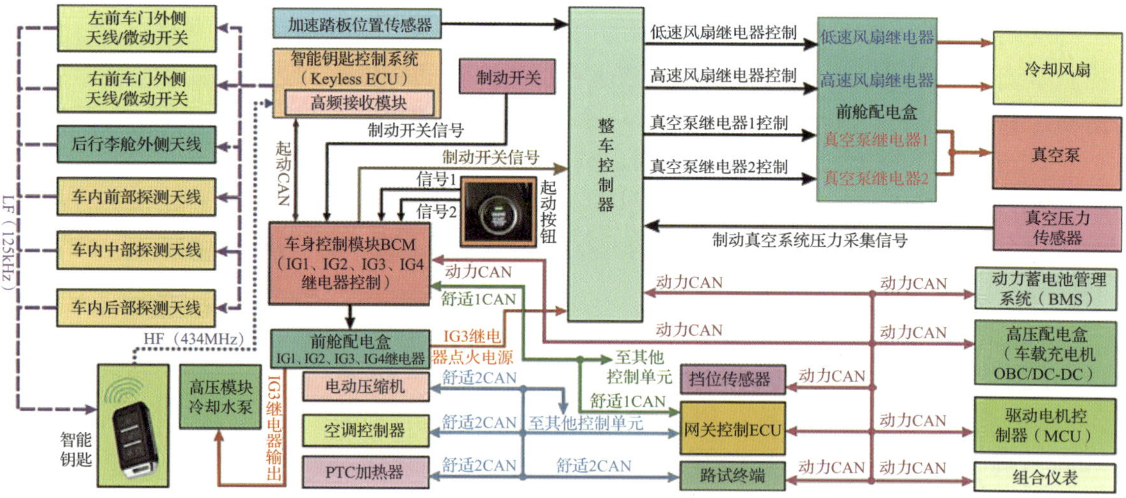

图 3－1－2　整车控制系统控制结构图

VCU 根据车辆运行的不同情况，包括认证信息、热管理信息、真空压力传感器信息、挡位、车速、加速踏板位置、制动开关信号、温度等来决定车辆上电状态和电机输出扭矩、功率及旋转方向，同时根据辅助电气信息及充电状态信息来控制车辆运行。

（一）驾驶人意图解析

主要对驾驶人操作信息进行分析处理，也就是将加速踏板位置信号和制动踏板位置信号根据某种规则转化成驱动电机的转矩需求命令。

当驾驶人踩下加速踏板或制动踏板时，驱动电机要输出一定的驱动功率或再生制动功率。加速踏板开度越大，驱动电机的输出功率越大。因此，VCU 要合理解析驾驶人的操作，接收整车各系统的反馈信息，为驾驶人的决策提供反馈，对整车各系统发送控制指令，以实现车辆的正常行驶。图 3－1－3 所示为驾驶人操作车辆控制原理图。

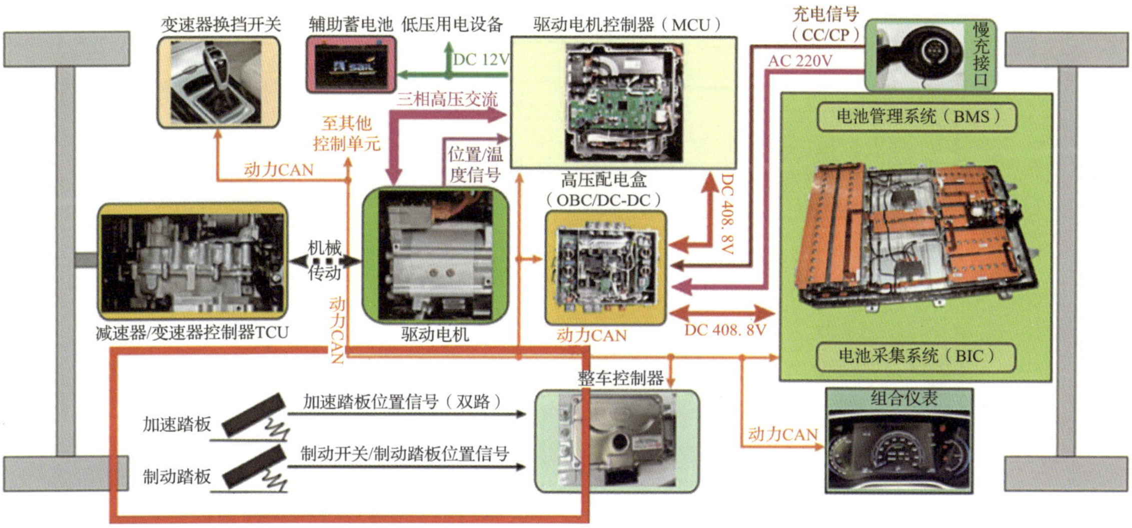

图 3－1－3 驾驶人操作车辆控制原理图

（二）驱动控制

VCU 根据驾驶人对车辆的操作输入（加速踏板、制动踏板以及换挡开关）、车辆状态、道路及环境状况，经分析和处理，在动力蓄电池技术状态允许的前提下，向 MCU 发出相应的指令，控制驱动电机的转矩来驱动车辆，以满足驾驶人对车辆的动力性要求，同时根据车辆状态，向 MCU 发出相应指令，保证车辆的安全性、舒适性。

（三）制动能量回收控制

VCU 根据加速踏板和制动踏板的开度、车辆行驶状态信息以及动力蓄电池的状态信息（如 SOC 值）来判断某一时刻能否进行制动能量回收，在满足安全性能、制动性能以及驾驶人舒适性的前提下回收部分能量。

新能源汽车以驱动电机作为转矩的输出机构，它具有回馈制动的性能，此时驱动电机转变为发电机，利用新能源汽车的制动能量发电，同时将此能量储存在储能装置中，当满足充电条件时，将能量反充给动力蓄电池组。在这一过程中，VCU 根据加速踏板和制动踏板的开度以及动力蓄电池的 SOC 值来判断某一时刻能否进行制动能量回收，如果可以进行，VCU 向 MCU 发出指令，回收部分能量。图 3－1－4 所示为新能源汽车制动能量回收控制流程图。回收过程包括滑行和制动过程中的驱动电机转矩控制。

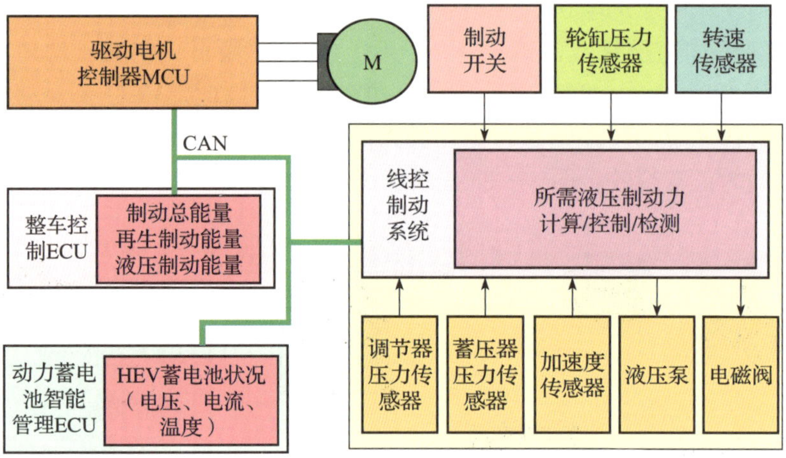

图 3－1－4　新能源汽车制动能量回收控制流程图

制动能量回收可以分为两个阶段：

阶段一：在车辆行驶过程中驾驶人松开加速踏板但没有踩下制动踏板的这段时间。

阶段二：驾驶人踩下了制动踏板后的这段时间。

在车辆制动能量回收过程中应遵循以下原则：

（1）制动能量回收不应干预 ABS 的工作。

（2）ABS 进行制动力调节时，制动能量回收不工作。

（3）当 ABS 报警时，制动能量回收不工作。

（4）当驱动电机驱动系统有故障时，制动能量回收不工作。

（四）整车能量优化管理

通过对新能源汽车的驱动电机控制系统、电池管理系统、传动系统以及其他车载能源动力系统（如空调、液压泵等）的协调和管理，提高整车能量利用效率，延长续驶里程。

（五）充电过程控制

充电模式启动后，VCU 与 MCU 被 IG 继电器点火激活，高压配电盒发送充电模式启动信息至 VCU，VCU 根据当前系统状态，发送禁行信息至 MCU。此时车辆无法换挡行驶，处于禁行状态。

（六）上坡辅助功能控制

汽车在坡上起步时，驾驶人从松开制动踏板到踩下加速踏板过程中，会出现整车向后溜车的现象；在坡上行驶过程中，如果驾驶人踩加速踏板的力度不够，整车会出现车速逐渐降到零然后向后溜车的现象。

为了防止出现汽车在半坡起步和运行时向后溜车现象，在整车控制策略中增加了上坡辅助功能，它可以保证车辆在半坡起步时，向后溜车小于 10cm，在整车坡上运行过程中当动力不足时，整车车速慢慢降到零，然后保持零车速，不再向后溜车。

（七）电动化辅助系统管理

电动化辅助系统主要包括电子稳定控制（ESC）系统及其附属的电子制动辅助装置、电动助力转向（EPS）系统、电子驻车控制（EPB）系统等，这些系统分布在 ESC-CAN 系统中，VCU 依据动力 CAN 上 BMS 提供的动力蓄电池状态和 MCU 需求信息，对整车系统进行辅助管理。

（八）车辆状态的实时监测和显示

VCU 对车辆的状态进行实时监测，并且将各个系统的信息通过传感器和 CAN 总线发送给车载信息显示系统，将状态信息和故障诊断信息显示出来。

（九）行车控制模式

（1）正常模式：按照驾驶人意愿、车载负荷、路面情况和气候环境的变化，调节车辆的动力性、经济性和舒适性。

（2）跛行模式：当车辆某个系统出现中度故障时，将会限制驾驶人的加速请求，启用跛行模式，最高车速可以限制在 9km/h。

（3）停机保护模式：当车辆某个系统出现严重故障时，VCU 将停止发出指令，车辆进入禁行状态。

（十）故障诊断与处理

VCU 连续监视车辆的运行状态，根据传感器的输入及其他通过 CAN 总线得到的电机、动力蓄电池、车载充电机等的信息，对各种故障进行判断、等级分类、报警显示，并按表 3－1－1 所示的故障诊断与处理机制进行处理。

表 3－1－1　故障诊断与处理机制

等级	名称	故障后处理
1 级	致命故障	电机零扭矩，1s 紧急断开高压，系统故障警告灯亮
2 级	严重故障	2 级电机故障，电机零扭矩；2 级电池故障，20A 放电电流，限功率。系统故障警告灯亮
3 级	一般故障	进入跛行模式 / 降功率，系统故障警告灯亮
4 级	轻微故障	4 级故障属于维修提示，但是 VCU 不对整车进行限制，只是仪表显示。4 级能量回收故障，仅停止能量回收，行驶不受影响

（十一）热管理控制

VCU 对充电过程和车辆运行过程中的温度进行热管理。驱动电机工作时会产生高温，如果不加以降温，驱动电机无法正常工作，所以驱动电机机体内设置有冷却液通道，通过冷却液的循环与外界进行热交换，这样能将驱动电机的工作温度保持在一定范围内，防止驱动电机过热。驱动电机控制器不仅控制驱动电机的高压三相供电，还将动力蓄电池的高压直流电转化成低压直流电为辅助蓄电池充电，在此过程中会产生热量；此外在车辆充电过程中，高压配电盒内部的 IGBT 功率管和 MCU 内部的 IGBT 功率管工作，产生大量热量，如果这些热量不散发，将导致 IGBT 功率管高温后性能下降，严重时可能引发安全事故，因此 VCU 通过对冷却风扇的控制实现强制热交换的功能，最终对关键系统或部件进行散热。

（十二）DC/DC 控制

高压配电盒中的 DC/DC 转换器将高压直流电转换成指定的 12V 低压直流电。

四、新能源汽车网关

比亚迪 E5 新能源汽车的整车控制系统，其特点是没有整车控制器，控制功能主要由网关控制器、双向交流逆变式电机控制器（VTOG）、电池管理系统（BMS，由电池管理器和电池信息采集器等组成）、电池热管理控制器和主控制器等共同实现。

（一）网关的概念

在汽车上，从一个控制器向另一个控制器发送信息，需要经过一道“关口”，车载网络的这个“关口”，就是网关（Gateway）。

网关作为汽车网络系统的核心控制装置，负责协调不同结构和特征的 CAN 总线网络及其他数据网络之间的协议转换、数据交换、故障诊断等工作。网关又叫作网络之间的连接器、协议的转换器、数据的翻译器或者网桥。

（二）网关的功能

网关的主要功能是通过报文路由转发、报文过滤与信号重组等实现信息的交换，包括不同通信协议间的交互，如 Ethernet、FlexRay、CAN、CAN FD、LIN。传统的网关按照实现方式可分为集成网关和独立网关，集成网关是指集成路由功能的仪表或车身控制器，使用集成网关时，网络架构相对简单；独立网关主要实现路由功能，网络架构相对复杂。近几年 EE 架构逐渐向域控方向发展，新的域控制器通常也具备网关路由的功能。

目前，典型的网络架构有传统 EE 架构、基于 Domain 的 EE 架构、混合 EE 架构三种架构。

1. 传统 EE 架构

EE 架构即电子电气架构，中央网关（Central Gateway）与所有 ECU 直连，独立完成整车所有的信息交互任务。传统 EE 架构及网关如图 3－1－5 所示。

2. 基于 Domain 的 EE 架构

整车网络架构中除了中央网关，还存在域网关（Domain Gateway），域网关参与下属节点间的信息交互，也承载了网关的功能。基于 Domain 的 EE 架构及网关如图 3－1－6 所示。

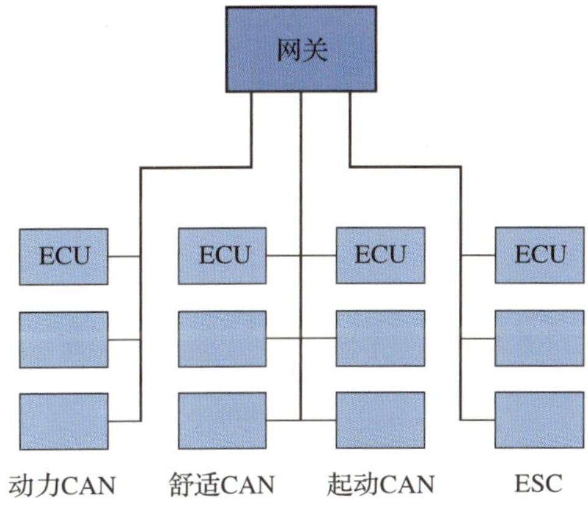

图 3－1－5　传统 EE 架构及网关

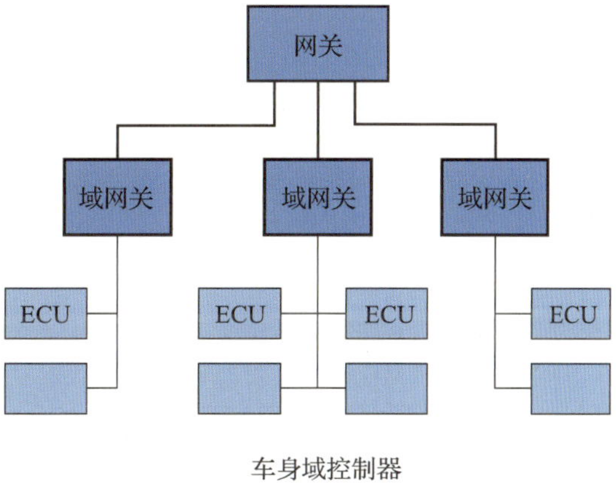

图 3－1－6　基于 Domain 的 EE 架构及网关

3. 混合 EE 架构

混合 EE 架构是在从传统 EE 架构到基于 Domin 的 EE 架构的过渡阶段存在的网络架构，兼具两种 EE 架构的特点。混合 EE 架构及网关如图 3－1－7 所示。

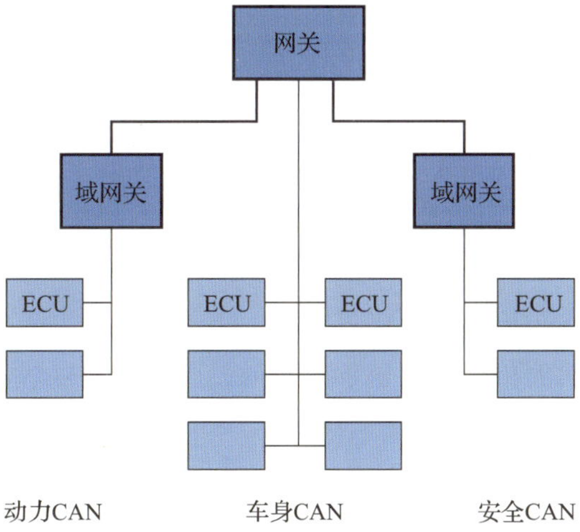

图 3－1－7　混合 EE 架构及网关

除了基本的路由功能，网关通常还具有以下属性和功能：

（1）各功能域物理隔离：网关区分各个功能域，将不同的功能域区分开。

（2）外部沟通媒介与网络安全防护：网关是整车与外部信息交互的媒介，因此网关需要过滤外部信息，避免整车内部网络被攻击。

（3）网络休眠唤醒管理：网关依据整车休眠唤醒条件，协调各个网络间的休眠唤醒。

（4）OTA Master 功能：实现整车远程刷写功能，获取 ECU 升级数据包并存储在本地，当满足刷写条件时，网关可作为刷写机，以既定的刷写流程将刷写数据传输给待升级 ECU。

（5）整车状态管理和能量管理：管理整车模式和用户使用模式。

（三）比亚迪 E5 汽车网络架构及网关

图 3－1－8 所示为比亚迪 E5 汽车网关及其他控制器网络连接拓扑图。它采用了分布式的网络架构，将控制功能分散到多个 ECU 上。每个 ECU 都负责一个或少数几个部件的输入输出操作，并通过车载网络实现协同工作。这种层次化的设计——从 ECU 到功能子网再到整车控制，确保了系统的高效可靠运行。

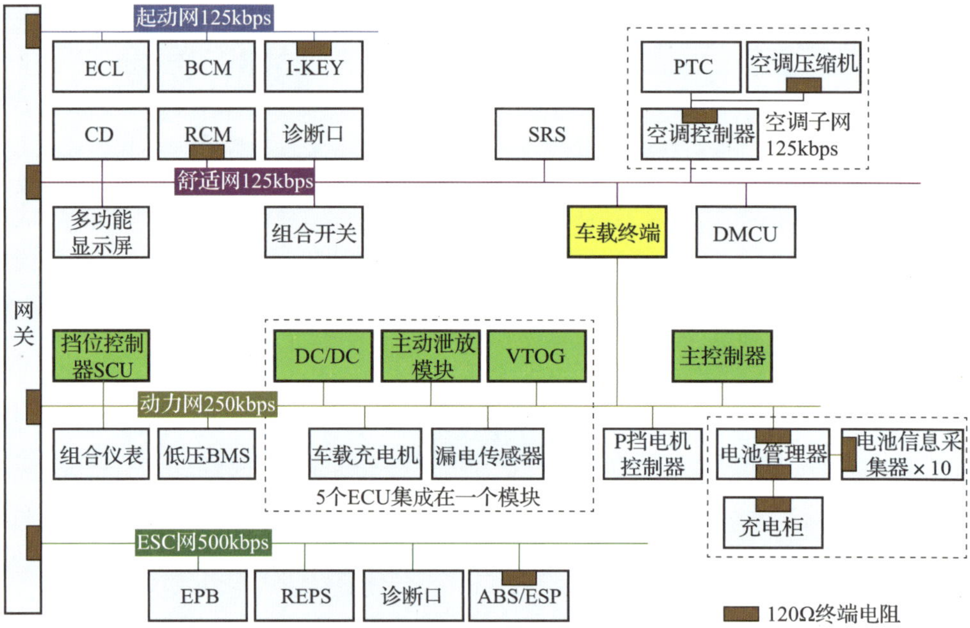

图 3－1－8　比亚迪 E5 汽车网关及其他控制器网络连接拓扑图

不同类型控制器之间的传输速度是不一样的，起动网传输速率是 125kbps、舒适网传输速率是 125kbps、动力网传输速率是 250kbps、ESC 网传输速率是 500kbps。相同网络控制器之间可以直接发送和接收信息，当不同网络之间需要获取信息时，因为速度不同，就需要经过网关进行翻译，才能获取想要的信息。

网关控制器故障可能会导致以下后果：

（1）系统通信中断：网关控制器作为车辆内部各种电、光总线之间的核心路由器，负责系统控制器之间的通信。一旦网关出现故障，将导致通信中断，进而影响到一系列依赖通信的功能。

（2）功能失效：这些功能包括但不限于门锁控制和速度信号的传输。以门锁为例，若网关损坏，车辆可能无法正常实现自动锁定功能，给车辆的安全性带来潜在威胁。此外，速度信号等关键信息的丢失也可能对车辆的行驶造成不良影响。

（3）影响车辆正常运行：网关的主要职责是实现网络和 ECU 之间安全无缝的通信，这包括在车辆的多个内部网络与外部网络之间搭建桥梁。一旦网关出现故障，这些关键功能都可能受到影响，严重时甚至可能导致车辆无法正常运行。

安全提醒

新能源汽车上的整车控制器、网关控制器都是十分精密的电子元器件，切不可在未断电的情况下插拔，在检修过程中应严格按照操作规范，彰显职业素养。

任务分析

要想完成本任务故障的诊断与排除，需要具备以下知识和技能：

1. 相关知识

（1）掌握整车控制系统的功能。

（2）了解整车控制系统的控制策略。

（3）了解车载网关的相关概念。

2. 相关技能

（1）万用表、示波器、解码器等常见设备的使用。

（2）维修资料的查阅、电路原理图的识读和分析。

（3）常见故障的诊断与排除。

（4）7S 管理和操作。

任务实施可按照图 3-1-9 所示流程图进行。

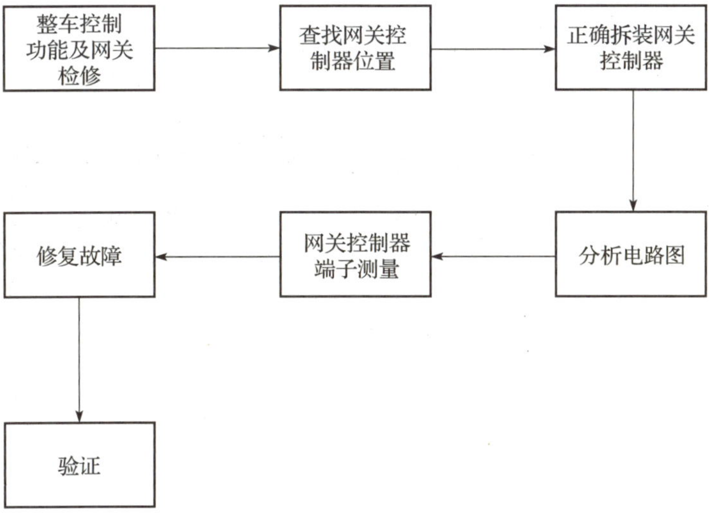

图 3-1-9　流程图

任务实施

技能实训 1　比亚迪秦 EV 网关控制器的更换

比亚迪秦 EV 网关控制器的更换

步骤 1：检查并清洁拆装工具，拆装工具套装如图 3－1－10 所示。

步骤 2：整车下电。断开蓄电池负极进行整车低压下电，断开后的蓄电池负极柱需要用黑胶带包裹起来。图 3－1－11 所示为断开蓄电池负极。

步骤 3：查阅资料确定网关控制器位置。查找相关维修手册，可以知道比亚迪秦 EV 网关控制器的安装位置在仪表台副驾驶侧储物盒里面靠上。比亚迪秦 EV 网关控制器的安装位置如图 3－1－12 所示。比亚迪秦 EV 仪表台如图 3－1－13 所示。

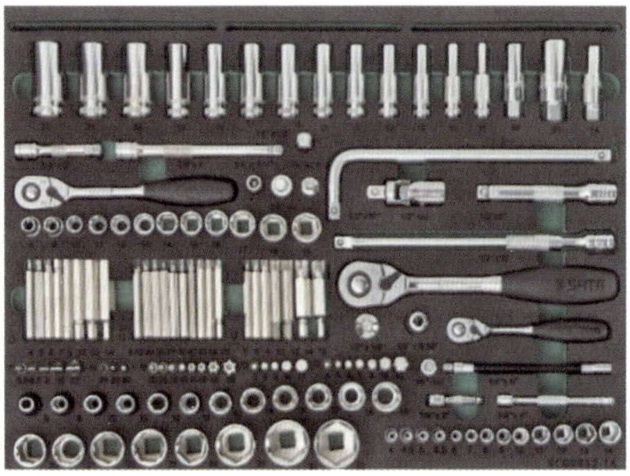

图 3－1－10　拆装工具套装

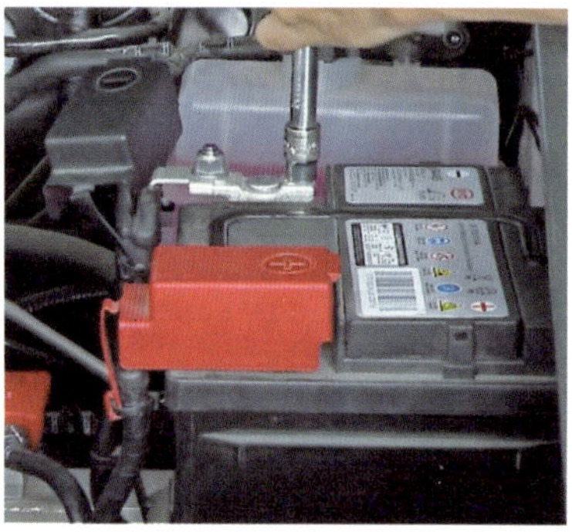

图 3－1－11　断开蓄电池负极

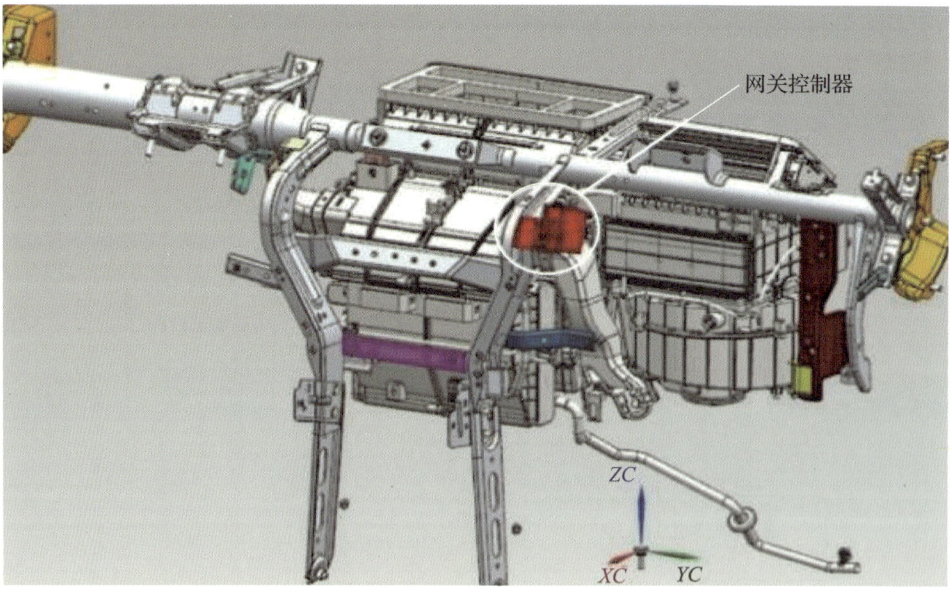

图 3－1－12　比亚迪秦 EV 网关控制器的安装位置

图 3-1-13　比亚迪秦 EV 仪表台

步骤 4： 拆下仪表台副驾驶侧储物盒，如图 3-1-14 所示。

步骤 5： 轻轻拔下网关控制器的插接器，如图 3-1-15 所示。

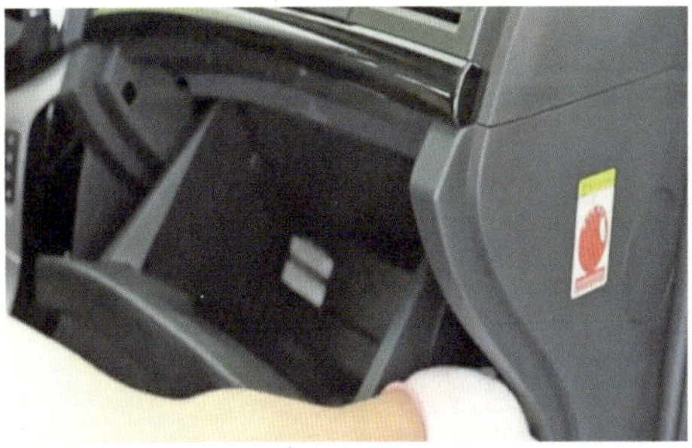

图 3-1-14　拆下仪表台副驾驶侧储物盒

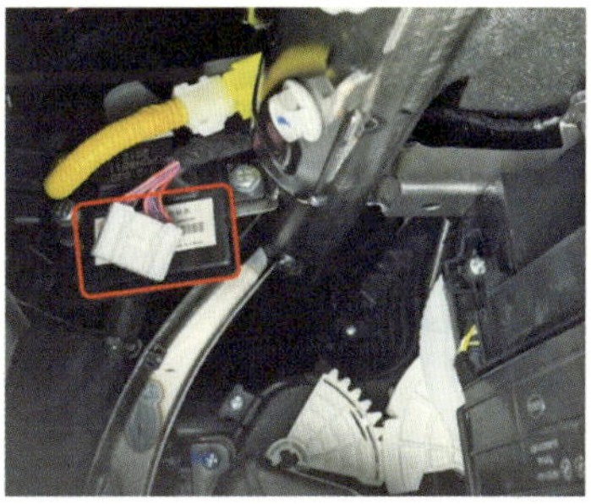

图 3-1-15　网关控制器的插接器

步骤 6： 选择合适的工具拆卸网关控制器的两颗固定螺栓，如图 3-1-16 所示，拿下网关控制器。

图 3-1-16　拆卸网关控制器固定螺栓

步骤 7： 安装网关控制器，安装步骤和拆卸步骤相反。

注意

在拆装网关控制器时一定要轻拿轻放，防止网关控制器跌落造成电子元器件不必要的损伤！

步骤 8： 安装完毕后，进入驾驶室按下起动按钮，车辆上电，如图 3－1－17 所示，观察仪表显示是否正常，仪表显示正常则更换完毕，进行 5s 收尾。

图 3－1－17　车辆上电

比亚迪秦 EV 网关信号的测量

技能实训 2　比亚迪秦 EV 网关信号的测量

步骤 1： 识读相关电路图。比亚迪秦 EV 网关控制器电路图如图 3－1－18 所示，从电路图中可知与网关控制器关联的网络有舒适网 1、舒适网 2、ESC 网和动力网。

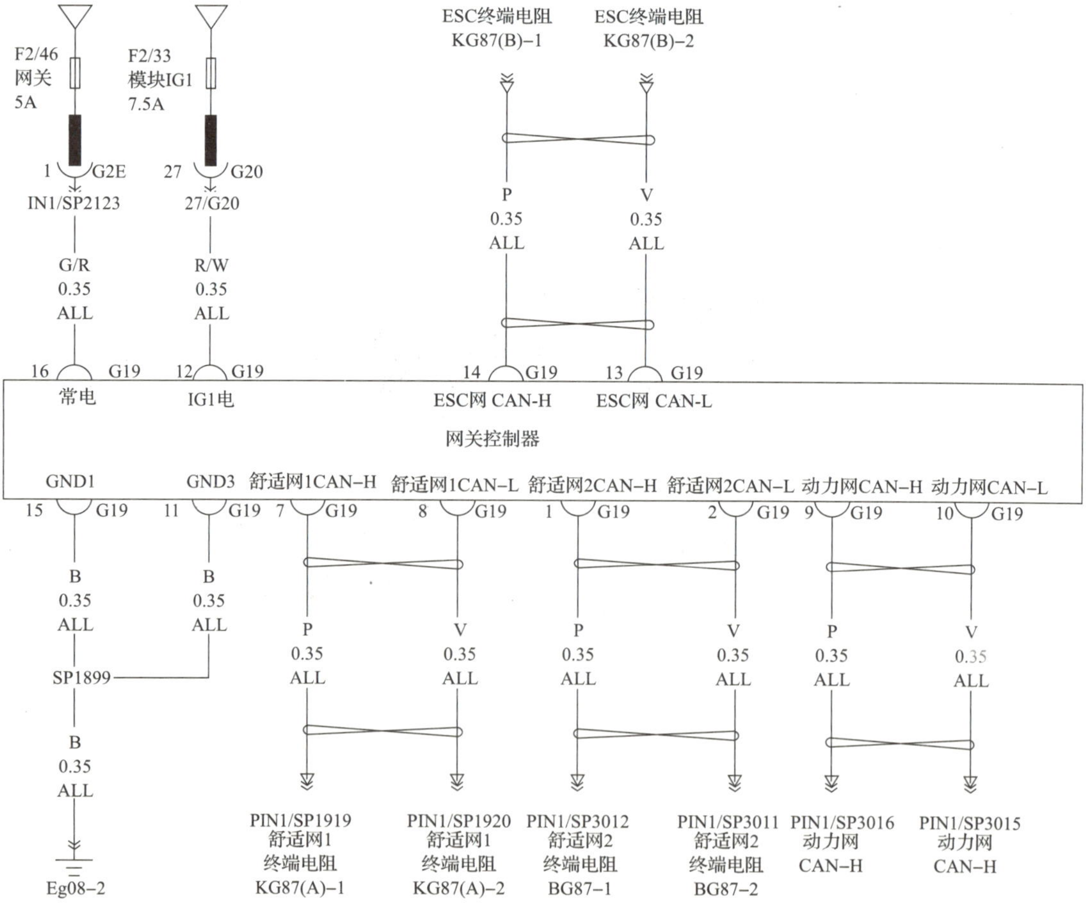

图 3－1－18　比亚迪秦 EV 网关控制器电路图

步骤 2： 终端诊断。网关控制器 G19 插接器共有 24 个端子，如图 3－1－19 所示，网关控制器插接器实物如图 3－1－20 所示。

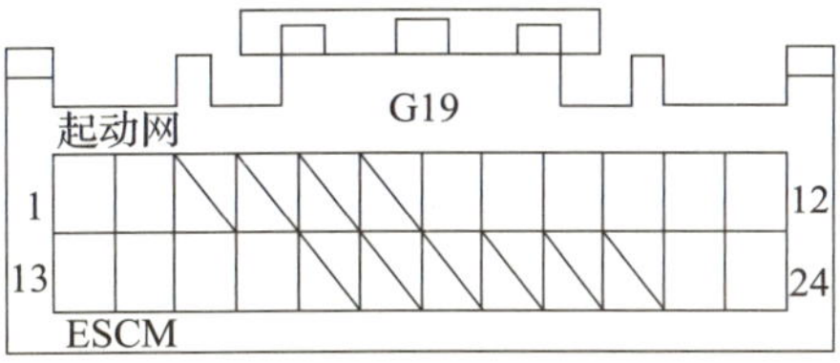

图 3－1－19　网关控制器 G19 插接器端子

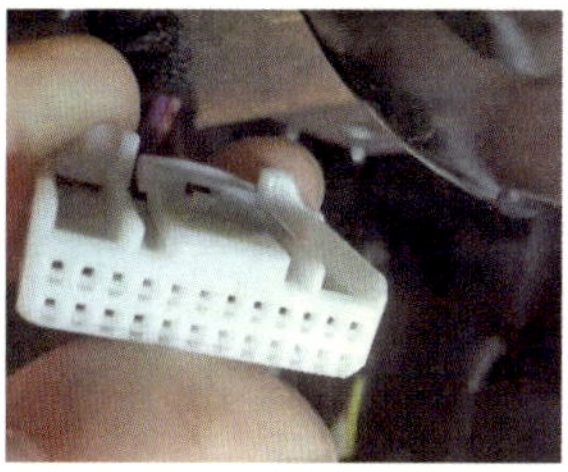

图 3－1－20　网关控制器插接器实物

断开网关控制器 G19 插接器，网关控制器插接器端子定义如表 3－1－2 所示。

表 3－1－2　网关控制器插接器端子定义

端子号	线色	端子描述	端子号	线色	端子描述
G19-1	P	舒适网 2CAN-H	G19-11	B	GND 3
G19-2	V	舒适网 2CAN-L	G19-12	R/L	ON-IN
G19-3（预留）			G19-13	V	ESC 网 CAN-L
G19-4（预留）			G19-14	P	ESC 网 CAN-H
G19-7	P	舒适网 1CAN-H	G19-15	B	GND 1
G19-8	V	舒适网 1CAN-L	G19-16	R	+12V-IN
G19-9	P	动力网 CAN-H	G19-23（预留）	B	

检查线束端各端子电压和电阻，标准值见表 3－1－3 和表 3－1－4。

表 3－1－3　端子电压标准值

端子号（符号）	配线颜色	端子描述	条件	规定状态
G19-16—车身搭铁	R	常电	始终	11 ～ 14V
G19-12—车身搭铁	R/L	IG1 供电	ON 挡	11 ～ 14V

表 3－1－4　端子电阻标准值

端子号（符号）	条件	规定状态
G19-11—车身搭铁	始终	小于 1Ω
G19-15—车身搭铁	始终	小于 1Ω

步骤 3： 通信线终端电阻的检查。

（1）检查舒适网 1 主节点终端电阻。断开网关控制器 G19 插接器，检查端子 7 与 8 之间的电阻，标准值见表 3－1－5。若异常，更换网关控制器。

表 3-1-5　舒适网 1 主节点终端电阻标准值

端子号（符号）	条件	规定状态
G19-8—G19-7	始终	120Ω

（2）检查舒适网 2 主节点终端电阻。断开网关控制器 G19 插接器，检查端子 1 与 2 之间的电阻，标准值见表 3-1-6。若异常，更换网关控制器。

表 3-1-6　舒适网 2 主节点终端电阻标准值

端子号（符号）	条件	规定状态
G19-1—G19-2	始终	120Ω

（3）检查动力网主节点终端电阻。断开网关控制器 G19 插接器，检查端子 9 与 10 之间的电阻，标准值见表 3-1-7。若异常，更换网关控制器。

表 3-1-7　动力网主节点终端电阻标准值

端子号（符号）	条件	规定状态
G19-9—G19-10	始终	120Ω

（4）检查 ESC 网主节点终端电阻。断开网关控制器 G19 插接器，检查端子 13 与 14 之间的电阻，标准值见表 3-1-8。若异常，更换网关控制器。

表 3-1-8　ESC 网主节点终端电阻标准值

端子号（符号）	条件	规定状态
G19-13—G19-14	始终	120Ω

考核评价

任务		姓名	
教学场所			
知识目标	1. 掌握整车控制系统的功能	□完成　□基本完成　□未完成	
	2. 了解整车控制系统的控制策略	□完成　□基本完成　□未完成	
	3. 了解车载网关的相关概念	□完成　□基本完成　□未完成	
技能目标	1. 能通过维修手册查找到网关控制器插接器端子定义	□完成　□基本完成　□未完成	
	2. 会根据维修手册的指引进行相关信号的测量，并给出维修结论	□完成　□基本完成　□未完成	

续表

素养目标	能够按照 7S 管理要求整理实训场地	□完成　□基本完成　□未完成
步骤一	查找网关控制器位置	□完成　□基本完成　□未完成
步骤二	正确拆装网关控制器	□完成　□基本完成　□未完成
步骤三	分析电路图	□完成　□基本完成　□未完成
步骤四	网关控制器插接器端子的测量	□完成　□基本完成　□未完成
步骤五	修复故障	□完成　□基本完成　□未完成
步骤六	验证	□完成　□基本完成　□未完成
总评		

情智课堂

智能车身控制系统——云辇

随着新能源汽车的快速发展，消费者对于驾乘体验的要求日益提高。比亚迪云辇技术的诞生，正是为了满足消费者对于更舒适、更安全、更智能的驾乘体验的需求。

云辇的命名灵感源于中国古代的帝王座驾“辇”，“云”则象征着以智能化技术创造更轻盈平稳的驾乘体验。这一命名不仅体现了比亚迪对中国优秀传统文化的传承，也彰显了其在新能源汽车领域的创新精神。作为全栈自研的最新成果，“云辇”标志着比亚迪成为首个自主掌握智能车身控制系统的中国车企。

一、云辇技术的特点与优势

（1）系统化解决方案：云辇技术不是单一技术的突破，而是比亚迪在车辆垂直方向控制上的系统化解决方案。它集成了感知、决策、控制等多种先进技术于一体，实现了对车身的全方位智能控制。

（2）多维感知能力：云辇技术通过搭载大量的传感器（如加速度传感器、高度传感器等），实现了对车辆行驶状态的全方位感知。这些传感器能够实时采集车辆的各种数据，为系统提供精准的决策依据。

（3）精准决策与智能控制：云辇技术具备强大的数据处理和计算能力，能够实时对车辆感知层信号数据进行调取运算，并输出最佳控制策略。这些控制策略涵盖了车辆的舒适性、运动性、安全性和越野性等多个方面，为驾驶人带来全方位的驾乘体验。

（4）电动化与智能化：云辇技术在电动化的基础上赋予了车辆强大的智能化能力。它能够通过电控系统对车辆的各个部件进行精确控制，实现阻尼、刚度、高度等多个维度的自适应调节。这种调节不仅快速且精准，还能够根据不同路况和驾驶需求进行智能匹配。

二、云辇产品矩阵与应用

比亚迪云辇技术目前包含云辇 -C、云辇 -A、云辇 -P 等多个产品系列，每个系列都有其独特的功能和应用场景。

（1）云辇 -C：智能阻尼车身控制系统，通过控制减振器电磁阀实现阻尼的无级自适应调节。该系统能够根据不同路况和驾驶需求提供舒适的驾乘体验和稳定的操控性能。目前搭载云辇 -C 的车型包括比亚迪宋 L、比亚迪汉、比亚迪唐、腾势 D9、腾势 N8 等。

（2）云辇 -A：智能空气车身控制系统，同时拥有空气弹簧和电控减振器。该系统能够实现底盘高度、刚度、阻尼三个维度的精准自适应调节，使车辆具备优异的舒适性、平稳性、支承性以及通过性。搭载云辇 -A 的车型包括腾势 N7 等。

（3）云辇 -P：智能液压车身控制系统，能够实现超高举升、四轮联动、露营调平等超强越野功能。该系统在面对极限越野路况时能够发挥巨大作用，确保车辆的动力有效输出和越野能力的充分发挥。搭载云辇 -P 的车型包括仰望 U8 等。

云辇技术的发布标志着比亚迪在智能车身控制领域实现了从 0 到 1 的突破，云辇技术是一项具有重大意义的创新技术，它不仅填补了国内乃至国际市场上的技术空白，增强了我们的民族自信心，还显著提升了新能源汽车的驾乘体验和安全性，它将推动行业向更加智能化、电动化的方向发展，提升整个行业的技术水平和竞争力。

任务二 车载网络总线检修

任务描述

当总线出现问题时，很多控制单元将无法通信，车辆无法正常工作。总线具有唯一性，在诊断时，我们通过总线的概念、数字电路与信号传输、二进制信号和信号电平、拓扑结构、总线结构、速率、传输方向及特点来了解总线特性，根据总线特性能够判断总线的测量信号状况（标准、对搭铁 / 电源短路、互短、休眠、单根断）。

知识储备

一、车载网络总线概述

（一）传统数据传输形式的缺陷

车载网络总线结构与总线检修

目前，在汽车上应用的数据传输形式有两种：用独立的数据线进行交换、并行数据传输。

1. 用独立的数据线进行交换

共需要 4 条数据线进行数据传输，即每项信息都需要一个独立的数据线。随着汽车控制系统越来越复杂，所需传输的信息量也越来越大。因此，数据线的数量和控制单元的端子数量也会相应增加。这种数据传输形式只适用于有限信息的数据交换和传输。

2. 并行数据传输

并行（同时）数据传输可以提高传输速度，但需要大量的线缆。在并行数据传输中，每个信息单元都需要一根线缆。

（二）总线传输

为尽可能减少传统数据传输所带来的不利因素，针对车载网络使用了总线系统，将各控制单元联网。将各控制单元原本独立的处理过程通过双绞线、光缆等相互联系起来，每一个控制单元只需引出两条线共同接在两个节点上。它的工作原理与公交车运营类似，如图 3－2－1 所示。每一个公交站台相当于一个控制单元，公交车上的乘客相当于需要传递的数据，公交车行驶的路线即为 CAN 总线。每一个与总线连接的控制单元（站台）都会收到总线上的信息，如果信息有用，则会接收和储存；如果无用，便会忽略。同样，如果某个控制单元 A 需要发送数据给另一个控制单元 B，该数据会在总线上传递，连接在总线上的控制单元 B 就会接收这个信息。需要指出的是，除了控制单元 A 和 B，连接在总线上所有的控制单元都能收到这个信息。这样，控制单元便能够进行信息交互，从而实现多个控制单元的信息共享，这就是总线传输的工作原理。

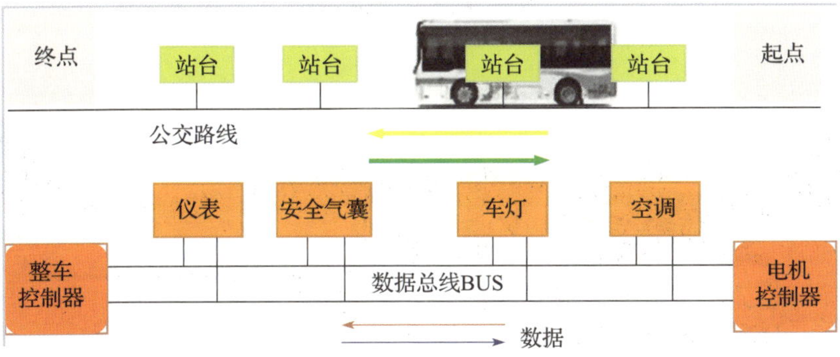

图 3－2－1 总线传输的工作原理

（三）总线传输的优点

相较于传统数据传输形式的缺陷，总线传输具备下列优点：

（1）提高整个系统的可靠性。

（2）降低布线成本。

（3）减少各种线缆数量。

（4）减小线缆束横截面积。

（5）灵活布线。

（6）多重使用传感器。

（7）能够传输复杂数据。

（8）系统变更时更具灵活性。

（9）能够随时扩展数据范围。

（10）实现新型功能。

（11）有效诊断。

（12）降低硬件成本。

（四）新能源汽车车载网络总线的分级

车载网络总线根据传递的信息量的速度、网络特性，通常可划分为 5 类，包括 A 类总线、B 类总线、C 类总线、安全类总线和多媒体类总线。

1. A 类总线

A 类总线是面向传感器和执行机构的低速网络，其中以本地互联网（Local Interconnect Network，LIN）最具代表性，其数据传输速率通常小于 10 kbps。A 类总线主要用于电动车窗、座椅调节器、灯光照明等的控制，LIN 总线有其“局域”特性，在汽车中一般不独立存在，通常与上层 CAN 网络相连，形成 CAN-LIN 网络节点，一般会规定该网络节点的控制器归属。如图 3－2－2 所示，空调主控通过 LIN 总线连接雨量传感器、刮水器、空调－天窗等。

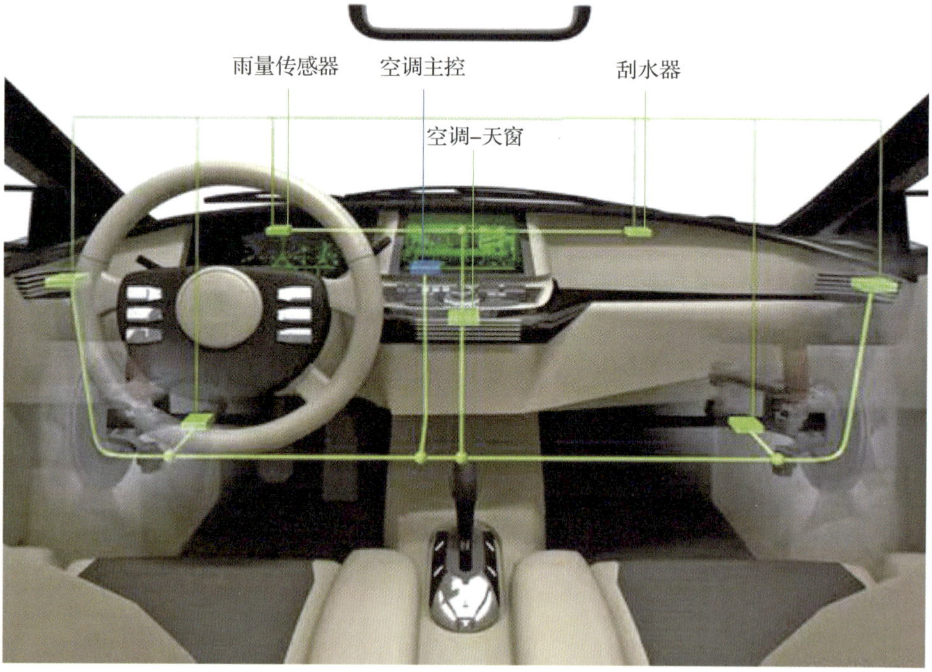

图 3－2－2　空调连接的 LIN 总线

在车载网络系统中，LIN 处于低端，可与 CAN 互补，如在 LIN 系统中，加入新节点时，不需要从其他节点做任何软件或硬件的改动。LIN 和 CAN 一样，传送的信息带有一个标识符，它给出的是这个信息的意义或特征，而不是这个信息传送的地址。

LIN 总线的电气性能对网络结构有很大影响。网络节点数不仅受标识符长度的限制，还受总线物理特性的限制。在 LIN 系统中，建议节点数不超过 16 个，LIN 系统每增加一个节点大约使网络阻抗降低 3%。LIN 总线的传输速率可达 20kbps，最大为 64 个标识符。

使用万用表测量 LIN 总线的电压，正常情况下的电压值为 6 ～ 10V，网络越忙，其电压值越低。如果出现 12V 或者 0V 的情况，则说明存在短路或者断路故障。整个波形信号在 1 ～ 12V 变化，当 LIN 总线上没有信号传输时，电压值为 12V；当有信号传输时，电压值约为 1V。

2. B 类总线

B 类总线是面向独立控制模块间信息共享的中速网络，其数据传输速率通常为 10 ～ 125 kbps。B 类总线以控制器局域网络（Controller Area Network，CAN）最为著名，主要用于车辆信息的传送，如汽车速度监测、故障诊断、仪表显示等信息的传送。

3. C 类总线

C 类总线是面向高速、实时闭环控制的多路传输网络，其数据传输速率通常为 125 ～ 1 000 kbps。C 类总线主要用于车上控制系统之间数据的实时传输。

4. 安全类总线

安全类总线也称为 FlexRay 总线，是由宝马、飞利浦、飞思卡尔和博世等公司共同制定的一种新型通信总线，专为车联网而设计，基于时间触发机制，具有高带宽、容错性能好等特点，在实时性、可靠性和灵活性方面具有一定的优势。

FlexRay 具有高速、可靠安全的特点，FlexRay 在物理上通过两条分开的总线通信，每一条的数据传输速率是 10Mbps。FlexRay 还具备很多网络所不具备的功能。尤其是 FlexRay 具备的冗余通信能力可实现通过硬件完全复制网络配置，并进行进度监测。FlexRay 同时提供灵活的配置，可支持各种拓扑，如总线、星形和混合拓扑，FlexRay 本身不能确保系统安全，但它具备大量功能，可以支持以安全为导向的系统（如线控系统）的设计。

5. 多媒体类总线

多媒体类总线是面向媒体信息传输的 MOST（Media Oriented Systems Transport）网络，它以光纤为载体，通常是环形拓扑。MOST 可提供高达 25Mbps 的带宽，远远高于传统的汽车总线，可以同时播放 15 个不同的音频流，主要应用在汽车信息娱乐系统。MOST 总线主要由光导纤维、光导插头、内部供电装置、电气插头、专用部件、标准微型控制器、MOST 发射接收机、光导纤维发射机等部件构成，如图 3－2－3 所示。

MOST 采用塑料光缆网络协议，将音响装置、电视、全球定位系统及电话等设备相互连接起来，给用户带来了极大的便利。MOST 网络可以不需要额外的主控计算机系统，结构灵活、性能可靠、易于扩展。MOST 网络支持“即插即用”方式，在网络上可以随时添加和去除设备。

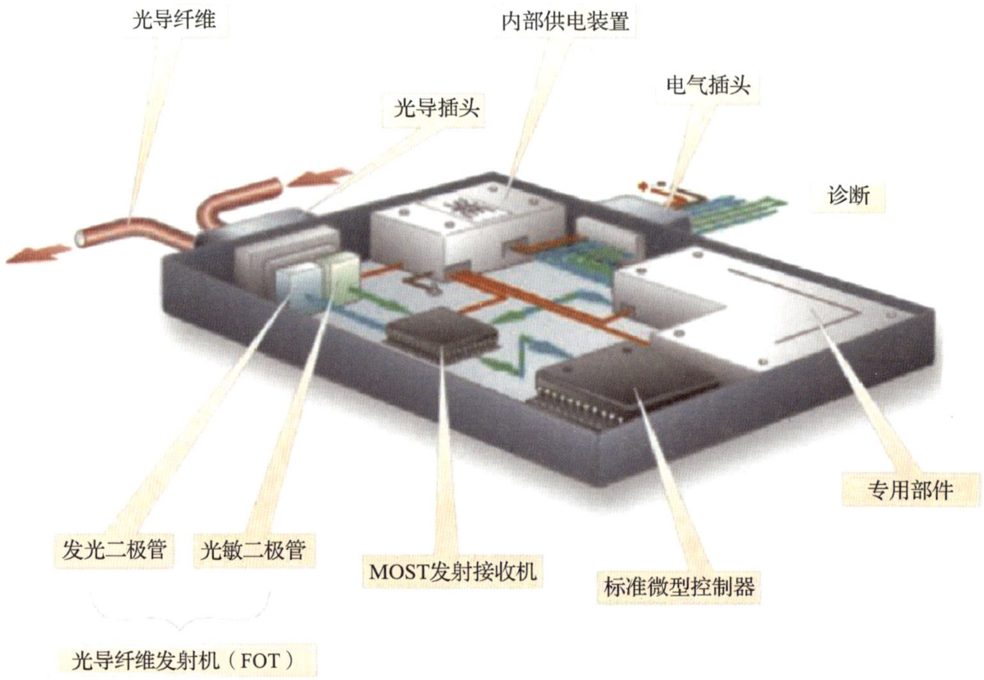

图 3－2－3　MOST 总线结构

二、常用术语

（一）模拟信号与数字信号

“模拟”一词源于希腊语“Analogos”，表示“类似于”。模拟显示数据（信息）通过直接与数据成比例的连续变化的物理常量来表示。模拟信号（见图 3－2－4）的特点是可以采用 0～100% 的任意值，因此该信号以无级方式变化，如指针式测量仪表、汞（水银）温度计、指针式时钟。

在听音乐时，耳朵就会接收到模拟信号（声波连续变化）。电气设备（音响系统、收音机、电话等）以同样的方式通过连续变化的电压表示声音。但当这种电信号由某一设备向另一设备传输时，接收装置接收到的信息与发射装置发送的信息并不完全相同。这是由下列干扰因素造成的：

（1）电缆长度。

（2）电缆的线性电阻。

（3）无线电波。

（4）移动无线电信号。

出于安全技术的考虑，在车辆应用方面不会通过模拟方式传输信息。此外，电压变化太小，无法显示出可靠值。

“数字”一词源于拉丁语“Digitus”，原表示手指或脚趾。数字表示方式是指以数字形式表示不断变化的常量。尤其在计算机内，所有数据都以“0”和“1”的序列形式表示（二进制）。数字信号如图 3－2－5 所示，如数字万用表、数字时钟、CD 和 DVD 的信号，它与模拟信号是对立的。

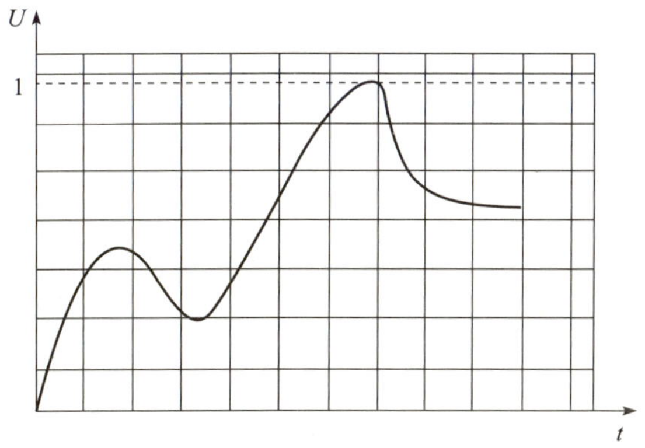

图 3－2－4　模拟信号

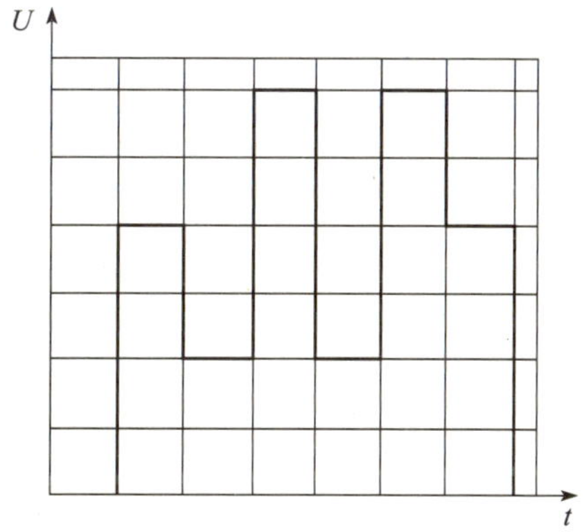

图 3－2－5　数字信号

（二）二进制信号与信号电平

一个二进制信号（见图 3－2－6）只能识别两种状态：0 和 1 或高和低。例如：

（1）车灯亮起—车灯未亮起。

（2）继电器已断开—继电器已接通。

（3）供电—未供电。

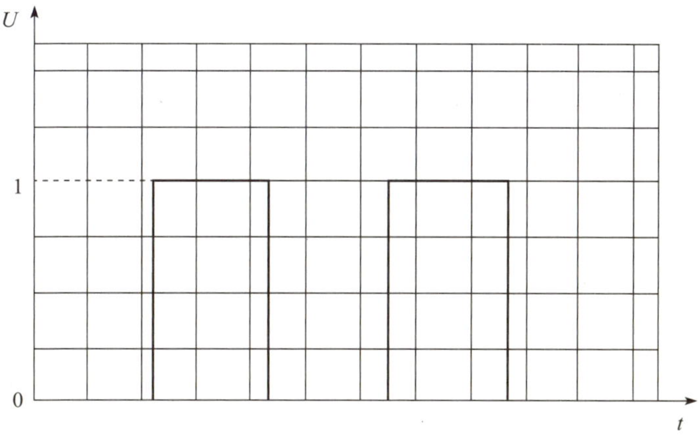

图 3－2－6　二进制信号

每个符号、图片和声音都由特定顺序的二进制字符构成，如 10010110。通过这些二进制编码，计算机或控制单元可处理信息或将信息发送给其他控制单元。为清楚区分车辆应用方面的高低两种电平状态，明确规定了每种状态的对应范围（见图 3－2－7）。

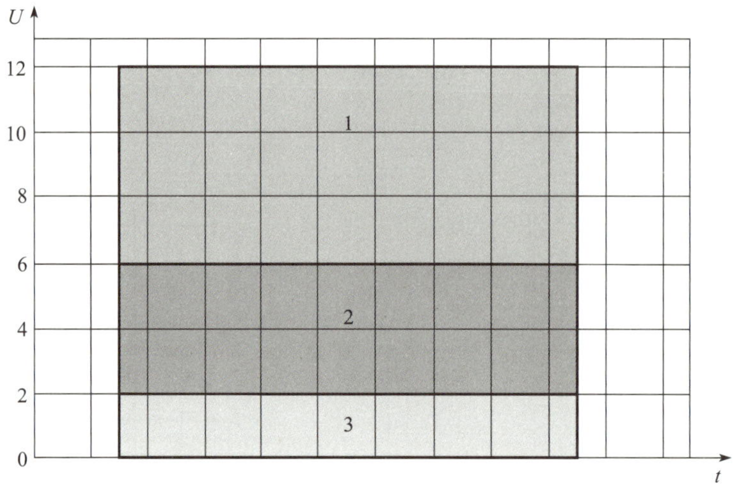

图 3－2－7　信号电平状态对应范围

（1）高电平为 6 ～ 12V。

（2）低电平为 0 ～ 2V。

（3）2 ～ 6V 的范围是所谓的禁止范围，用于识别故障。

（三）数据传输方式

根据发送装置向接收装置传输信息字节的方式不同，数据传输方式分为并行和串行数据传输方式。目前，车辆上并行数据传输方式多在控制单元内部线路中使用，在控制单元外部传输信息大都以串行方式进行。

进行并行数据传输时，发送装置向接收装置同时（并行）传输 7 ～ 8 位数据，两个装置之间的电缆必须包括 7 或 8 根平行排列的导线（加搭铁导线）。因此，需要较高的传输速度时，通常使用这种数据传输方式。但是插接装置和电缆的费用较高，因此只能在传输路径较短时采用并行数据传输方式。

串行接口主要用于在数据处理装置之间进行数字通信。串行数据传输方式是指在一根导线上以 bit（比特）为单位依次（连续形式）传输所需数据。这种传输方式的优点是降低了布线的时间和成本。串行数据传输可以是同步传输或异步传输。

使用一个共同的时钟脉冲发生器可保持发送装置和接收装置时间管理的同步性。这种方式就是同步传输方式。此时只需使用发送装置的时钟脉冲发生器，必须通过一根单独的导线将其节拍频率传送给接收装置。进行同步传输时，通常以信息组形式发送数据。为此必须使接收装置与信息组传输同步化，在信息组起始处发送一个起始识别符号，在停止处发送一个停止识别符号。

发送装置和接收装置之间最常用的数据传输方式是异步传输方式。进行异步传输时，发送装置和接收装置之间没有共同的系统节拍，通过起始位和停止位识别数据组的开始和结束。只有接收装置确认已接收到之前的数据后，发送装置才会传输下面的数据。这种方式相对较慢。此外，其数据传输速率还取决于总线长度。异步传输方式仅针对字符的持续时间建立并保持发送装置和接收装置之间的同步性，这种方式又称起止方式。根据每次达到同步所需的时间，其比特率低于同步传输方式的比特率。

进行异步传输时，每个字符起始处都有一个起始位。接收装置可通过该起始位与发送装置的节拍保持同步。随后发送 5 ～ 8 位数据位，并可能发送一个检查位（校验位）。在导线上发送数据位时首先发送最低值数位，最后发送最高值数位。此外还有一或两个停止位，这些停止位用于传输两个字符之间的最小停顿。停止位为接收装置创造了接收下面字符的准备时间。这种由起始位、数据位和停止位构成的单位又称为字符框架。发送装置和接收装置的传输形式必须一致。

单向总线线路的每条线路上，信息只向一个方向传递，如图 3－2－8 所示。

双向总线线路的每条线路上，信息向两个方向传递，如图 3－2－9 所示。

图 3－2－8　单向传输

图 3－2－9　双向传输

（四）拓扑结构

拓扑结构是指网络中各节点相互连接的形式，在局域网中，就是指文件服务器、工作站和电缆等的连接形式。网络连接的形式一般有 5 种，分别为星形连接、环形连接、网状连接、总线连接以及混合型连接。在汽车上应用较为广泛的是 CAN 总线网络连接形式，CAN 总线上的各个控制单元通过内部收发器（发射—接收放大器）并联在总线上，各控制单元的地位相同，没有任何控制单元享有特权，在这个意义上 CAN 总线为多主机结构。

三、CAN 总线的结构及工作原理

（一）CAN 总线概述

CAN 总线即控制器局域网总线，由德国博世公司于 1986 年提出。1991 年，飞利浦公司制定并发布了 CAN 2.0 总线协议，包括 A、B 两部分，其中 CAN 2.0A 总线协议给出了报文标准格式，CAN 2.0B 总线协议给出了标准和扩展两种格式。后经修改，CAN 总线协议在 1993 年成为国际标准（ISO 11898）。CAN 总线具有良好的功能特性和极高的可靠性，广泛应用于交通工具、工业自动化、航空航天及医疗器械等领域。CAN 2.0B 总线协议数据传输速率可达 1Mbps，相当于 SAE 的 C 级高级数据通信协议，目前汽车中采用的 SAE1939 通信标准的核心就是 CAN 2.0B 总线协议。CAN 总线主要具有以下特点：

（1）通信方式灵活。由于采用多主方式工作，不分主从，通过报文标志符通信，故无须地址等节点信息，即网络上任意一个节点均可主动地向其他节点发送信息，且可以点对点、一点对多点或全局广播的方式进行通信。

（2）采用非破坏性、基于优先级的仲裁方式。当有多个节点同时向总线发送数据时，低优先级的节点主动停止数据发送，高优先级的节点可不受影响地完成数据发送，从而大大节省了总线冲突仲裁时间。即使在网络负载很重的情况下，也不会出现网络瘫痪的情况。

（3）帧信息中包含循环冗余校验码（Cyclic Redundancy Check，CRC）等信息，可有效降低通信错误率。

（4）对发送失败的报文，将在总线空闲时自动重新传输，提高了通信的可靠性。

（5）采用短帧格式，传输时间短，受干扰概率低，具有良好的检错效果。每帧信息都有 CRC 及其他检错措施，降低了数据出错概率。网络节点具有在错误严重情况下自动关闭输出的功能，以使总线上其他节点的操作不受影响。

（6）每帧报文最多可发送 8 个字节数据，既可满足工控领域中命令控制及状态查询的一般要求，又不会过长地占用总线，保证了通信的实时性。

（7）通信介质可为双绞线、同轴电缆或者光纤，选择灵活。

（8）直接通信距离最远可达 10km。

（二）CAN 网络的传输介质

CAN 总线是一种多主总线，是一种双线串行数据通信总线，通信介质大多数采用双绞线。采用双绞线结构之后，在进行数据传输时，两根数据线上 CAN-H 和 CAN-L 数据线的信号电压相互对称分布，两条线的电压总和等于常值。高速 CAN 和低速 CAN 波形不太一样，但是它们的 CAN-H 线和 CAN-L 线之间有共同特点，就是波形相反，传递的数据是一样的。高速 CAN 能以 500kbps 的速率传递数据，每一组数据传递大约需要 0.25ms，每个控制单元会在 7 ～ 20ms 发送一次数据。高、低速 CAN 在双绞线上传导的信号波形如图 3－2－10 所示。

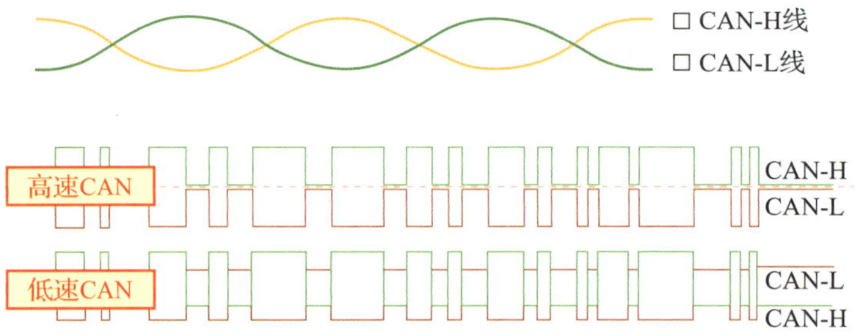

图 3－2－10　高、低速 CAN 在双绞线上传导的信号波形

双绞线的特点：技术上容易实现、造价低廉；理论上节点数无限制、对环境电磁辐射有一定的抑制能力；随着频率的增长，双绞线线对的衰减迅速增高；适合网络 5kbps ～ 1Mbps 的传输速率。

（三）CAN 总线的结构

CAN 总线由 CAN 控制器、CAN 收发器、终端电阻、数据传输线（CAN-H、CAN-L）等组成，如图 3－2－11 所示。

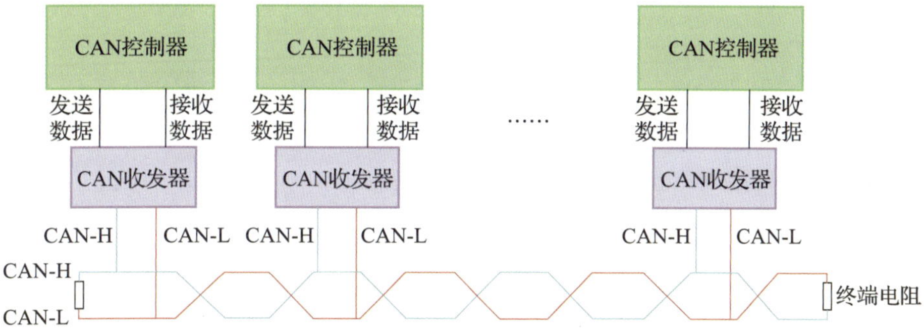

图 3－2－11 CAN 总线的结构

1. CAN 控制器

CAN 控制器主要用来接收、处理微处理器传来的信息，并将处理后的信息传给 CAN 收发器，同时 CAN 控制器也接收、处理 CAN 收发器传来的信息，并将处理后的信息传给各控制单元的微处理器。

2. CAN 收发器

CAN 收发器主要用来接收 CAN 控制器送来的信息，并将其发送到 CAN 数据传输总线上，同时 CAN 收发器也接收 CAN 数据传输总线上的信息，并将其传给 CAN 控制器。

3. 终端电阻

终端电阻通常安装在控制单元内，它能防止数据在到达线路终端后返回并干扰原始数据，从而保证了数据的正确传送，每一个终端电阻的电阻值是 120Ω。

4. 数据传输线

数据传输线是两条双向数据线，分别为 CAN-H（高位）和 CAN-L（低位）线，主要作用是进行网络数据传输。为防止向外辐射和外界电磁波干扰，两条数据线通常缠绕在一起，并且至少每 2.5cm 就要扭绞一次。此外，两条数据线上的电位是相反的，其电压的和总等于常值。

（四）高速 CAN 波形和数值分析

CAN 总线分为 CAN-H 和 CAN-L 线，对搭铁电压分别用 $V_{\text{CAN-H}}$ 和 $V_{\text{CAN-L}}$ 表示，它们之间的差值称为差分电压 V_{diff}，即 $V_{\text{diff}}=V_{\text{CAN-H}}-V_{\text{CAN-L}}$。

满足条件 $0.9\text{V}<V_{\text{diff}}<5.0\text{V}$ 时，代表逻辑数字“0”，当前传送的数据位被称为“显性”位；当 $-0.1\text{V}<V_{\text{diff}}<0.5\text{V}$ 时，代表逻辑数字“1”，当前传送的数据位被称为“隐性”位。电压波形与逻辑电平定义如图 3－2－12 所示。

综上所述，高速 CAN 在显性状态时，CAN-H 线电压约为 3.5V，CAN-L 线电压约为 1.5V；在隐性状态时，CAN-H、CAN-L 线电压均约为 2.5V，如图 3－2－13 所示。静止状态时，两条导线上都有相同预设值，称为静电平。对于 CAN 总线来说，这个值约为 2.5V。

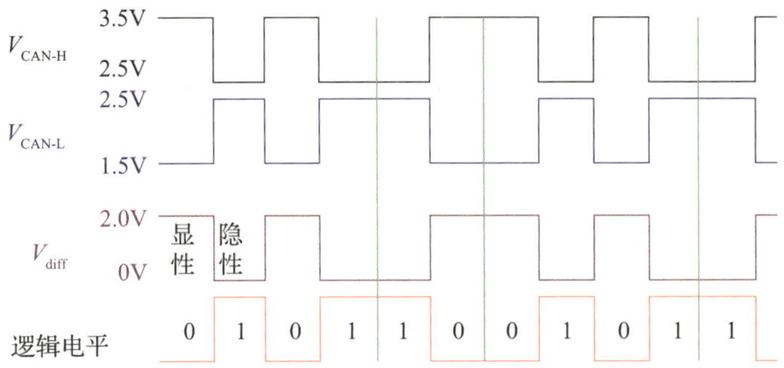

图 3－2－12　电压波形与逻辑电平定义

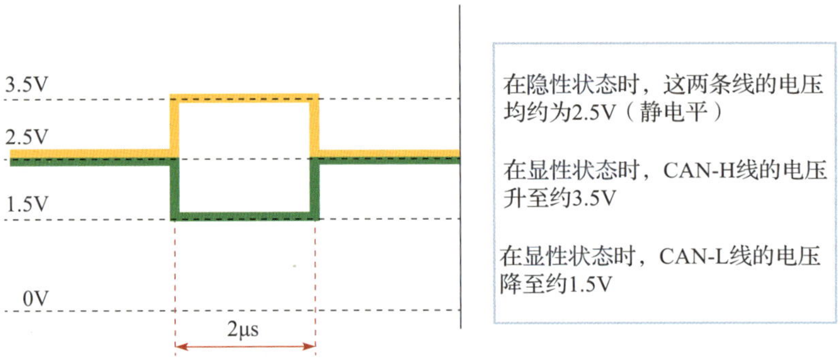

图 3－2－13　高速 CAN 总线上的电压

（五）低速 CAN 波形和数值分析

舒适系统 CAN 总线的速率达到 100kbps，为了使低速 CAN 总线抗干扰能力强且电流消耗低，与动力 CAN 总线相比做了一些改动：使用单独的驱动器（功率放大器）使两个 CAN 信号不再有彼此依赖的关系，即任一根 CAN 线断路，系统也不受影响。

因此，舒适系统 CAN 总线的 CAN-H 线和 CAN-L 线间没有终端电阻，且彼此作为独立信号工作。在隐性状态（静电平）时，CAN-H 线电平为 0V，在显性状态时不低于 3.6V。对于 CAN-L 线信号来说，隐性电平为 5V，显性电平不高于 1.4V。低速 CAN 总线的电压波形和逻辑“0”“1”的关系如图 3－2－14 所示。

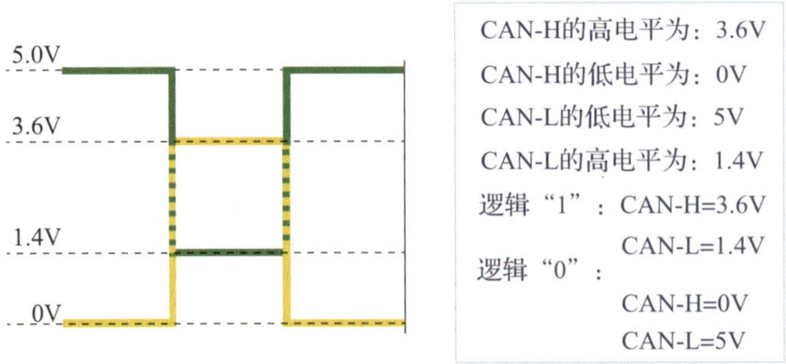

图 3－2－14　低速 CAN 总线的电压波形和逻辑“0”“1”的关系

舒适系统 CAN 总线中收发器的结构，如图 3－2－15 所示。其工作原理与动力 CAN 总线收发器基本一样，只是在出现故障时可切换到单线工作模式。任意一条 CAN 线发生短路或者 CAN 线之间互短都会被识别出来，在出现故障时会关闭相应的 CAN 收发器。

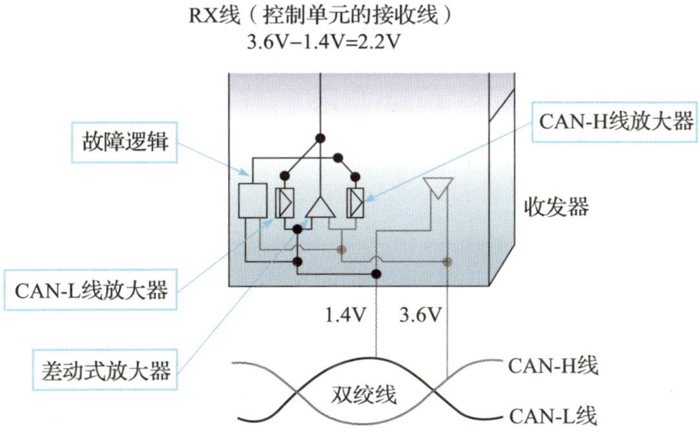

图 3－2－15　舒适系统 CAN 总线中收发器的结构

（六）CAN 报文格式

在总线中传送的报文，每帧由 7 部分组成。CAN 总线协议支持两种报文格式，其唯一的不同是标识符（ID）长度不同，标准格式为 11 位，扩展格式为 29 位。在标准格式中，报文的起始位称为帧起始（SOF），然后是由 11 位标识符和远程发送请求位（RTR）组成的仲裁场。RTR 位表明是数据帧还是请求帧，在请求帧中没有数据字节。如图 3－2－16 所示，CAN 总线所传递的每个完整信息由开始域、状态域、控制域、数据域、CRC 域、应答域和结束域 7 个部分构成。

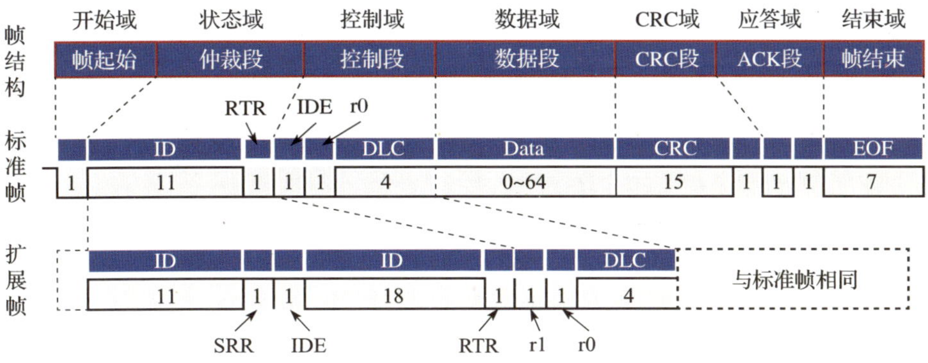

图 3－2－16　CAN 总线传递的信息的结构

控制域包括标识符扩展位（IDE），指出是标准格式还是扩展格式。它还包括一个保留位（r0），为将来扩展使用。它的最后 4 位用来指明数据域中数据的长度（DLC）。数据域范围为 0～64 位，即 0～8 字节，其后有一个检测数据错误的循环冗余检查（CRC）。

（七）CAN 总线通信机制 / 优先级的确认

当节点要往 CAN 总线上发送数据时，会先检测总线的状态，只有当总线处于空闲状态时，节点才能往总线上发送数据。并且，在发送过程中要进行总线“回读”，判断是否与其他节点发送的数据有冲突。若有冲突发送，则进行总线仲裁。总线仲裁根据 CAN 总线协议报文 ID 进行，ID 值越小，报文的优先级越高，发生仲裁时优先级高的报文正常发送，优先级低的报文会停止发送，但在总线空闲时会自动重发。

如图 3－2－17 所示，CAN 总线上有节点 A、节点 B 和节点 C，某一时刻 3 个节点想要同时发送报文。这时进行总线仲裁，通过比较发现，在 5 处时节点 A 和节点 C 发送的是 0，而节点 B 发送的是 1，所以节点 B 停止报文传递；紧接着在 3 处时节点 A 发送的是 0，节点 C 发送的是 1，所以节点 C 停止报文发送。优先级最高的节点 A 成功完成报文发送，节点 B 和 C 停止报文发送；节点 A 的报文发送完成后，总线进入空闲状态，节点 B 和 C 自动重新尝试发送报文，此时总线上若没有优先级更高的报文，则报文便会成功发送。

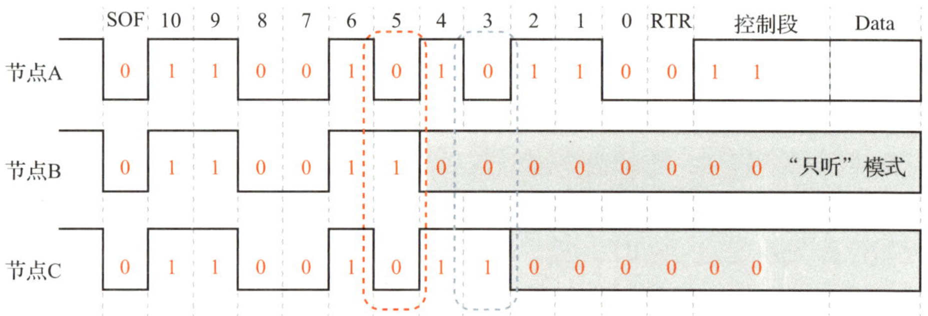

图 3－2－17　CAN 总线通信机制

任务分析

要想完成本任务故障的诊断与排除，需要具备以下知识和技能：

1. 相关知识

（1）熟悉总线的概念与常用术语。

（2）掌握 CAN 总线的结构及工作原理。

2. 相关技能

（1）万用表、示波器、解码器等常见设备的使用。

（2）维修资料的查阅、电路原理图的识读和分析。

（3）常见故障的诊断与排除。

（4）7S 管理和操作。

任务实施可按照图 3－2－18 所示的流程图进行。

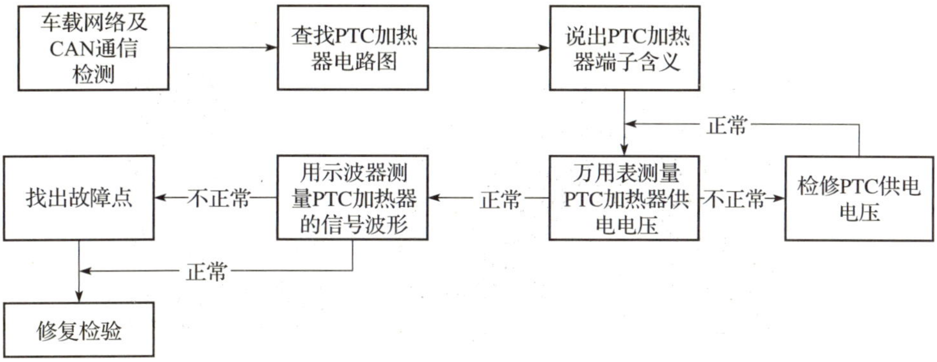

图 3－2－18　流程图

任务实施

技能实训　PTC 加热器模块通信网络检测

步骤 1：查找并分析 PTC 加热器模块通信网络电路图。

通过查阅电路图可知 PTC 加热器共有 4 个端子，1 号端子为与 IG4 继电器相连的供电线，2 号端子为搭铁线，4 号、5 号端子为舒适网数据传输线，采用双绞线布置，如图 3－2－19 所示。

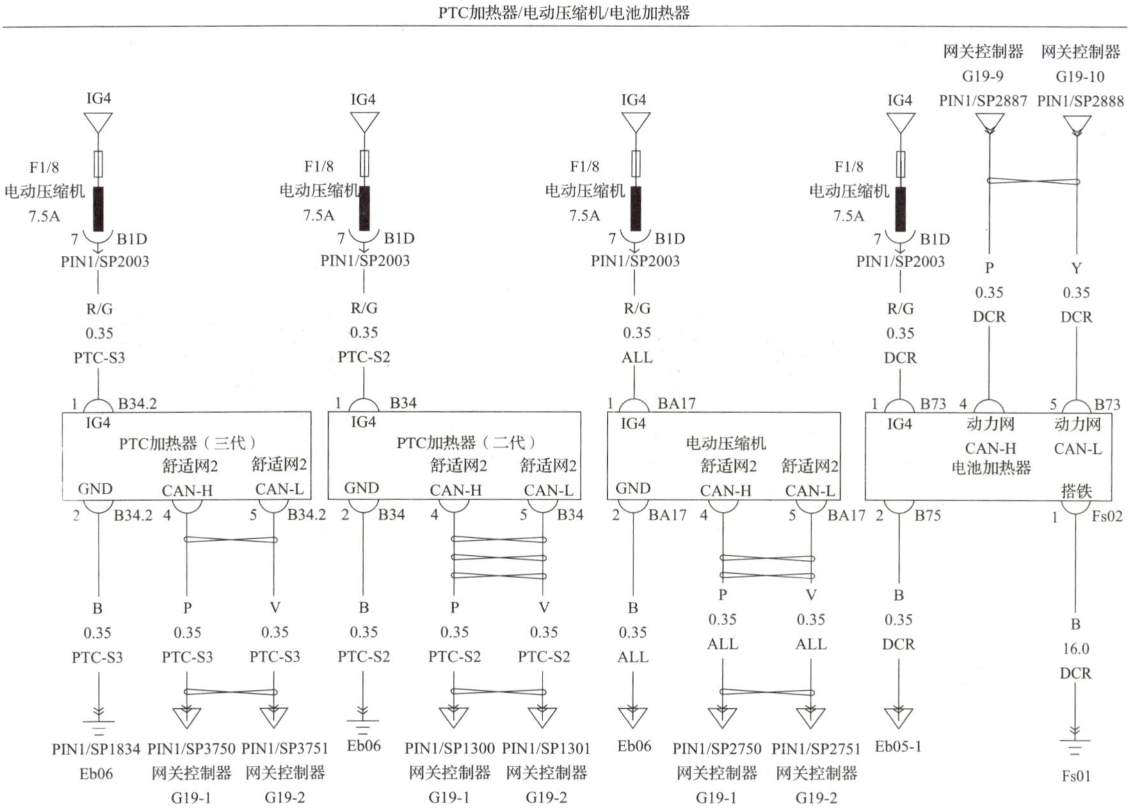

图 3－2－19　PTC 加热器模块通信网络电路图

步骤 2：在实车上找到 PTC 加热器的位置，如图 3-2-20 所示。

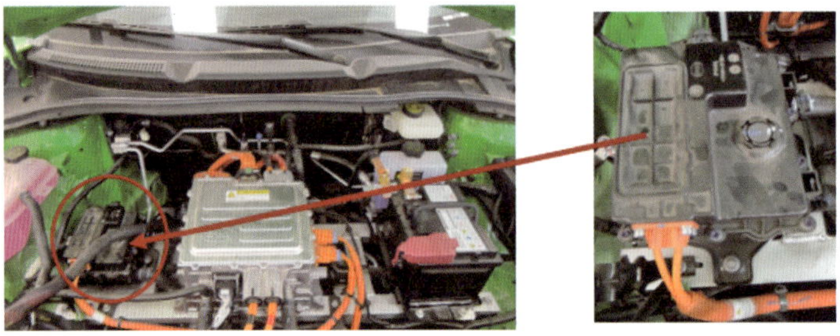

图 3-2-20　PTC 加热器在实车上的位置

步骤 3：整车下电。

步骤 4：拔下 PTC 加热器线束插接器，如图 3-2-21 所示。

步骤 5：采用背插，连接好 PTC 加热器线束插接器，如图 3-2-22 所示。

图 3-2-21　拔下 PTC 加热器线束插接器

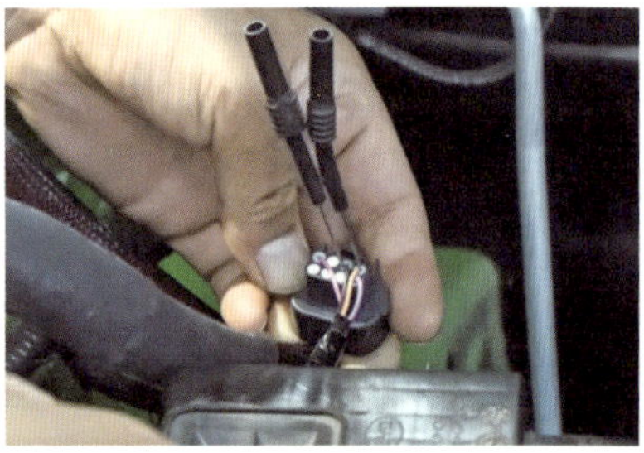

图 3-2-22　背插 PTC 加热器线束插接器

步骤 6：将 PTC 线束插接器插回模块上，如图 3-2-23 所示。

步骤 7：测量 PTC 加热器模块供电电压，如图 3-2-24 所示。万用表调到电压挡，红表笔接 1 号端子，黑表笔可靠搭铁或连接 2 号端子，观察万用表显示数值为 13.8V，正常。

图 3-2-23　连接好 PTC 线束插接器

图 3-2-24　测量 PTC 加热器模块供电电压

安全提醒

在测量 PTC 加热器模块供电电压是否正常时，也可采用功率试灯，试灯一端与负极相连，另一端与供电电源相连，观察试灯是否点亮。注意试灯不能测量汽车电子控制系统，否则可能烧毁汽车电路板。

步骤 8： 信号线检测。连接示波器信号采集线 CH1 和 CH2 通道，信号采集线另一端可连接 PTC 加热器 4 号、5 号端子，如图 3-2-25、图 3-2-26 所示。

图 3-2-25　示波器端信号采集线的连接

图 3-2-26　PTC 加热器端信号采集线与端子的连接

步骤 9： 信号波形的调取。当连接好示波器后，可按下 AUTO 键进行信号的自动捕捉，当捕捉成功后按下 STOP 键，暂时锁定波形。如果波形显示位置不合适，可以通过 POSITION 键调节，让波形左右或上下移动。还可以旋转电压和频率旋钮调节波形以便于分析。图 3-2-27 所示为示波器功能显示区按键。

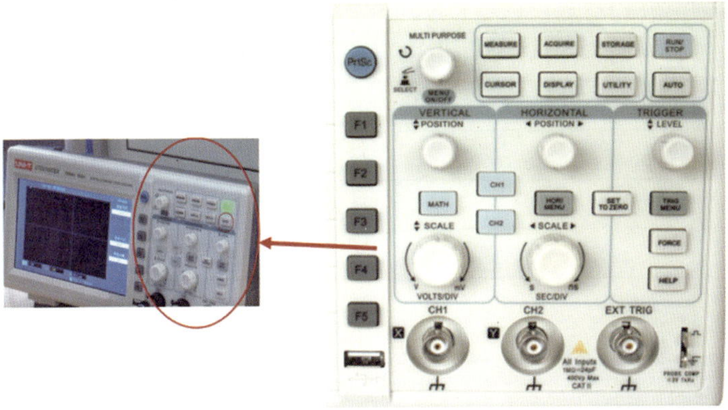

图 3-2-27　示波器功能显示区按键

步骤 10： 波形信号分析及判断。观察示波器显示波形是否正常，当无任何数据传输时，CAN-H、CAN-L 电压均为 2.5V；当有数据传输时，CAN-H 电压上升至 3.5V，CAN-L 电压下降至 1.5 V，从示波器的波形可以得到 PTC 加热器 CAN 网络通信正常，如图 3-2-28 所示。

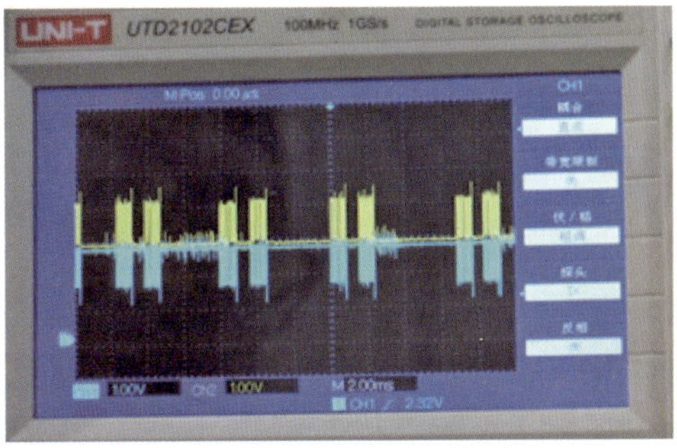

图 3-2-28　PTC 加热器波形信号

当示波器不显示休眠电压 2.5 V 时，可能说明模块供电接地或模块本身存在故障，需要进一步检修。

考核评价

任务		姓名	
教学场所			
知识目标	1. 熟悉总线的概念与常用术语	□完成　□基本完成　□未完成	
	2. 掌握 CAN 总线的结构及工作原理	□完成　□基本完成　□未完成	
技能目标	1. 能通过维修手册查找到不同总线的端子	□完成　□基本完成　□未完成	
	2. 会根据维修手册的指引进行总线信号的检测，并给出维修结论	□完成　□基本完成　□未完成	
素养目标	能够按照 7S 管理要求整理实训场地	□完成　□基本完成　□未完成	
步骤一	查找 PTC 加热器在实车上的位置	□完成　□基本完成　□未完成	
步骤二	正确说出 PTC 加热器每个端子的含义	□完成　□基本完成　□未完成	
步骤三	正确测量 PTC 加热器供电电压	□完成　□基本完成　□未完成	
步骤四	正确使用示波器测量信号波形	□完成　□基本完成　□未完成	
步骤五	找出故障点	□完成　□基本完成　□未完成	
步骤六	修复验证	□完成　□基本完成　□未完成	
总评			

情智课堂

智能汽车网络大动脉——车载以太网

随着智能驾驶、智能座舱、智能网联等技术的发展，对车载通信网络提出了更高的要求，高速、低延时、安全、互联成为智能汽车通信网络的关键特性，以满足实时数据传输、车辆互联互通的需求。车载以太网技术作为智能汽车通信网络的重要组成部分，具有许多优势和特点，故在智能汽车领域得到了广泛的应用和推广。

一、高速传输能力

车载以太网技术采用高速传输介质和通信协议，能够实现较高的数据传输速率，这使得车载以太网可以满足智能汽车对实时数据传输、高清视频图像等的大带宽需求，支持复杂的智能驾驶和车载娱乐系统。

二、低延时特性

由于采用了高速传输介质和优化的通信协议，车载以太网具有较低的数据传输延时，这对于智能驾驶系统中的实时数据处理和决策非常重要，能够保证车辆感知和响应的及时性，提高了驾驶安全性。

三、可靠性强

车载以太网采用双绞线传输介质，具有较强的抗干扰能力和传输稳定性。在车辆行驶过程中，可能会受到引擎振动、温度变化、电磁干扰等的影响，而车载以太网能够保证数据传输的可靠性，降低了系统故障率。

四、紧凑的插接器设计

车载以太网采用更小巧紧凑的插接器设计，相比传统的通信插接器更加灵活方便，这不仅可以降低车内通信成本，还可以减少车内布线重量，提高了车载系统的集成度和可维护性。

五、支持多种应用场景

车载以太网技术支持多种应用场景，包括智能驾驶、智能座舱、智能网联等，它可以实现车辆内部各个子系统之间的高速数据传输和实时通信，为车辆提供全面的智能化功能和服务。

在智能驾驶系统中，车载以太网技术被广泛应用于传感器数据的实时传输和处理。各类传感器，如雷达、摄像头、激光雷达等，通过车载以太网将实时采集的数据传输到中央控制单元（ECU），实现对车辆周围环境的感知和分析，支持自动驾驶、碰撞避免等功能。

在智能座舱系统中，车载以太网技术可以用于连接车内各种娱乐和信息交互设备。通过车载以太网，乘客可以享受高清视频、音频娱乐，以及与车载娱乐系统互动的智能手机应用、互联网服务等，提升了乘车体验。

在智能网联系统中，车载以太网技术发挥着关键作用，实现车辆之间、车辆与基础设施之间的实时通信和数据交换。车载以太网支持车辆之间的信息共享、协同行驶、车队管理等功能，促进了智能交通系统的建设和智能交通管理的实现。

通过车载以太网，汽车制造商和服务提供商可以远程监测车辆状态，进行故障诊断，甚至进行远程控制和维护，提高了车辆的可靠性和安全性。

通过车载以太网，汽车制造商可以远程更新车辆的软件和固件，提供新的功能和性能改进，提高了车辆的灵活性和可升级性。

车载以太网技术的快速发展将进一步推动智能汽车技术的发展和普及，提升车辆的安全性、舒适性和便利性。然而车载以太网技术在应用过程中仍面临着网络安全、兼容性、成本等挑战，需要不断优化和完善，这中间必然少不了团队的合作以及不怕吃苦、精益求精、追求卓越的工匠精神。科技引领发展，我们作为新时代的青年人，要努力奋斗，积极投身科学事业，为建设科技强国贡献我们的一份力量。

项目小结

本项目主要学习了整车控制系统的组成、控制策略、功能及网关控制器的相关知识。整车控制系统的组成可从两种角度进行看待。整车控制系统采用的是分层控制。整车控制系统功能包含有解析驾驶人意图、驱动控制、制动能量回收控制、整车能量优化管理、充电过程控制、车辆状态的实时监测和显示及故障诊断与处理等。网关的网络架构有传统 EE 架构、基于 Domain 的 EE 架构、混合 EE 架构三种架构。通过相关知识的学习，规范地对网关控制器进行拆装及对终端电阻、供电电压进行测量判断。学习了总线的相关概念、特点及车载网络总线的分级，车载网络总线可分为 A 类总线、B 类总线、C 类总线、安全类总线和多媒体类总线。重点讲解了汽车常用的 CAN 总线的概念、传输介质、结构、波形和 CAN 总线通信机制等。通过相关知识的学习，正确规范地使用万用表、示波器等对 PTC 加热器模块通信网络波形信号进行检测和判断。

同步练习

一、选择题

1. 从新能源汽车电气系统的角度来看，整车控制系统由低压电气控制系统、高压电气控制系统和（　　）组成。

A. 传感器　　B. 整车控制器　　C. 执行器　　D. 整车网络控制系统

2. 高压电气控制系统用于控制高压电气设备，如动力蓄电池、（　　）和 DC/DC 变换器等。

A. 低压蓄电池　　B. 驱动电机　　C. 刮水器　　D. 照明灯

3. 整车网络控制系统用于整车控制器与电机控制器、电池管理系统、空调控制单元等的通信与管理。整车控制器一般通过（　　）实现与各子系统的通信与管理。

A. CAN 总线　　B. LIN 总线　　C. FlexRay 总线　　D. MOST 总线

4. 目前典型的网络拓扑结构不包括（　　）。

A. 传统 EE 架构　　B. 基于 Domain 的 EE 架构

C. 环形架构　　D. 混合 EE 架构

5. 关于 CAN 波形，描述不正确的是（　　）。

A. 高速 CAN 在显性状态时，CAN-H 线电压约为 3.5V

B. 高速 CAN 在显性状态时，CAN-L 线电压约为 3.5V

C. 低速 CAN 在显性状态时，CAN-H 线电压约为 3.6V

D. 低速 CAN 在隐性状态时，CAN-L 线电压约为 5V

二、判断题

1. 在整车控制系统中，整车控制器与各控制单元间通过 CAN 总线进行信息交互，共同合作实现整车功能控制。（　　）

2. 在汽车上，从一个控制器向另一个控制器发送信息，需要经过一道“关口”，车载网络的这个关口，就是网关。(　　)

3. 在车载网络总线中，LIN 总线的传输速度比 CAN 总线快。(　　)

4. 在车载网络系统中，LIN 处于高端，可与 CAN 互补，如在 LIN 系统中，加入新节点时，不需要从其他节点做任何软件或硬件的改动。(　　)

5. 终端电阻通常安装在控制单元内，它能防止数据在到达线路终端后返回并干扰原始数据，从而保证了数据的正确传送，每一个终端电阻的电阻值是 120Ω。(　　)

三、简答题

1. 请简述新能源整车控制系统的功能有哪些。
2. 请简述什么是模拟信号、什么是数字信号，并举例说明。
3.CAN 总线有什么特点？

四、实训题

1. 请写出网关控制器的检测步骤。
2. 请写出舒适网 PTC 加热器模块通信网络的检测步骤。

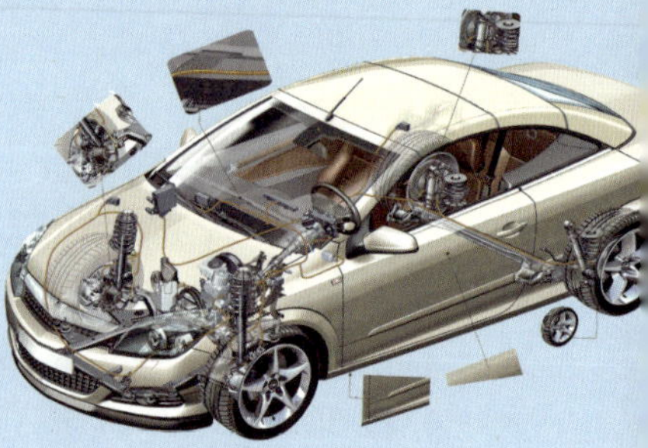

项目四

新能源汽车照明与信号系统检修

项目描述

新能源汽车照明与信号系统是汽车安全行驶的必备系统，主要包括外部照明灯具、内部照明灯具、外部信号灯具、内部信号灯具、警报器、喇叭和蜂鸣器等，正常工作时可以为驾驶人提供夜间照明和提醒警示行人。通过本项目的学习，学生能够掌握汽车照明与信号系统的组成及工作原理，掌握汽车前照灯的工作过程，掌握汽车照明与信号系统不能正常工作的故障诊断与排除方法。

本项目具体要学习以下两个任务：

任务一　新能源汽车照明系统检修

任务二　新能源汽车信号系统检修

知识目标

1. 了解汽车照明系统的基本组成与作用。
2. 掌握汽车前照灯的分类、组成及工作电路。
3. 了解汽车信号系统的组成与作用。
4. 掌握汽车转向灯的结构、原理及工作电路。

技能目标

1. 能够正确选用汽车灯泡并更换灯泡。
2. 掌握汽车前照灯的检查与调整。
3. 能够对照明系统常见故障的原因进行分析并排除故障。
4. 能够对信号系统常见故障的原因进行分析并排除故障。

素养目标

1. 培养独立思考、解决问题的能力。
2. 培养主动思考、自主学习的习惯。
3. 培养创新思维、发散思维。
4. 培养良好的沟通交流、语言表达及团队合作能力。
5. 养成专注、认真、精益求精的工匠精神。

任务一　新能源汽车照明系统检修

任务描述

比亚迪新能源汽车 4S 店售后维修小组接到一张任务工单：一辆比亚迪新能源汽车，行驶里程 80 000km，车辆左侧前照灯不亮。维修技师初步判断要对前照灯及其线路进行检查。你接下来要做的就是查找资料，掌握汽车前照灯的工作过程及检测方法。

知识储备

一、新能源汽车照明系统的功能及组成

（一）新能源汽车照明系统的功能

汽车照明系统的主要功能有照明道路、在黑暗中显示汽车轮廓、向其他交通参与者显示行驶意图、使驾驶人了解照明系统的工作情况。

照明系统的检修 1

汽车照明系统按其安装位置和用途不同可以分为车外照明和车内照明两部分。

1. 车外照明

前照灯的作用是夜间运行时照明道路，功率一般为 40 ～ 60W。

小灯的作用是夜间行车或停车时标示其轮廓或存在，功率一般为 5 ～ 10W，前小灯为白色，后小灯为红色。欧盟已经通过新法规，即强制新车安装日间行车灯，日间行车灯多为 LED 灯泡且和小灯共用灯泡。

牌照灯安装在汽车尾部的牌照上方，其作用是夜间照亮汽车牌照，灯光为白色，功率一般为 5 ～ 15W。

雾灯的作用是雨、雾天气用来照明，灯光为黄色（因为黄色有良好的透雾性），功率一般为 35 ～ 55W。

制动灯安装于汽车后面，其作用是在汽车制动停车或制动减速行驶时，向后面的车辆发出灯光信号，以防止追尾，灯光为红色，功率在 20W 以上。

倒车灯的作用有两个：一个是向其他的车辆和行人发出倒车信号；另一个是夜间倒车照明。灯光为白色，功率约为 20W。

2. 车内照明

仪表灯安装在汽车仪表上，其作用是夜间照亮仪表，灯光为白色，功率一般为 2 ～ 8W。

顶灯安装在驾驶室的顶部，其作用是驾驶室内部照明，灯光为白色，功率一般为5～8W。

转向灯的作用是表示汽车的运行方向（左、右转向灯同时闪亮时，表示有紧急情况），灯光为黄色，功率为20W以上。

指示灯指示某一系统是否处于工作状态，灯光为红色、蓝色、黄色等，功率约为2W。常见指示灯有远近光指示灯、转向指示灯、雾灯工作指示灯、驻车制动指示灯、收放机工作指示灯、自动变速器挡位指示灯等。

警告灯安装在仪表板上，其作用是监测汽车各系统的技术状况（当某一系统出现异常情况时，对应的警告灯亮，提醒驾驶人该系统出现故障），灯光为红色、绿色或黄色，功率约为2W。常见警告灯有发动机故障警告灯、润滑油警告灯、冷却液温度警告灯等。

此外，还有工作灯、门灯、踏步灯、行李舱灯、阅读灯、喇叭、蜂音器等。一般汽车多将前照灯、前雾灯、前小灯等组合起来，称为前组合灯；将后小灯、后转向灯、制动灯、倒车灯及后雾灯组合起来，称为后组合灯。图4－1－1所示为汽车照明设备的位置。

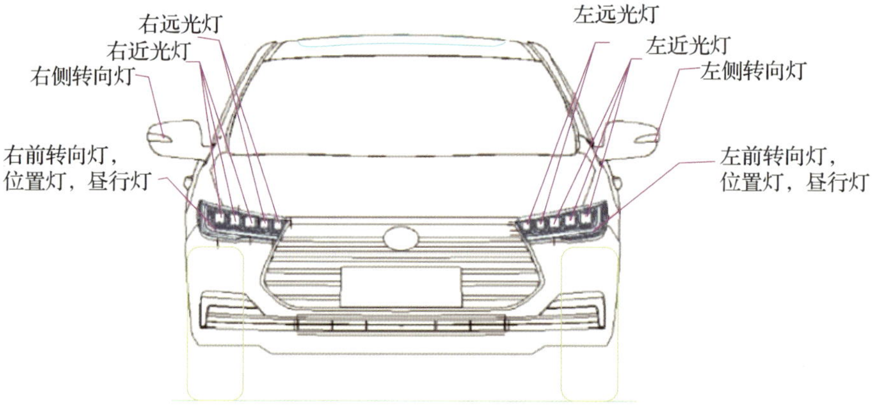

图4－1－1　汽车照明设备的位置

前照灯的照明效果直接影响夜间的行车安全，故世界各国都以法律的形式规定了前照灯的照明标准，以确保夜间行车时的交通安全。基本要求如下：汽车前照灯的夜间照明必须保证车前100m以内的路面上有明亮且均匀的光照，使驾驶人能够看清车前100m以内的路面情况。随着汽车行驶速度的提高，对汽车前照灯照明距离的要求也相应增加。现代高速汽车的照明距离应达到200～250m。

（二）新能源汽车照明系统的组成

汽车照明系统基本通过开关去控制相应灯的工作，此处重点讲述前照灯的组成，其他照明灯可以参考前照灯。

目前，汽车前照灯的灯泡有两种，即充气灯泡和卤钨灯泡。

充气灯泡采用钨丝作灯丝，灯泡内充满氩和氮的混合惰性气体。在灯泡工作时，由于惰性气体受热后膨胀会产生较大的压力，这样可减少钨的蒸发，故能提高灯丝的温度，增强发光效率，从而延长灯泡的使用寿命。充气灯泡虽已充入惰性气体，但仍然有少量从钨丝上蒸发出来的气态钨而使灯泡变黑。

为了防止其蒸发，近年来又发明了卤钨灯泡。所谓卤钨灯泡，就是在充入灯泡的气体中掺入某一卤素元素，如氟、氯、溴、碘等。在灯泡工作时，其内部可进行卤钨再生循环反应：从钨丝上蒸发出来的气态钨与卤素元素反应，生成一种挥发性的卤化钨，它扩散到灯丝附近的高温区后受热分解，使钨又重新回到灯丝上。被释放出来的卤素继续参与下一次循环反应，如此周而复始地循环下去，从而防止了钨丝的蒸发和灯泡的黑化现象。卤钨灯泡的玻璃由耐高温、高强度的玻璃制成，且灯泡内的充气压力较大、工作温度高，可更有效地抑制钨的蒸发，延长灯泡的使用寿命，提高发光效率。在相同功率的情况下，卤钨灯泡的亮度是充气灯泡亮度的 1.5 倍，卤钨灯泡的寿命是充气灯泡寿命的 2 ～ 3 倍。

前照灯主要由灯泡、反射镜和配光镜三部分组成，如图 4－1－2 所示。

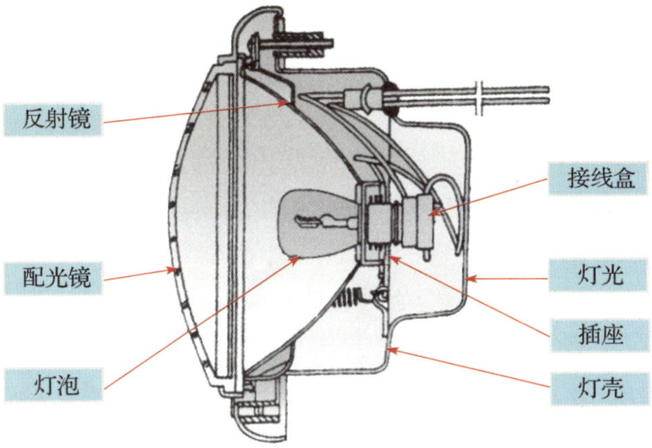

图 4－1－2 汽车前照灯

目前汽车前照灯灯泡主要使用的是 LED 灯。LED 又称发光二极管，是一种能够将电能转化为光能的半导体器件，其最初用于示宽灯、制动灯、转向灯等。LED 灯的特点非常明显，寿命长、响应快、高亮度与低能耗。但单个 LED 灯无法满足前照灯的灯光照射要求，需要多个 LED 灯组合，以保证足够的光通量。

反射镜是用团状模塑料（Bulk Molding Compound，BMC）材料进行注射成型的，其表面镀银、铬、铝等，然后抛光。反射镜的作用是尽可能多地收集灯泡发出的光线，并将这些光线聚合成很强的光束射向远方。反射镜的表面形状大都是旋转抛物面，灯泡位于反射镜的焦点上。无反射镜的灯泡只能照清周围 6m 左右的路面，而经反射镜反射后的平行光束可照清远方 150m 以上的路面。经反射镜反射后的光线中尚有少量的散射光线，其中朝上的完全无用，朝向侧方和下方的光线有助于照亮 5 ～ 10m 的路面和路缘。

配光镜也称散光玻璃，是由透明玻璃压制而成的棱镜和透镜的组合体。配光镜的作用是将反射镜反射出的光束进行折射，以扩大光线的照射范围，使车前 100m 内的路面有良好而均匀的照明。

二、新能源汽车照明系统的工作过程

开启前照灯时，需要先给新能源汽车仪表上电。新能源汽车照明系统控制框图见图 4-1-3。

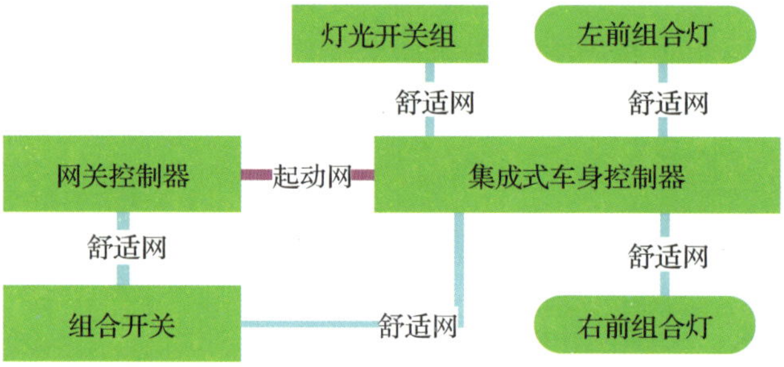

图 4-1-3　新能源汽车照明系统控制框图

新能源汽车照明系统由集成式车身控制器通过舒适网进行控制，当驾驶人手持智能钥匙打开车门后，进入驾驶室内通过旋转组合开关来控制照明系统。组合开关的开关信号通过舒适网与网关控制器进行信息交互。打开灯光开关时，开关通过舒适网将信息传给集成式车身控制器，车身控制器与网关控制器通过起动网实现数据共享。各种灯具装在各自所需照明的位置，并配以各自的控制开关和线路及熔断器等。

部分新能源汽车除了具有传统灯光照明功能，还配有自动灯光及前照灯延时退电功能，使灯光的使用更便利及人性化。

自动灯光：启用自动灯光功能时，将灯光开关组调到 AUTO 挡，车身控制器会根据光照强度传感器采集的外界光照强度进行判定，自动控制灯光开启和关闭，并根据光强不同开启小灯或前照灯。

安全提醒

禁止自己拆卸光照强度传感器，更不能触碰传感器膜片，以免造成光照强度传感器的损坏。

前照灯延时退电：当前照灯打开，车辆电源从 ON 挡退电到 OFF 挡时，前照灯不会立即熄灭，灯光开关组自动计时让前照灯再亮 10s 后断开灯光继电器，熄灭前照灯。

三、新能源汽车照明系统故障诊断方法

在诊断照明系统电路常见故障时，应根据不同的故障现象采取不同的诊断方法，下面以前照灯为例讲解故障诊断方法。

（1）前照灯的远、近光灯均不亮。如果远光灯和近光灯都不亮，应先查仪表灯是否亮，如果仪表灯亮，说明灯光开关的电源线正常。将点火开关接通、灯光开关置于变光开关电路位置，测量变光开关上的相线接线柱电压是否正常。若电压为零，说明车灯开关至变光开关之间断路或车灯开关有故障；若电压正常，可以进行跨接变光开关试验。若灯亮，说明变光开关损坏，应更换；若灯不亮，则检查变光开关后的线路。

新能源汽车前照灯不亮的检测

（2）前照灯一侧亮，另一侧暗。先查两侧灯泡的功率是否相同，可采用互换左右灯泡的办法进行判断。若灯泡功率一致，可用一根导线，一端接车身，另一端接灯光暗淡的灯泡搭铁接线柱，若恢复正常，则表明该灯搭铁不良；若灯光无变化，常为变光开关接触不良、连接该灯泡灯丝的插接器松动或锈蚀，使接触电阻过大所致。可用电源跨接法迅速判明故障部位。灯泡搭铁不良时，灯光暗淡，表现在灯泡远光与近光同时发光微弱，否则就不是灯泡搭铁不良故障，而可能是前照灯反射镜有灰尘或氧化，可通过清洁或更换反射镜来排除故障。

（3）按照维修手册进行灯泡拆卸。首先拔下故障灯泡的插接器，再轻轻取下防尘罩，然后旋转灯座一定角度后取下灯泡。

（4）检测灯泡电阻。将万用表调至20Ω挡测量灯泡电阻，正常应小于1Ω，若阻值为∞，则更换新灯泡。

（5）检测熔断器。前照灯的熔断器一般安装在发动机舱的熔断器与继电器盒内，在该盒内找到前照灯的熔断器，使用熔断器夹将该熔断器取下。

（6）检查继电器。用万用表欧姆挡测量继电器线圈的电阻值，正常情况下阻值为30～50Ω，否则更换新的继电器。

（7）检查连接线路。

（8）检查灯光开关。

（9）调整前照灯。

由于汽车前照灯的照射距离和亮度对夜间行车的安全性非常重要，因此国家法规对汽车前照灯也有相关要求。在汽车前照灯上设置有调整螺钉，可以在一定范围内调整照射的距离和角度。

安全提醒

在进行灯光检查时，需要两位同学配合，一人操作灯光开关，一人观察灯光情况，在这个过程中要具备团队合作精神和安全工作的意识。

任务分析

此车已行驶80 000千米，需要分析照明系统电路，并进行电路检测，这需要具备以下知识和技能：

1. 相关知识

（1）掌握前照灯的结构与工作原理。

（2）熟悉照明系统的电路与控制框图。

（3）掌握照明系统的检查与故障排除方法。

2. 相关技能

（1）万用表、示波器、解码器等常见设备的使用。

（2）维修资料的查阅、电路原理图的识读和分析。

（3）常见故障的诊断与排除。

（4）7S 管理和操作。

任务实施可按照图 4－1－4 所示的流程图进行。

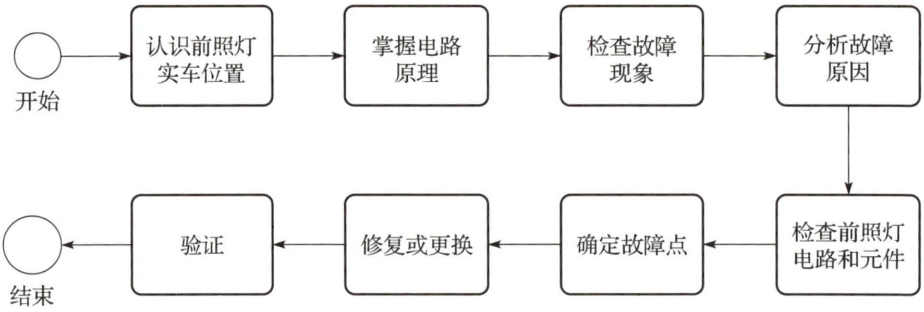

图 4－1－4　流程图

任务实施

技能实训　新能源汽车近光灯、远光灯等均不亮的故障排除

照明系统的检修 2

步骤 1： 把车辆开到维修车间，向用户询问车辆状况和故障产生时的环境。

步骤 2： 检查蓄电池电压。标准电压为 11 ～ 14V，若电压低，需要对蓄电池进行充电或更换蓄电池。

步骤 3： 查阅前照灯电路，在电源正常的情况下，检查组合开关。组合开关实物图及控制电路图如图 4－1－5 所示。

（1）用万用表检查仪表板配电盒 F2/33、熔断器 F2/42 的电阻值，正常值小于 1Ω。

（2）断开组合开关插接器 G02，打开点火开关，检查 G02-5 与地间的电压值，G02-6 与地间的电压值，正常值 12.2V 左右；G02-3 与地间的电压值，正常值小于 1V。

（3）安装组合开关插接器，打开点火开关，在 G02 后端检测 G02-1 与地间的电压值，正常值 2.5 ～ 3.5V；G02-2 与地间的电压，正常值 1.5 ～ 2.5V。

（4）若是组合开关故障，更换组合开关。

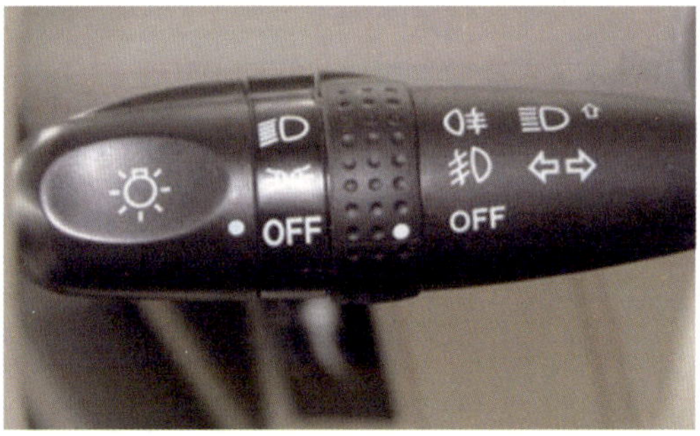

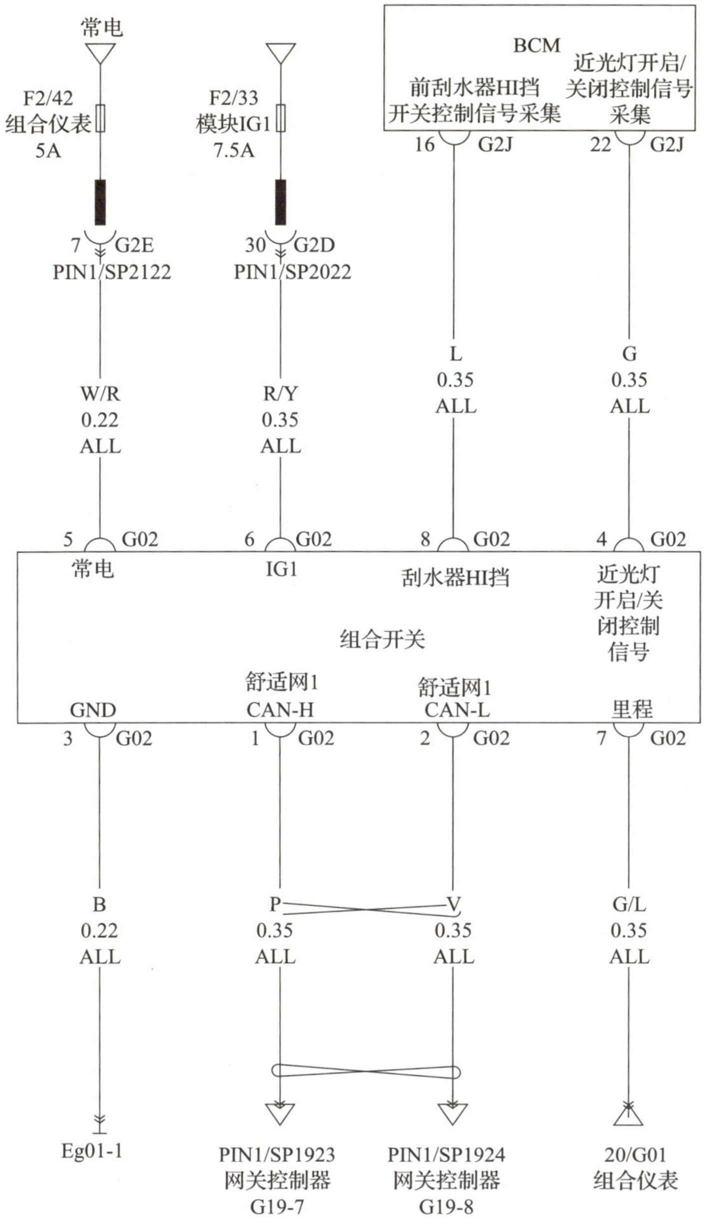

图 4-1-5 组合开关实物图及控制电路图

步骤 4： 查阅前照灯电路图，如图 4－1－6 所示，检测近光灯、远光灯线路，阻值应小于 1Ω。

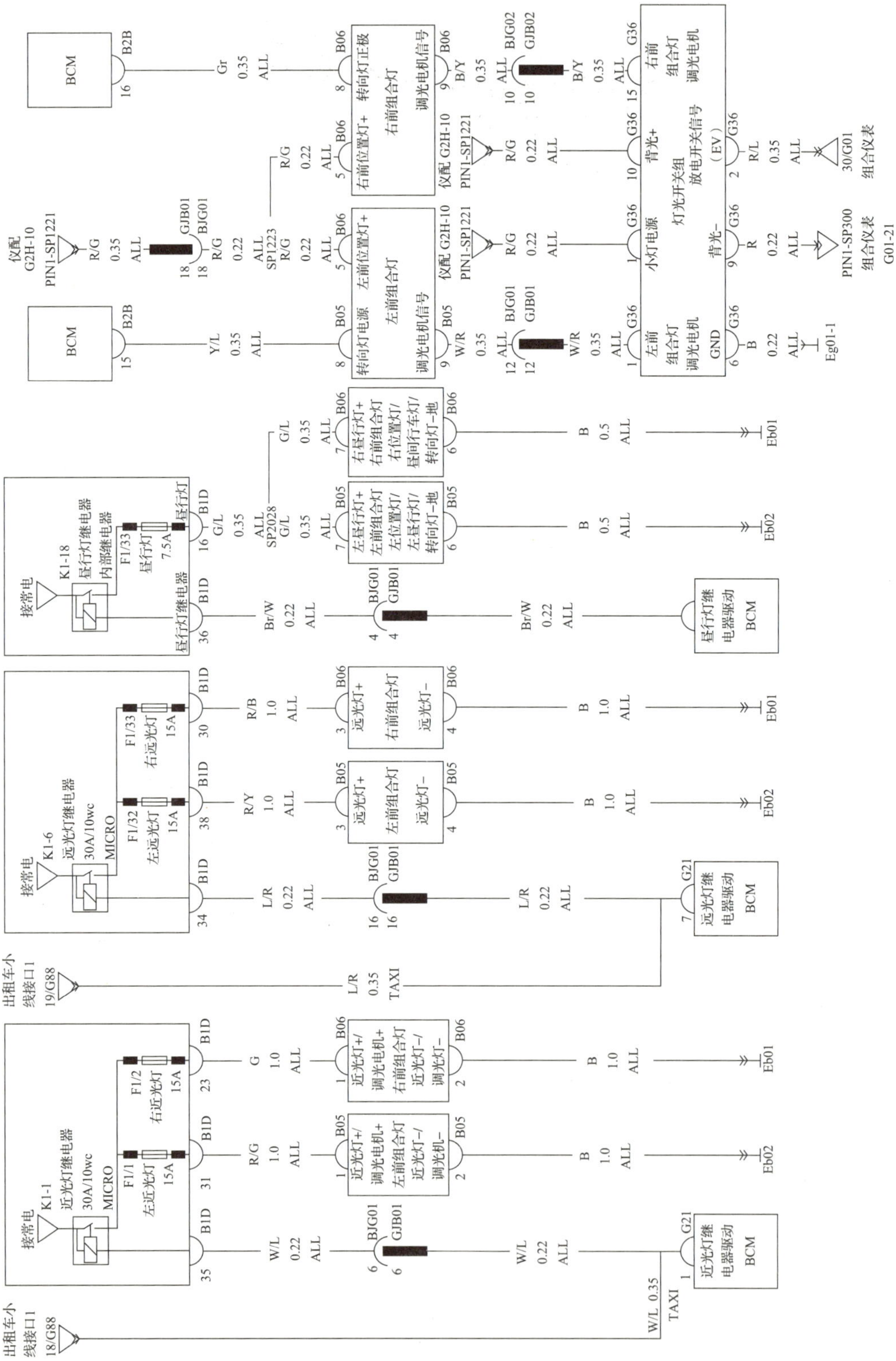

图 4－1－6 前照灯电路图

步骤 5： 查找远光灯继电器，如图 4－1－7 所示。

步骤 6： 依据电路图检测继电器插接器端子，测量左远光灯继电器 38 端子与搭铁之间电压，如图 4－1－8 所示，标准值为 11 ～ 14V。其余继电器与电源和灯泡之间电压的测量方法类似。

图 4－1－7　远光灯继电器

图 4－1－8　远光灯继电器供电端电压测量

步骤 7： 调整、修理或更换线路或零部件。

步骤 8： 收拾、整理工具及设备，进行总结汇报。

考核评价

任务		姓名	
教学场所			
知识目标	1. 掌握前照灯的结构与工作原理	□完成　□基本完成　□未完成	
	2. 熟悉照明系统故障诊断流程	□完成　□基本完成　□未完成	
技能目标	1. 能够规范进行操作前的准备工作	□完成　□基本完成　□未完成	
	2. 能够规范使用万用表	□完成　□基本完成　□未完成	
	3. 能够正确识读电路图	□完成　□基本完成　□未完成	
	4. 能够规范检测电路和元件	□完成　□基本完成　□未完成	
	5. 能够对测量数据进行正确分析	□完成　□基本完成　□未完成	
素养目标	能够按照 7S 管理要求整理实训场地	□完成　□基本完成　□未完成	
步骤一	正确连接诊断仪	□完成　□基本完成　□未完成	
步骤二	正确读取故障码	□完成　□基本完成　□未完成	
	正确检测前照灯系统	□完成　□基本完成　□未完成	
	正确拆卸前照灯插接器	□完成　□基本完成　□未完成	

续表

步骤三	依据电路路图进行正确测量	□完成　□基本完成　□未完成
步骤四	确认故障点	□完成　□基本完成　□未完成
步骤五	修复	□完成　□基本完成　□未完成
步骤六	验证	□完成　□基本完成　□未完成
总评		

情智课堂

自适应灯光系统

自适应前照灯利用传感器输入自动调整光束的亮度、角度和形状，以适应不断变化的驾驶环境。在夜间行驶时启用远光灯，如果车辆检测到另一辆车靠近，前照灯将会迅速进行调整，以避免光线直射对方驾驶人的眼睛。例如，某“无眩光”远光灯可以针对迎面而来的车辆、同一车道上的前方车辆或同时针对这两种车辆进行智能调整，同时还能识别道路上的交通标识。

自适应头灯（Adaptive Driving Beam Headlight）是智能照明灯的典型代表，采用矩阵式 LED 设计，通过单独控制每个 LED 灯泡的照明强度和范围，实现对道路环境的精准适应和精确照明，有效提升了行车安全和智驾体验。

通常自适应灯光（Adaptive Driving Beam，ADB）系统由前视主动安全摄像头（Forward Active Safety Camera，FAS-Cam）、前照灯控制器（Headlamp Control Module，HCM）、光源模组驱动器、光源模组、传输线等组成。目前 ADB 的主要光源为 LED，因此，光源模组驱动器即为 LED 驱动模块（LED Driver Module，LDM）。

ADB 系统的基本组成部分之一是车辆上安装的摄像头和 / 或传感器，用于监控周围环境、识别其他车辆和物体，以及感知天气和道路上的照明条件。在某些情况下，光线变化可以通过百叶窗进行控制。大多数新型 ADB 系统采用 LED 矩阵设计。举例来说，奥迪设计的 LED 矩阵 ADB 系统采用八个垂直的“手指”灯光，每个“手指”灯都可以独立开启或关闭。

ADB 系统的另一个关键组件是反射元件，称为数字光处理（DLP）芯片。DLP 包括数千个独立控制的数字微镜装置（DMD），这些器件构建在 CMOS 存储单元之上。

目前，智能照明已经成为智能汽车不可或缺的一部分。无论是过去的传统汽车还是未来自动驾驶，汽车车灯始终是出行的保障。汽车车灯的安全关系到千千万万驾驶人的安全，所以同学们在本项目的学习过程中要树立安全意识，培养精益求精的工匠精神。

任务二　新能源汽车信号系统检修

任务描述

新能源汽车信号系统是汽车安全行驶的又一必备系统，通过对本任务的学习，学生掌握汽车信号系统的组成及工作原理，掌握汽车转向灯的工作原理，掌握汽车信号系统的故障诊断与排除方法。

信号系统的检修 1

知识储备

一、新能源汽车信号系统的组成

信号系统是汽车在使用中利用声光电等信号，提示其他车辆或行人注意安全的灯光信号或标志，如图 4－2－1 所示。汽车信号装置包括声音信号装置和灯光信号装置两部分，主要作用是通过声、光信号向环境（人、车辆）发出警告、示意信号，以引起有关人员注意，确保车辆行驶的安全。灯光信号装置有转向灯、危险警告灯、制动灯、倒车灯、尾灯、示宽灯等。

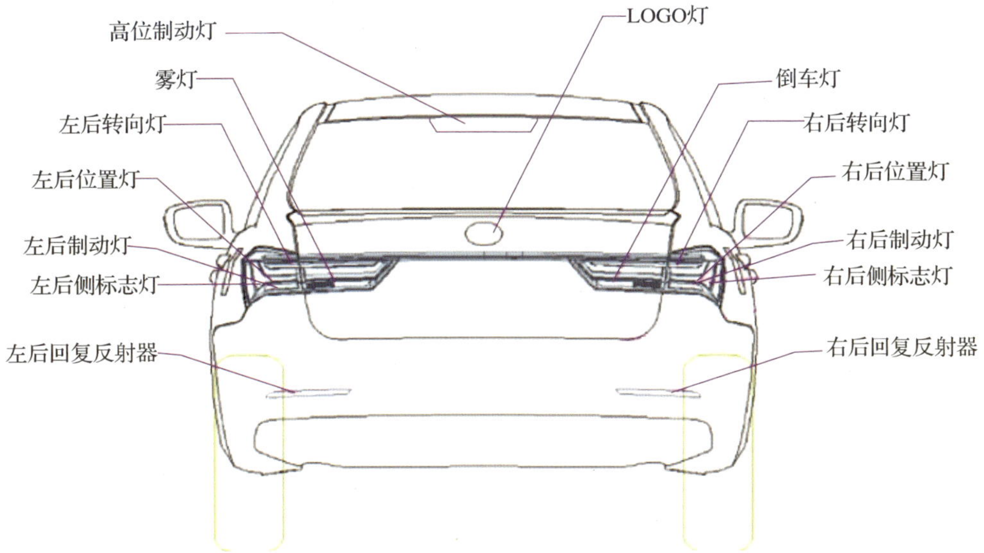

图 4－2－1　汽车信号系统

汽车转向灯装于汽车前后或侧面，用于在汽车转弯时发出明暗交替的闪光信号，闪光频率应控制在 50 ～ 110 次 / 分钟范围内，一般为 60 ～ 95 次 / 分钟，转向灯灯泡功率一般为 20 ～ 25W。

二、新能源汽车转向灯的工作过程

当车辆出现故障停在路上时，按下危险警告灯开关，全部转向灯同时闪亮，危险警告灯与转向灯共用，与其他灯构成后尾灯组合灯。转向灯与危险警告灯电路主要由转向灯开关和电子闪光器（如图 4－2－2 所示）控制。

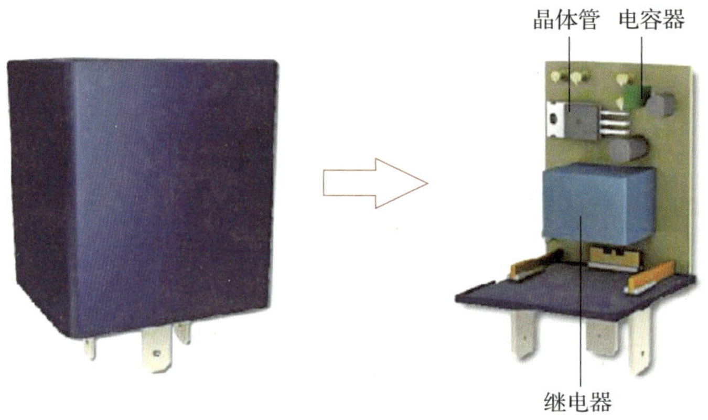

图 4－2－2　电子闪光器

电子闪光器的工作原理如图 4－2－3 所示，当驾驶人打开左转向灯开关时，电流流向为蓄电池正极→闪光器接线柱 B →电阻 R_1 →继电器的常闭触点→接线柱 S →转向灯开关

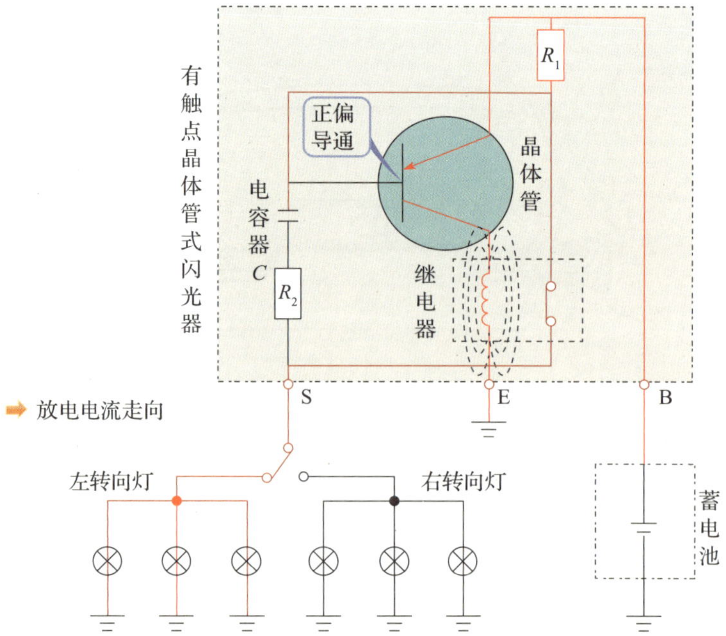

图 4－2－3　电子闪光器的工作原理

→左转向灯→搭铁→蓄电池负极，形成回路，左转向灯点亮。当电流通过电阻 R_1 时产生电压降，晶体管因正向偏压而导通，集电极电流通过继电器线圈，使继电器的常闭触点立即打开，左转向灯随之熄灭。晶体管导通的同时，其基极电流向电容器充电，电流流向为蓄电池正极→接线柱 B →晶体管的发射极→基极→电容器→电阻 R_2 →接线柱 S →转向灯开关→转向灯→搭铁→蓄电池负极，形成回路。随着电容器电荷的积累，充电电流逐渐减小，晶体管的集电极电流也随之减小，当电流减小时，线圈中产生的磁力不足以维持衔铁的吸合而释放，继电器触点闭合，转向灯又再次点亮。这时电容器 C 通过电阻 R_2 放电，放电电流在 R_2 产生的电压降为晶体管提供正向偏压使其导通。这样，电容器不断地充电和放电，晶体管也就不断地导通与截止，控制继电器触点反复地打开、闭合，使转向灯闪烁。

三、新能源汽车信号系统故障排除

诊断汽车信号系统故障，先要清楚灯光控制的基本逻辑：远光灯、近光灯、小灯、雾灯、转向灯开关组成组合开关，组合开关与继电器模块和多路集成控制模块通过 CAN 总线进行通信，分别控制继电器和相应灯光工作，如图 4－2－4 所示。

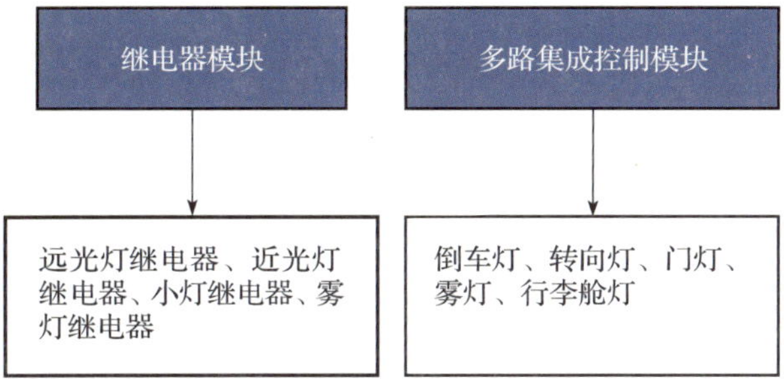

图 4－2－4　基本控制关系

依据汽车电路图，进行左、右转向灯都不亮故障的诊断与排除。

（1）按下危险警告灯开关，查看危险警告灯是否正常。如危险警告灯不亮，说明闪光器可能存在故障，需更换闪光器；如危险警告灯正常点亮，进入下一步。

（2）转向灯灯泡可采用测电阻的方式，判断是否损坏。将万用表调整至电阻挡；使用万用表测量转向灯灯泡电极两端的电阻。若测量值与标准值不符（标准值小于 1Ω），则说明灯泡损坏，应立即更换新的灯泡。

（3）转向灯电路图如图 4－2－5 所示，F2/4 为转向灯的供电熔断器，左前转向灯插接器 B05（A）的 2 号端子为左前转向灯灯泡供电，1 号端子接左前转向灯灯泡的搭铁，使用万用表即可测量供电端和搭铁端是否正常。

（4）检查熔断器。

此时蓄电池负极电缆为断开状态，需先连接蓄电池负极电缆，将万用表红表笔连接熔断器一端，黑表笔连接车身搭铁，测量熔断器供电电压，标准值为 11 ～ 14V，若所测值与标准值不符，可初步判断熔断器供电线路存在故障，需对熔断器供电线路进行检修。

信号系统的检修2

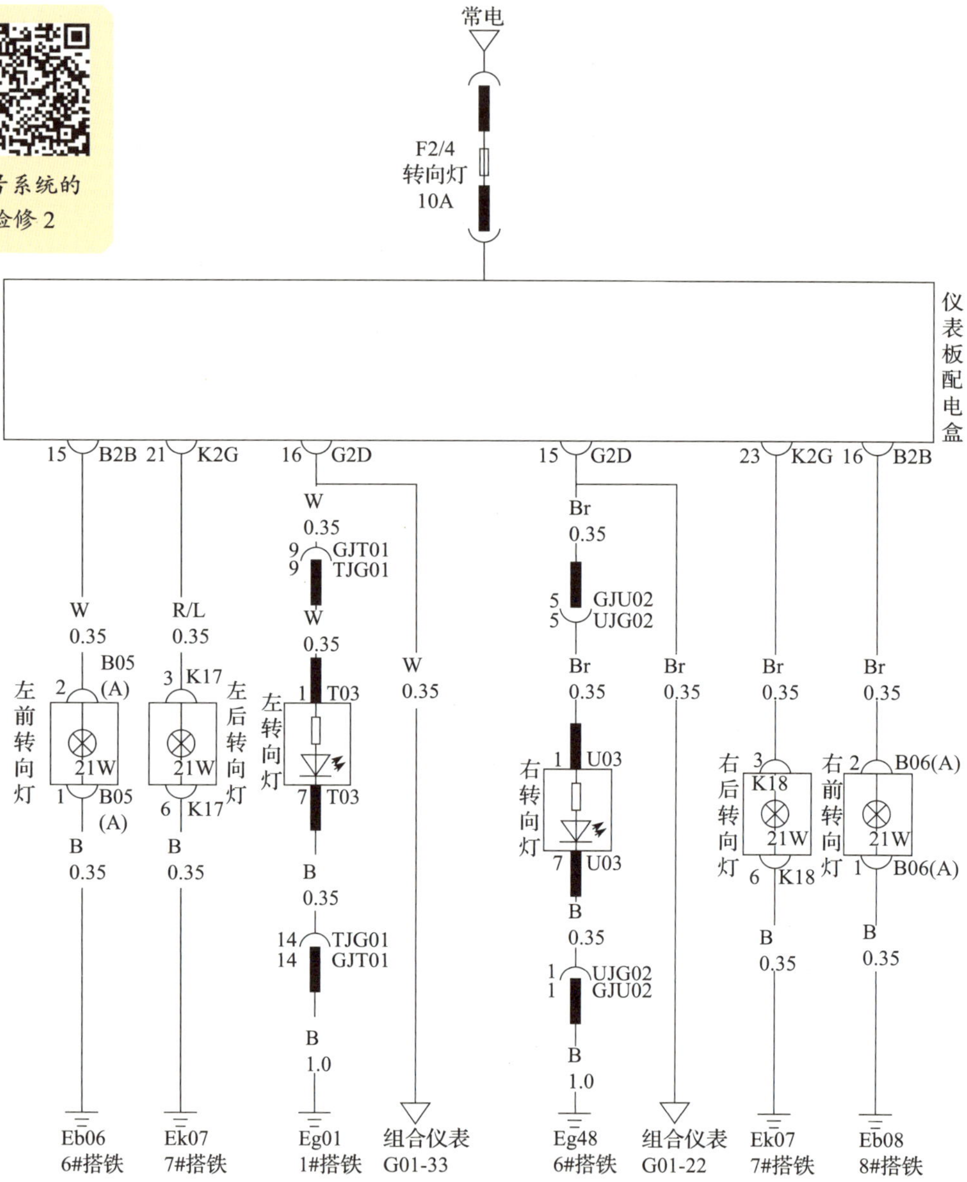

图 4－2－5　转向灯电路图

以同样方法测量熔断器另一端，标准值为 11 ～ 14V，若所测值与标准值不符，需进一步测量熔断器本体。断开蓄电池负极电缆，取下熔断器 F2/4，使用万用表检测熔断器两端的电阻，标准值应小于 1Ω，若与标准值不符，则可判断熔断器本体损坏，需更换新的熔断器。

（5）检查供电电压。

如果此时蓄电池负极电缆为断开状态，需先安装蓄电池负极电缆。

打开车辆电源开关，借助 208 接线盒中的合适引线，将万用表红表笔连接左前转向灯线束插接器 B05（A）的 2 号端子，黑表笔连接车身搭铁；打开左转向灯，检测转向灯供电电压，标准值为 11 ～ 14V。若测量值与标准值不符，需进一步检查转向灯 B05（A）的 2 号端子与仪表板配电盒 B2B 的 15 号端子之间线束的通断。最后关闭车辆电源开关。

（6）检查搭铁。

借助 208 接线盒中的合适引线，将万用表红表笔连接左前转向灯线束插接器 B05（A）的 1 号端子，黑表笔连接车身搭铁。待万用表数值稳定后记录万用表数值，标准值应小于 1Ω，若测量值不符合标准，则说明线束断路，需修复或更换线束。测量完毕，取出引线和万用表。

四、新能源汽车电喇叭组成及工作过程

汽车喇叭主要用于警告行人和其他车辆，以引起注意，保证行车安全。喇叭按发音动力有气喇叭和电喇叭之分；按外形有螺旋（蜗牛）形、筒形、盆形之分；按声频有高音和低音之分；按接线方式有单线制和双线制之分。电喇叭体积小、质量轻，广泛用于各类汽车上。

各种电喇叭的工作原理基本相同，图 4－2－6 所示为盆形电喇叭结构示意图，其电磁铁采用螺管式结构，铁心上绕有线圈，上下铁心间的气隙在线圈中间，所以能产生较大的吸力。它没有扬声筒，而是将上铁心、膜片和共鸣片固装在中心轴上。

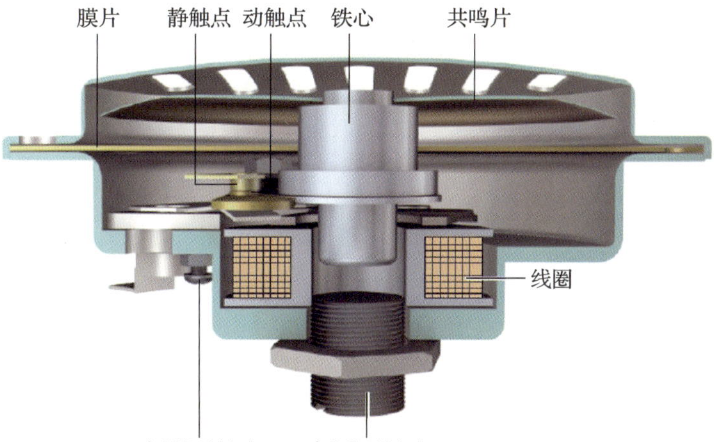

图 4－2－6　盆形电喇叭结构示意图

电喇叭的工作原理如图 4－2－7 所示，当驾驶人按下位于转向盘中央的喇叭按钮时，电路被接通，线圈产生吸力，上铁心被吸下与铁心碰撞，产生较低的基本频率，并激励与膜片一体的共鸣片产生共鸣，从而发出比基本频率强得多，且分布又比较集中的谐音。

电喇叭的音调调整：改变上下铁心之间的间隙，音调的高低取决于膜片的振动频率。

电喇叭的音量调整：通过调整螺钉改变触点的接触压力，音量的强弱取决于通过喇叭线圈的电流大小。

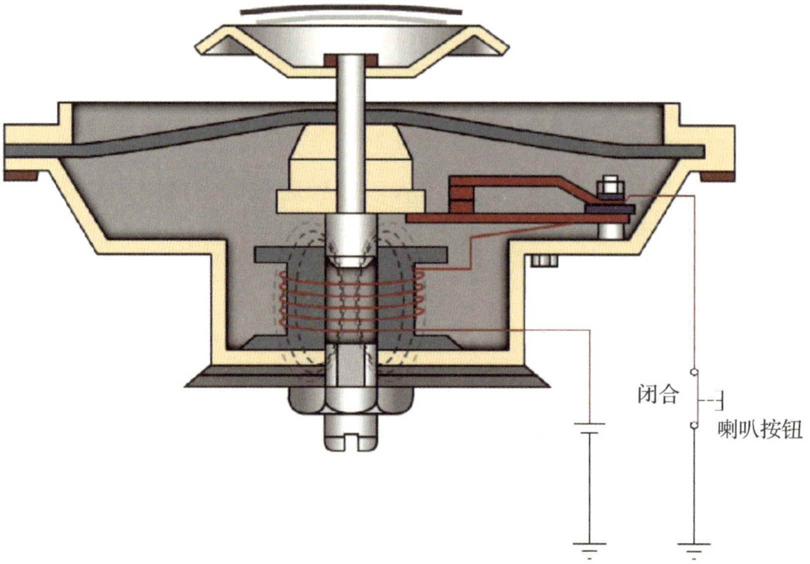

图 4-2-7　电喇叭的工作原理

任务分析

此车已行驶 80 000 千米，需要分析信号系统电路，并进行电路检测。这需要具备以下知识与技能：

1. 相关知识

（1）掌握转向灯的结构与工作原理。

（2）熟悉转向灯的电路。

（3）掌握信号系统的检查与故障排除。

2. 相关技能

（1）万用表、示波器、解码器等常见设备的使用。

（2）维修资料的查阅、电路原理图的识读和分析。

（3）常见故障的诊断与排除。

（4）7S 管理和操作。

任务实施可按照图 4-2-8 所示的流程图进行。

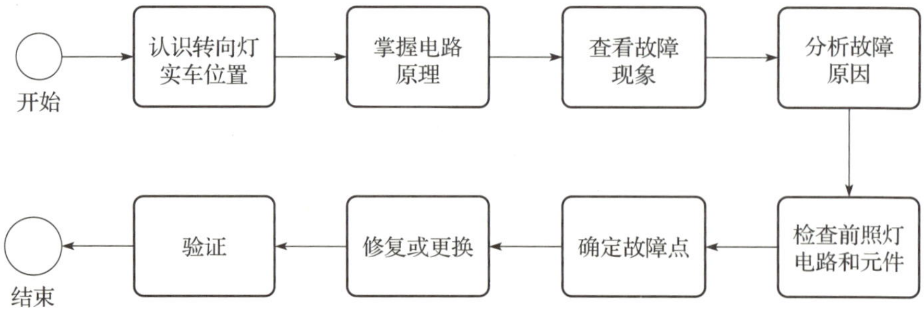

图 4-2-8　流程图

任务实施

技能实训　新能源汽车转向灯不亮故障的检修

步骤 1： 把车辆开到维修车间，向用户询问车辆状况和故障产生时的环境。

步骤 2： 检查蓄电池电压，标准电压为 11 ～ 14V，若电压低，需要对蓄电池充电或更换蓄电池。

步骤 3： 根据故障现象，打开危险警告灯开关，发现所有危险警告灯均不亮，打开转向灯开关，转向灯也不亮。查阅图 4－2－9 所示的电路图，采用试灯检测仪表板配电盒公共熔断器，如图 4－2－10 所示，若仪表板配电盒上端试灯点亮，下端不亮，则熔断器缺失，需更换。

新能源汽车转向灯不亮的检修

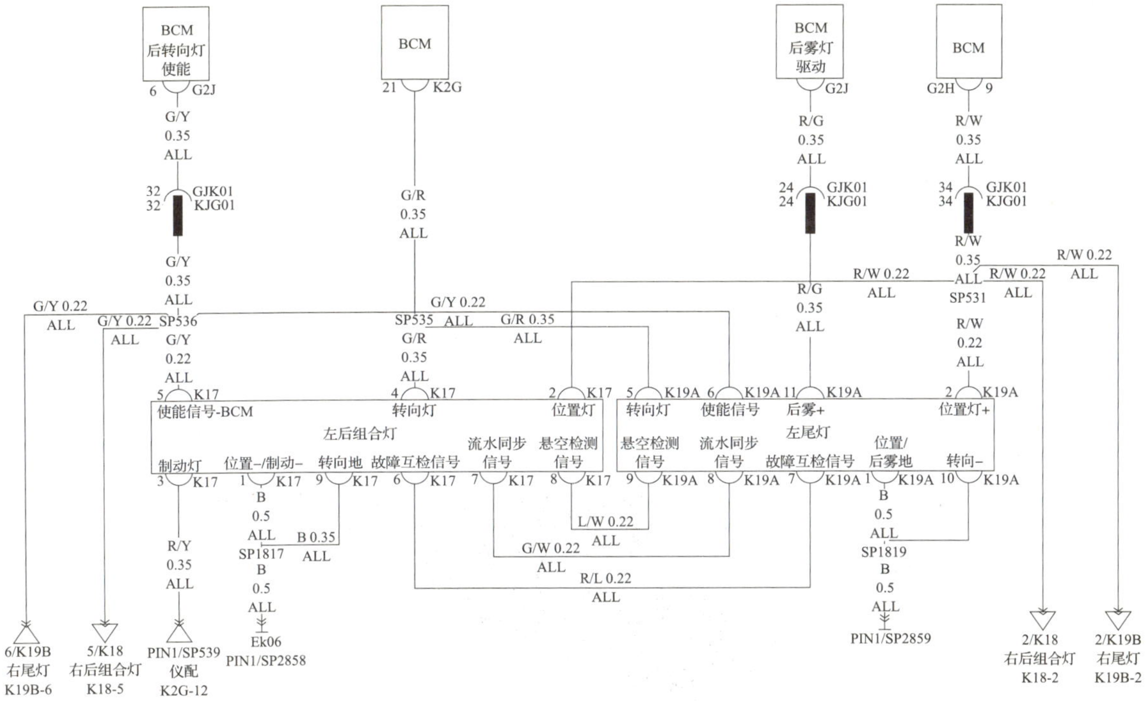

图 4－2－9　左转向灯电路图

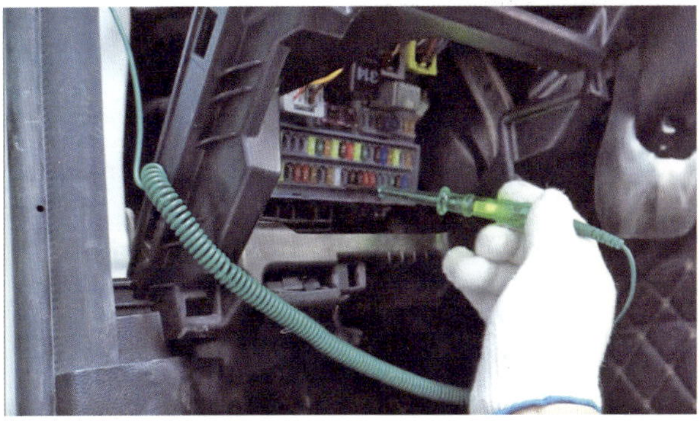

图 4－2－10　试灯检测

步骤 4： 更换熔断器后，发现右转向灯不亮，继续查阅图 4－2－11 所示的电路，将试灯接在右前转向灯插接器控制线与搭铁之间，如图 4－2－12 所示，试灯亮则为正常。

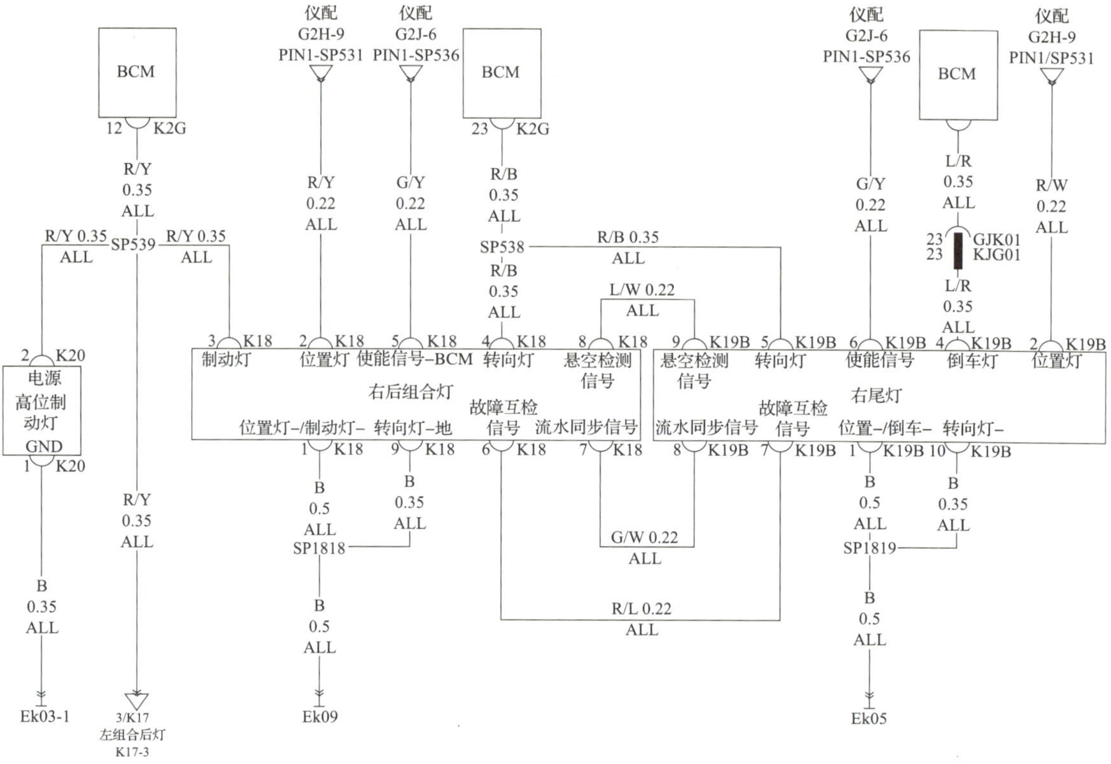

图 4－2－11　右转向灯电路图

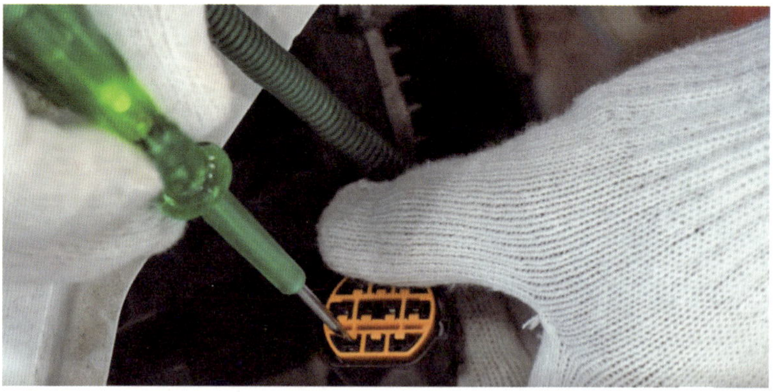

图 4－2－12　检测右前转向灯插接器控制线

步骤 5： 检测转向灯灯泡组件，应正常点亮，否则更换灯泡组件。检验结果如图 4－2－13 所示。

图 4－2－13 检测转向灯情况

步骤 6：收拾、整理工具及设备，进行总结汇报。

考核评价

任务		姓名	
教学场所			
知识目标	1. 掌握转向灯的结构和工作原理	□完成 □基本完成 □未完成	
	2. 熟悉转向灯不亮故障诊断流程	□完成 □基本完成 □未完成	
技能目标	1. 能够规范进行操作前的准备工作	□完成 □基本完成 □未完成	
	2. 能够规范使用万用表	□完成 □基本完成 □未完成	
	3. 能够正确识读电路图	□完成 □基本完成 □未完成	
	4. 能够规范检测转向灯电路和元件	□完成 □基本完成 □未完成	
	5. 能够对测量数据进行正确分析	□完成 □基本完成 □未完成	
素养目标	能够按照 7S 管理要求整理实训场地	□完成 □基本完成 □未完成	
步骤一	正确连接诊断仪	□完成 □基本完成 □未完成	
步骤二	正确读取故障码	□完成 □基本完成 □未完成	
	正确检测转向灯电路	□完成 □基本完成 □未完成	
	正确拆卸转向灯插接器	□完成 □基本完成 □未完成	
步骤三	依据线路图进行正确测量	□完成 □基本完成 □未完成	
步骤四	确认故障点	□完成 □基本完成 □未完成	
步骤五	修复	□完成 □基本完成 □未完成	
步骤六	验证	□完成 □基本完成 □未完成	
总评			

情智课堂

细节决定效能

在汽车照明领域，细节决定整体效能。制动灯与转向灯作为确保行车安全的关键元素，其性能表现至关重要。

转向灯属于车上使用频次较高的灯光信号装置，运用最多的场景是转弯或变道。此外还有很多场景需要用到转向灯，如双闪、解锁、闭锁、寻车、防盗报警、自动变道、热失控等。如果转向灯出现了故障，就需要做如下检查。

首先，检查闪光器是否有问题。用万用表检测其输出线电压，如果发现电压有规律地变化，那么闪光器正常；如果电压毫无变化，则闪光器故障，需要更换。

有时候，灯泡和插座也会出现接触不良的情况，导致转向灯闪烁不稳定。这时需检查并重新固定两者的连接，确保它们之间电流的稳定，闪烁恢复正常。

还要检测灯泡灯丝是否熔断，如果灯丝熔断，转向灯就会不亮。这时候，需要更换新的灯泡，才能使转向灯及危险警告灯正常工作。

如果灯泡功率太大，它可能会消耗过大的电流，让电路通电电流变大，闪烁频率也会随之加快。此时，更换小功率灯泡，让电路恢复正常。

总之，要定期对汽车进行检查，特别是一些易损件，要及时更换。这样能提前预防小故障，避免行车过程中发生故障。在检查的过程中应该养成主动思考、自主学习、利用所学知识去解决问题的能力。

项目小结

本项目主要介绍了新能源汽车照明与信号系统的功能、组成及工作过程。通过对汽车前照灯组成和具体故障检修过程的学习，学生学会分析汽车前照灯电路图，掌握照明系统故障的基本排除思路和方法。通过学习转向灯电路知识和实训操作，学生掌握信号系统不工作故障检测的基本思路和操作方法。在新能源汽车照明与信号系统学习中，鼓励学生自己正确制定照明与信号系统故障排除流程，包含明确故障现象，找到维修手册中相关内容，正确阅读电路图，运用正确的工具及维修策略排除故障。学生能够在工作过程中与小组其他成员合作、交流，培养团队合作意识，锻炼沟通能力，养成服从管理、规范作业的良好工作习惯，通过分析整个学习过程的得失而不断提升。

同步练习

一、选择题

1. 汽车雾灯的颜色为（　　）。

A. 黄色　　B. 红色　　C. 白色　　D. 无色

2. 在汽车前照灯中，下列描述不属于防眩目措施的是（　　）。

A. 采用双丝灯泡　　B. 采用遮光罩　　C. 采用 Z 字形光形　D. 采用氙气灯

3. 讨论后组合灯中制动灯和尾灯哪一个工作时发光强度大，以下说法正确的是（　　）。

A. 两灯功率一样大　　B. 制动灯比尾灯功率大

C. 尾灯比制动灯功率大　　D. 无须比较

4. 检查 G02-5 与地间的电压值为（　　）。

A. 12V　　B. 6V　　C. 16V　　D. 24V

二、判断题

1. 汽车前照灯的照明效果对行车安全影响很大，故世界各国都以法律的形式规定前照灯的照明标准。（　　）

2. 目前汽车前照灯的灯泡主要包括充气灯泡、卤钨灯泡、氙气灯泡、LED 灯。（　　）

3. 充气灯泡和卤钨灯泡都用钨丝作为其灯丝，这是因为钨丝不容易蒸发耗损。将灯泡中的空气抽出，充入氮、氩的混合惰性气体，此为充气灯泡；若充入卤族元素，如碘、氯、氟等，则为卤钨灯泡。（　　）

4. 由于蒸发出的气态钨，与卤素反应生成的卤化钨不易挥发，当其扩散到高温区时，受热会分解为钨重新回到钨丝，仍可以参与下次循环反应，防止了钨的蒸发和灯泡的黑化现象，故卤钨灯泡比普通充气灯泡寿命长、亮度强。（　　）

三、简答题

1. 简述新能源汽车照明系统的工作过程。

2. 简述新能源汽车转向灯的工作过程。

四、实训题

请对前照灯不亮故障进行检测和维修。

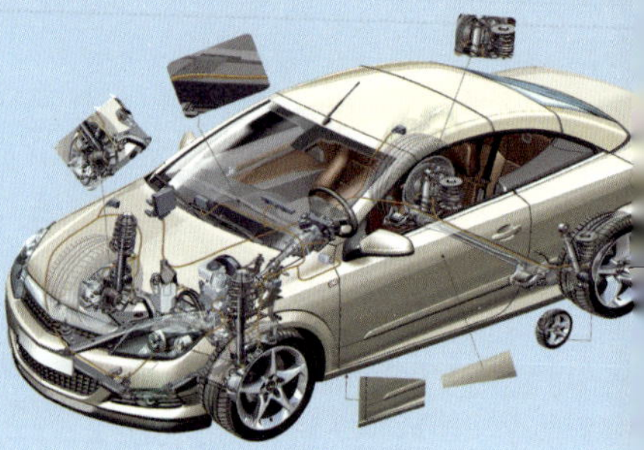

项目五

新能源汽车空调系统检修

项目描述

通过本项目学习，学生能够掌握汽车空调系统的组成及工作原理，掌握空调系统的使用与维护，掌握汽车空调不制冷的故障排除方法，会进行空调系统部件的更换与维修。需要熟悉新能源汽车空调系统的基本检测，掌握新能源汽车空调系统的工作过程，学会拆卸空调系统。这个项目需要维修技师带领同学们一起进行。

本项目包括以下 2 个任务：

任务一　新能源汽车空调制冷系统检修

任务二　新能源汽车空调暖风系统检修

知识目标

1. 了解新能源汽车空调制冷系统和传统汽车的区别。
2. 了解新能源汽车空调制冷系统面板的技术特征。
3. 掌握新能源汽车空调制冷系统、暖风系统的功能和组成。
4. 掌握新能源汽车空调系统的结构和工作原理。
5. 掌握新能源汽车典型车型空调制冷系统的检修。
6. 掌握新能源汽车典型车型空调暖风系统的检修。

技能目标

1. 能够正确操作新能源汽车空调制冷系统面板。
2. 能够进行新能源汽车空调压缩机的更换。
3. 能够进行新能源汽车空调制冷剂的加注。
4. 能够进行新能源汽车空调系统基本检查。
5. 能够正确操作新能源汽车空调暖风系统面板。
6. 能够进行新能源汽车 PTC 加热器的更换与检测。

素养目标

1. 养成精诚服务意识、安全意识、环保意识。
2. 培养主动思考、自主学习的习惯。
3. 培养创新思维、发散思维。
4. 培养良好的沟通交流、语言表达及团队合作能力。
5. 养成专注、认真、精益求精的精神。

任务一　新能源汽车空调制冷系统检修

任务描述

一名新能源汽车维修技师在对一辆出现了问题的比亚迪秦 EV 进行故障排查时，发现车辆有如下现象：按下智能钥匙解锁按钮，车辆解锁成功；进入车辆，踩下制动踏板，按下起动按钮，仪表点亮，显示“OK 灯点亮”；但是在打开空调制冷开关后，汽车空调不制冷。推测可能是电动压缩机无法工作等的原因。

如果你是维修技师，请问你会如何进行空调制冷系统无法制冷故障的排除呢？

知识储备

新能源汽车空调制冷系统的检修 1

一、空调系统功用

汽车空调即车内空气调节，包括对车内温度、湿度、空气流速、空气清洁度等的调节控制。

（1）调节车内温度。车内温度是指车内空气的冷热程度。为给乘员创造适宜的车内温度环境，在寒冷的冬季利用暖风装置提高车内温度，在炎热的夏天则利用制冷装置来降低车内温度。

（2）调节车内湿度。车内湿度是指车内空气中所含水蒸气量的多少。车内湿度过小（或过大）会使乘员感觉干燥（或闷热）。人体感觉最舒适的相对湿度为 30% ～ 70%，所以汽车空调系统的湿度参数要求控制在此范围内。

（3）调节车内空气流速。空气的流速和方向对人体舒适性的影响很大。空气流速稍大，有利于夏季人体的散热，但会影响冬季人体的保温；过大的风速直接吹到人体上也会令人感觉不舒服。车内空气流速以夏季不超过 0.5m/s，冬季不超过 0.35m/s 为宜。

（4）调节车内空气清洁度。车内空间小、乘员密度大，极易出现缺氧和二氧化碳浓度过高的情况。发动机废气和道路上的粉尘等也会造成车内空气污浊，影响乘员的身体健康。因此，汽车空调系统一般都设有进风门、排风门、空气净化装置等。

二、汽车空调系统基本组成

汽车空调系统一般由制冷装置、暖风装置、通风装置、空气净化装置和空调控制装置等组成。

（一）制冷装置

制冷装置对车内空气或由外部进入车内的新鲜空气进行冷却或除湿，使车内空气变得凉爽舒适。

汽车的制冷装置由压缩机、冷凝器、储液干燥器、膨胀阀、蒸发器等组成，如图 5-1-1 所示。

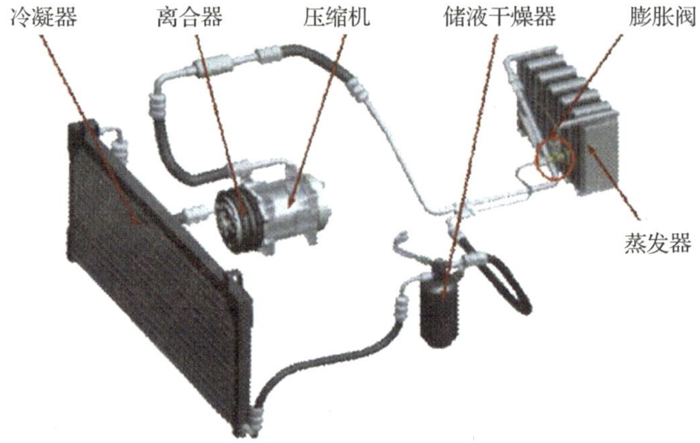

图 5-1-1　制冷装置组成

（二）暖风装置

暖风装置主要用于取暖，对车内空气或由外部进入车内的新鲜空气进行加热，达到取暖除霜的目的。它由热水阀、节温器、膨胀水箱、发动机、水泵、风扇、散热器等组成，如图 5-1-2 所示。

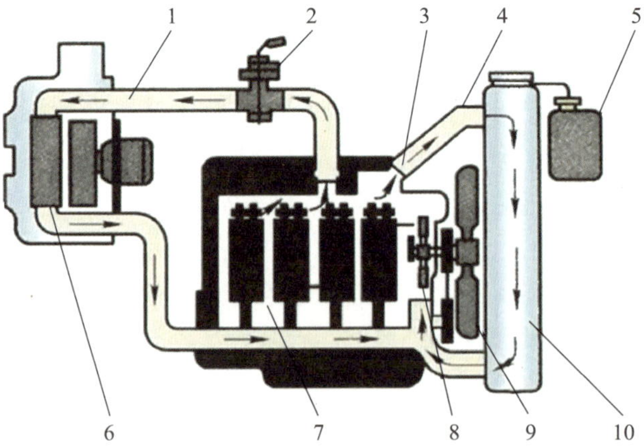

图 5-1-2　暖风装置组成

1—热交换器软管；2—热水阀；3—节温器；4—散热器软管；5—膨胀水箱；6—热交换器芯；7—发动机；8—水泵；9—风扇；10—散热器

（三）通风装置

通风装置将外部新鲜空气吸进车内，起通风和换气作用。同时，通风装置对防止风窗玻璃起雾也起着良好作用。它由进气模式风门、鼓风机、混合气模式风门、气流模式风门、导风管等组成。车辆通风口如图 5-1-3 所示。

图 5-1-3　车辆通风口

1—前风窗玻璃除霜或除水气通风口；2—前风窗玻璃除霜或除水气通风口；3—侧面通风口；4—中间通风口；5—前排下部通风口；6—后排下部通风口

（四）空气净化装置

空气净化装置可以除去车内空气中的尘埃、烟气及有毒气体，使车内空气变得清洁。它有车内、外空气交换和车内空气循环两种模式。

（五）空调控制装置

空调控制装置对制冷、暖风系统的温度、压力进行控制，同时对车内的温度、风量、流向进行调节，并配有故障诊断和网络通信的功能，完善了控制系统的自动化程度。控制装置包括点火开关、AC 开关、电磁离合器、鼓风机开关、调速电阻器、各种温度传感器、制冷剂高低压力开关、温度控制器、暖风模式控制装置、各种继电器等。近几年来不少高级轿车上普遍采用了计算机自动控制，大幅减少了人工调节的麻烦，提高了空调经济性和空调效果。

将上述全部或部分有机地组合在一起安装在汽车上，便组成了汽车空调系统。在一般的轿车和客、货车上，通常只有制冷装置、暖风装置和通风装置，在高级轿车和高级大、中客车上，还有加湿装置和空气净化装置。

三、汽车空调制冷系统工作原理

空调制冷系统是利用液态制冷剂汽化吸热产生冷效应的原理进行制冷的，其工作原理如图 5-1-4 所示。

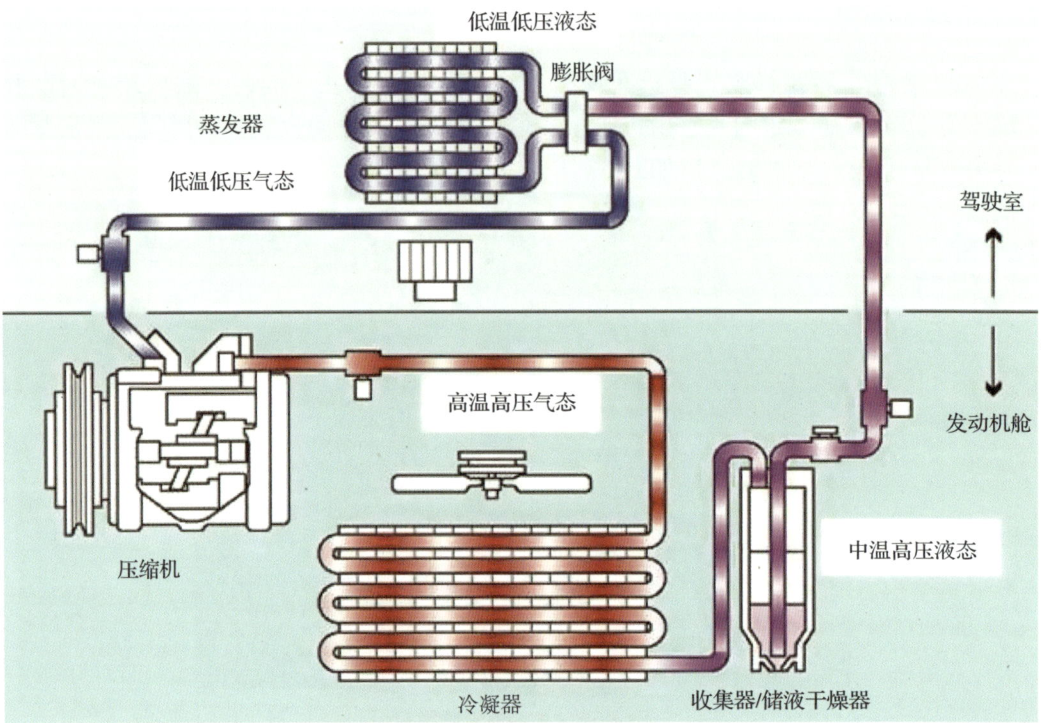

图 5－1－4　空调制冷系统工作原理

空调压缩机把低温低压（约 0℃、0.15MPa）气态制冷剂（冷媒）压缩成高温高压（约 80℃、1.5MPa）气态制冷剂后进入冷凝器，使其能在冷凝器内将热量释放给车外的空气，失去热量的气态制冷剂在冷凝器内冷凝成中温高压（约 40℃、1.0 ～ 1.2MPa）的液态制冷剂，液态制冷剂在通过节流装置时，又转变成低温低压（约 –5℃、0.15MPa）的液态制冷剂，然后进入蒸发器中在低压下汽化，由于制冷剂在蒸发器内汽化时的温度低于蒸发器外空气的温度，因此能吸收将被强制送入车厢内的空气中的热量，使进入车厢内的空气降低温度，产生制冷效果。从蒸发器中出来的制冷剂又变成低温低压（约 0℃、0.15MPa）的气态制冷剂，再次进入压缩机中去重新工作。具体可分为以下几个过程：

（1）压缩过程。压缩机吸入来自蒸发器的低温低压的气态制冷剂，将其压缩成高温高压的气态制冷剂，然后排出压缩机到冷凝器。

（2）冷凝过程。来自压缩机的高温高压气态制冷剂进入冷凝器后，冷凝成中温高压的液态制冷剂。

（3）节流膨胀过程。中温高压的液态制冷剂通过膨胀阀后体积变大，压力和温度急剧下降，以雾状（细小液滴）形式进入蒸发器。

（4）蒸发过程。雾状制冷剂进入蒸发器后，因制冷剂的沸点远低于蒸发器内的温度，雾状制冷剂迅速蒸发成气态制冷剂。制冷剂在蒸发过程中吸收蒸发器表面的热量，使蒸发器表面的温度迅速下降，而后低温低压的气态制冷剂又进入压缩机，开始下次循环。

压缩机是空调制冷系统的主要部件之一，其功用是：一方面维持制冷剂在系统中的循环流动；另一方面对低温低压的气态制冷剂进行加压，使之超过冷凝器外部大气的温度和压力，以便在冷凝器中向外部大气放热，并形成液态制冷剂。

汽车空调制冷系统的压缩机一般由汽车发动机驱动，其结构形式有很多种，目前斜盘式压缩机应用较广。斜盘式压缩机又称为回转斜盘式压缩机，该压缩机具有工作可靠、结构紧凑、体积小、质量轻等优点，在国产轿车（如大众、红旗、富康）上应用广泛。斜盘式压缩机采用往复式双头活塞，依靠斜盘的旋转运动使双头活塞实现轴向的往复运动。双头活塞中间开槽与斜盘装合，因此可由斜盘驱动其在前、后两个气缸内作往复运动。压缩机主轴和斜盘旋转一周时，双头活塞在前、后两个气缸内往复运行两个行程。活塞向前移动时，前气缸进行压缩行程，后气缸进行吸气行程；反向时，前、后两个气缸的作用互相对调。回转斜盘式压缩机的气缸数为双数，常见的有 6 缸和 10 缸；各气缸沿圆周方向，前后成对均匀布置，各气缸均装有进、排气阀，各气缸的进气腔和排气腔分别通过管路连通。

四、新能源汽车空调制冷系统电路分析

新能源汽车空调制冷系统与传统汽车空调制冷系统的工作原理大致相同，主要区别是压缩机的驱动方式，新能源汽车的空调采用电动方式来驱动压缩机，这区别于传统汽车通过内燃机曲轴皮带驱动的方式。

新能源汽车空调系统除了与传统汽车一样具有制冷、制热、通风、除霜功能，为了保护动力蓄电池、增加动力蓄电池续航能力以及缩短充电时间，还具有整车的热管理功能，即充电时的预热和散热、运行时的预热和散热。

新能源汽车空调制冷系统的检修 2

制冷系统控制原理如图 5－1－5 所示。

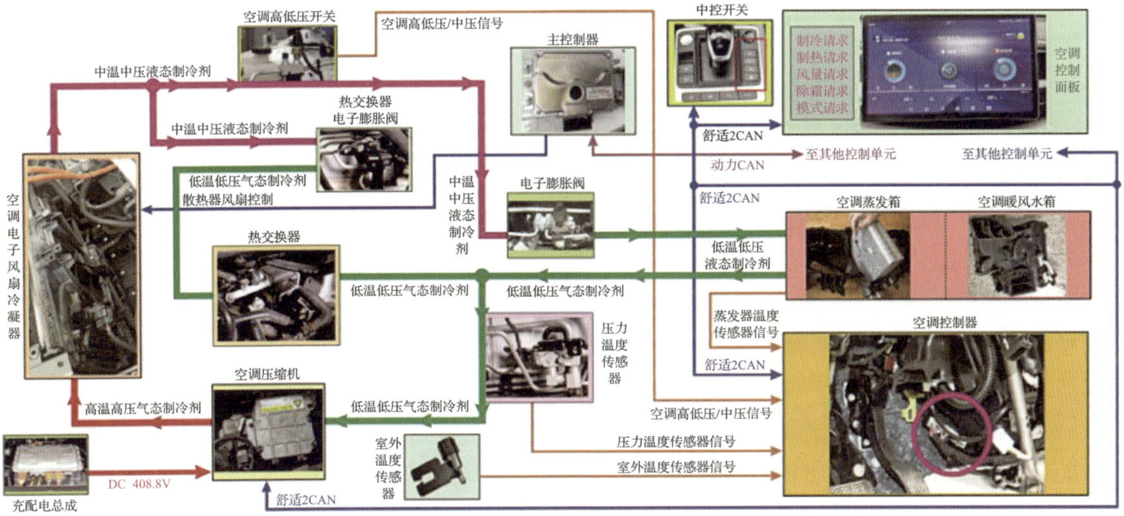

图 5－1－5　制冷系统控制原理

其中，空调控制器、PDA 屏幕、空调压缩机、PTC 加热器、网关控制器等构成舒适 2CAN 局域网，整车控制器（VCU）、高压配电盒（OBC/DC-DC）、动力蓄电池管理器、网

关控制器等构成动力 CAN 局域网，如图 5-1-6 所示。

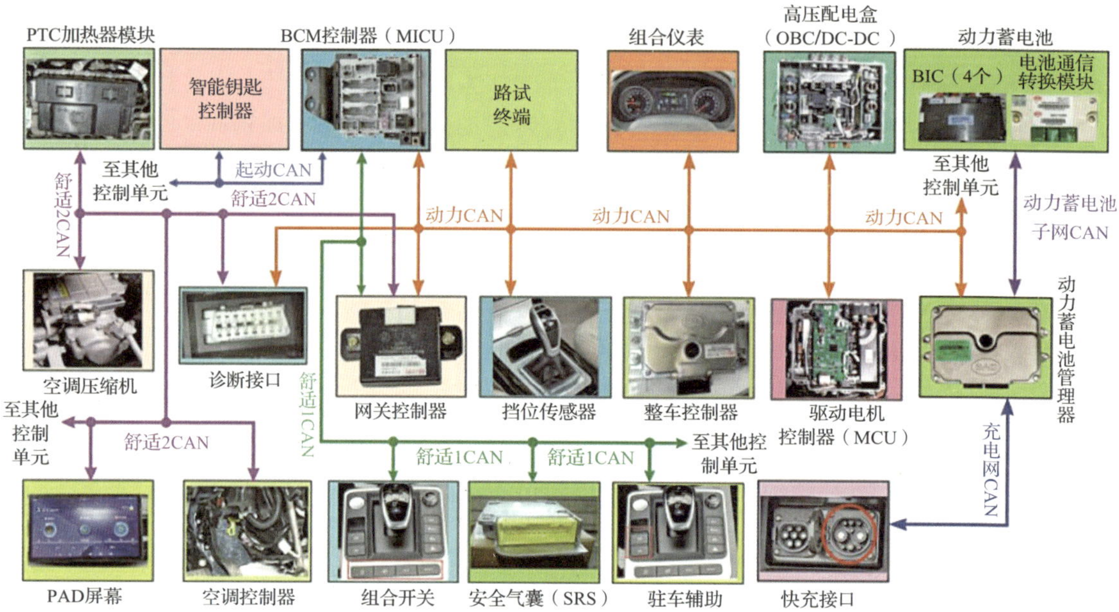

图 5-1-6　空调制冷系统通信原理

（一）新能源汽车空调制冷系统工作过程

空调制冷系统启动后，空调压缩机在运行过程中，根据转速、压力、温度等信号的变化以及汽车运行状况和外界环境条件，自行调节流量以达到节能、降噪和实现车厢环境最优化的控制目的。系统设置了循环风门（车内循环方式），能够隔绝车内、外的空气，使车厢内的空气保持恒温状态，如果车外环境污染超标，循环风门还能起到抵挡混浊空气入侵的作用，风门能根据驾驶人或乘员调定的温度自动地调节风量、气流分配方式，还能根据车外日照强度自行调节空气循环的方向。制冷功能启用后，空调压缩机通过舒适 2CAN 将功能启用信号传递给网关控制器，网关控制器再通过动力 CAN 将功能启用信号传递给 VCU，VCU 解析信息后通过控制导线控制冷却风扇低速运转。冷却风扇在运行过程中，空调控制器通过空调压力开关检测制冷系统压力，如果压力超过设定值，将发送冷却风扇高速启动信号，此信号由空调控制器通过舒适 2CAN 传送至网关控制器，网关控制器再通过动力 CAN 将冷却风扇高速启动信号传递给 VCU，VCU 接通冷却风扇高速控制线路，冷却风扇高速运转。

车辆在充电及上电运行的情况下，BMS 通过温度传感器检测动力蓄电池内的温度。如果温度达到或超过系统所设置的阈值，BMS 通过动力 CAN 发送热管理信息至网关控制器，网关控制器将此热管理信息处理后通过舒适 2CAN 发送至空调控制器以及空调压缩机，空调制冷系统启动，通过冷却水泵，热交换器对动力蓄电池内部进行强制冷却，防止系统过温及安全事故发生。

（二）新能源汽车空调制冷系统主要元件及电路

以比亚迪汽车为例，介绍空调制冷系统的主要元件。新能源汽车空调制冷系统主要由冷凝器、储液干燥器、膨胀阀、压力开关、压缩机、鼓风机等组成，如图 5－1－7 所示。

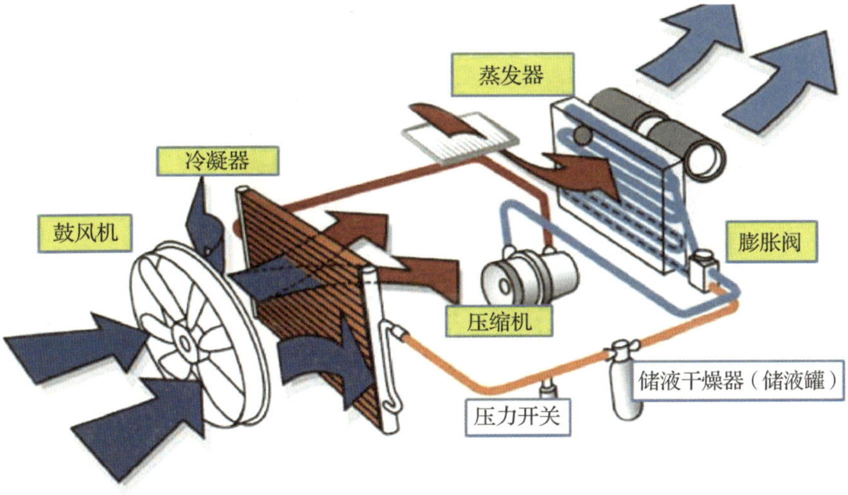

图 5－1－7　新能源汽车空调制冷系统示意图

（1）冷凝器。

冷凝器把来自压缩机的高温高压气体通过管壁和翅片将其中的热量传递给冷凝器周围的空气，从而使高温高压的气态制冷剂冷凝成中温高压的液态制冷剂。

（2）储液干燥器。

储液干燥器的作用有：储存制冷剂，接收从冷凝器来的液态制冷剂并加以储存，根据蒸发器的需要提供所需的制冷剂；过滤系统中经常会出现的杂质和其他脏物，如锈蚀、污垢、金属微粒等，这些杂质不仅会损伤压缩机轴承，还会堵塞过滤网和膨胀阀；吸收系统中的湿气，要求湿气越少越好，因为湿气会造成“冰塞”并腐蚀系统管道等，使制冷系统不能正常工作。

（3）膨胀阀。

新能源汽车使用的是电子膨胀阀，它主要由阀针、阀座、电磁线圈和弹簧等组成，如图 5－1－8 所示。普通汽车采用热力膨胀阀，它们的共同作用是：节流降压，使从冷凝器过来的高温高压液态制冷剂变成容易蒸发的低温低压雾状制冷剂进入蒸发器，即分开了制冷剂的高压侧和低压侧；自动调节制冷剂流量，根据制冷负荷的改变和压缩机转速的变化，自动调节制冷剂进入蒸发器的流量以满足制冷循环的需要。

比亚迪秦采用步进电机驱动型的电子膨胀阀，当控制电路产生的脉冲电压作用到脉冲电机定子上时，永久磁铁制成的电机转子转动，通过螺纹的作用，使转子的旋转运动变为阀针的上下运动，从而调节阀针的开度，进而调节制冷剂的流量。

（a）实物图

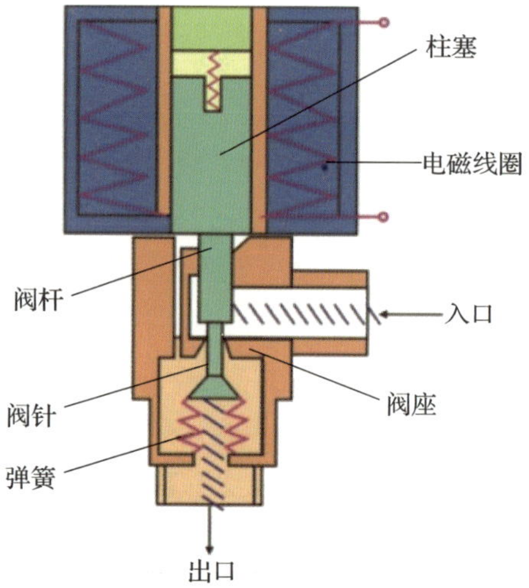

（b）结构图

图 5－1－8　电子膨胀阀

（4）蒸发器。

蒸发器如图 5－1－9 所示。蒸发器是汽车空调制冷系统中的另一个热交换器，作用与冷凝器相反，它是将经过节流降压后的液态制冷剂沸腾汽化，吸收蒸发器表面周围空气的热量而使之降温，鼓风机将冷风吹到驾驶室内，达到降温的目的。

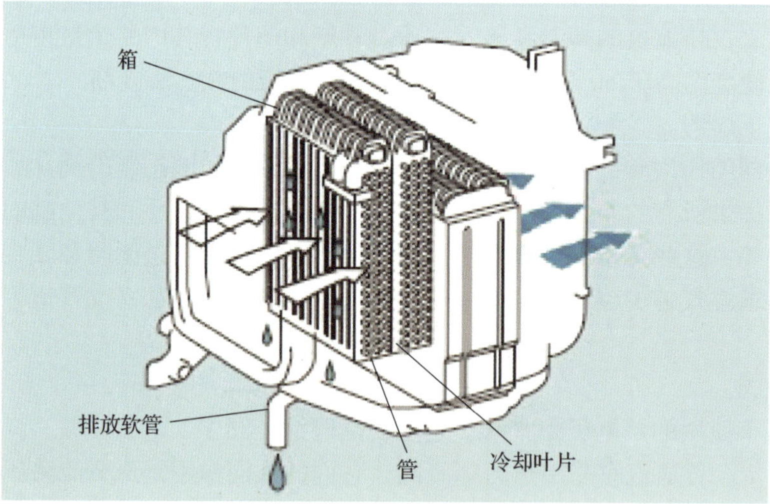

图 5－1－9　蒸发器

（5）压力开关。

压力开关如图 5－1－10 所示。压力开关的作用是检测制冷系统内部压力，保护制冷系统。压力开关也称为压力继电器或压力控制器，分为高压开关、中压开关、低压开关。

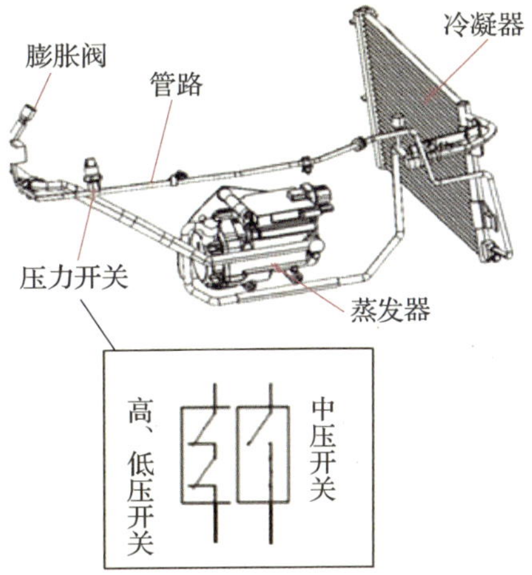

图 5－1－10　压力开关

高压开关安装在制冷系统的高压侧管路上，作用是当制冷系统中制冷剂压力出现异常时迅速切断电磁离合器电路，从而使压缩机停止工作，待压力恢复后，压缩机又正常工作，保护制冷系统不损坏。

新能源汽车空调制冷系统采用三位开关，即低压、中压、高压开关。压力低于 0.18MPa 时，低压开关断开；压力高于 3.14MPa 时，高压开关断开，压缩机停止工作；压力高于 1.5MPa 时，中压开关闭合，风扇高速旋转。

安全提醒

新能源汽车空调压缩机利用高压电工作，操作中应具备安全意识、环保意识。

新能源汽车空调制冷系统的主要工作参数如图 5－1－11 所示，低压一般在 0.25 ～ 0.3MPa；高压一般在 1.3 ～ 1.5MPa。空调制冷系统不工作时，平衡压力一般为 0.6MPa 左右，因受环境温度及加注量同时影响，不可作为主要依据，为参考数值。

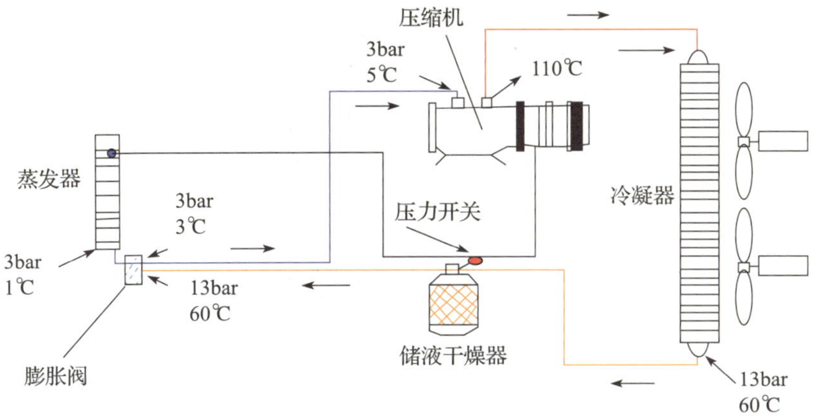

图 5－1－11　新能源汽车空调制冷系统的主要工作参数

（6）压缩机。

压缩机是汽车空调制冷系统的心脏，其作用是将低压低温的气态制冷剂压缩成高压高温的气态制冷剂，并推动制冷剂在系统中循环流动。比亚迪 E6 汽车电动压缩机如图 5－1－12 所示。

电动压缩机的拆装与检测

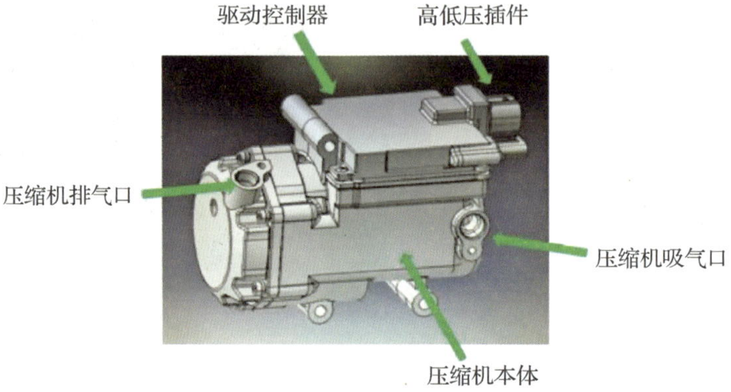

图 5－1－12　比亚迪 E6 汽车电动压缩机

新能源汽车的空调系统采用机电一体化压缩机制冷及 PTC 加热器采暖。与传统车型的空调系统相比，主要设计的区别是电动压缩机及 PTC 加热器。传统车辆上，制冷压缩机靠皮带轮驱动，通过发动机曲轴带动转动，其转速只能被动地通过发动机转速来调节，空调系统无法主动对压缩机转速进行调节。而新能源汽车空调系统的压缩机为电动压缩机，其驱动靠高压电，转速可以由控制系统主动调节，调节范围在 0 ～ 4 000 转 / 分钟。这样既保证了良好的制冷效果，又节省了电能。

比亚迪使用的电动涡流式压缩机采用螺旋式的压缩盘，结构如图 5－1－13 所示。

图 5－1－13　压缩盘

涡流式压缩机主要分为动静式和双公转式两种。目前动静式应用最为普遍，它主要由旋转涡管（动涡轮）与固定涡管（静涡轮）组成，如图 5－1－14 所示。旋转、固定涡管的结构十分相似，都是由端板和由端板上伸出的渐开线形涡旋齿组成。两者偏心配置相互错开，固定涡管静止不动，旋转涡管在专门防转机构的约束下，由曲柄轴带动作偏心回转平动，即无自转，只有公转。

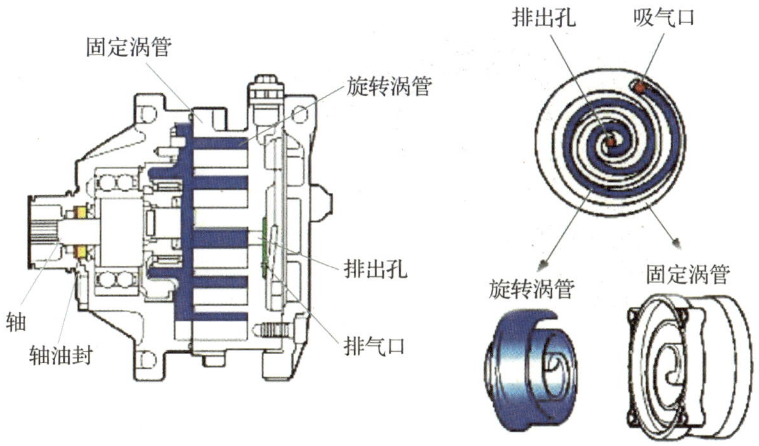

图 5－1－14　涡流式压缩机的结构

涡流式压缩机的具体工作过程如图 5－1－15 所示，吸气口设在固定涡管外侧，由于曲柄的转动，气体由边缘吸入，并被封闭在月牙形容积内，随着接触线沿涡旋面向中心推进，月牙形容积逐渐缩小而压缩气体。高压气体则通过固定涡管上的轴向中心孔排出。图 5－1－15（a）表示正好吸气完了的位置，图 5－1－15（b）表示涡管外围为吸气过程，中间为压缩过程，中心处为排气过程。图 5－1－15（c）、图 5－1－15（d）表示连续而同时进行着吸气和压缩过程。在曲轴的每一转中，都形成一个新的吸气容积，所以上述过程不断重复，按顺序完成。

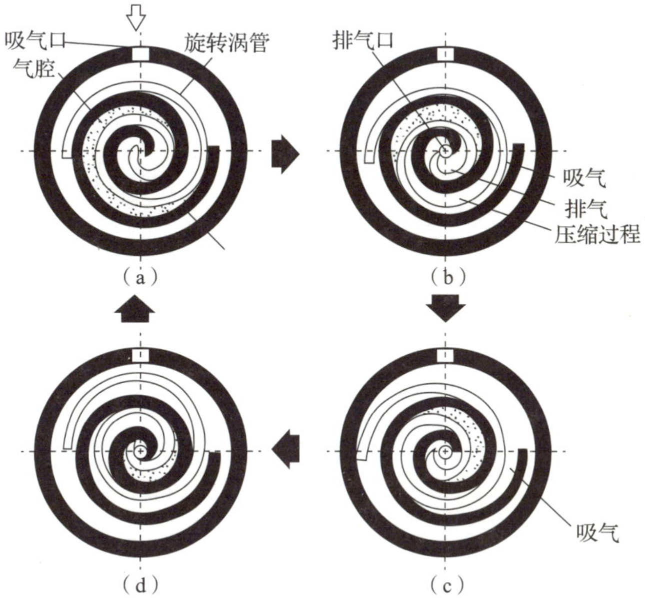

图 5－1－15　涡流式压缩机的工作过程

电动压缩机的接线如图 5－1－16 所示，电路图如图 5－1－17 所示。

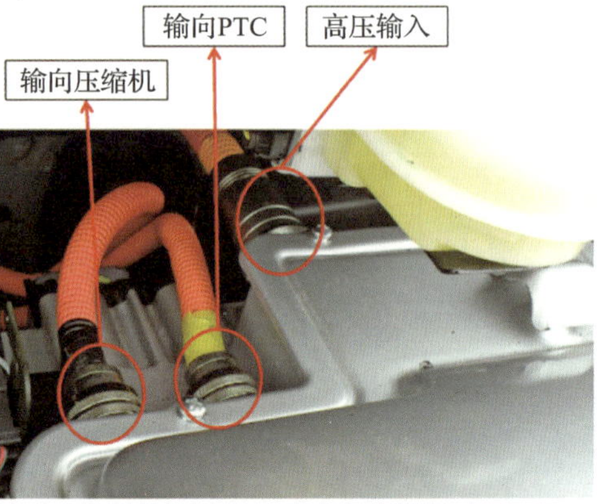

图 5－1－16　电动压缩机的接线

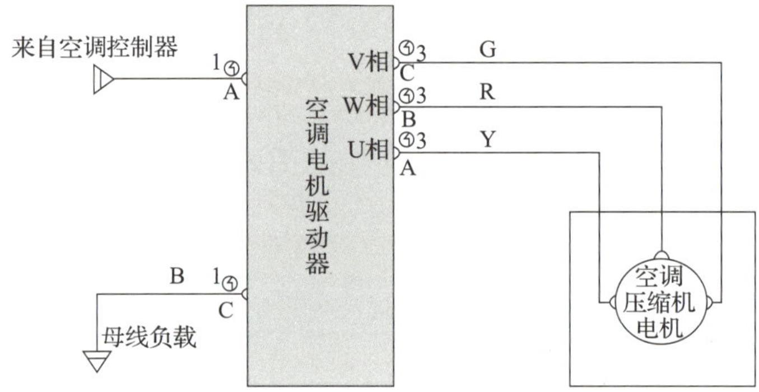

图 5－1－17　电动压缩机的电路图

比亚迪电动压缩机的工作参数：工作电压 320V，制冷剂型号和加注量分别为 R134a 和 550g，压缩机油型号和加注量分别为 POE68 和 120ml。

电动压缩机的故障一般通过检测系统压力进行诊断。满足下列条件后读取歧管压力表压力值：

- 起动车辆。
- 鼓风机转速控制开关置于“HI”位置。
- 温度调节旋钮置于“COOL”位置。
- 空调开关打开。
- 车门全开。
- 点火开关置于可使空调压缩机运转的位置。

正常工作的制冷系统压力读数如表 5－1－1 所示。

表 5－1－1　正常工作的制冷系统压力读数

压力	读数
低压压力	0.15 ～ 0.25MPa
平衡压力	0.6Mpa
高压压力	1.37 ～ 1.57MPa

导致汽车空调制冷不足的故障原因很多，在诊断时应熟练掌握制冷系统的工作原理，利用系统的高、低压压力，并配合着各部位的温度变化，根据不同元件故障的特征不一样，进行确认与排除。

安全提醒

给汽车整车上电后，操作空调控制面板时，应按照维修用手册正确进行操作，注意记录和观察。

（7）鼓风机。

当驾驶员在PDA屏幕上调节鼓风机转速开关至不同的挡位时，PDA屏幕对挡位信息进行解析后，通过舒适2CAN总线将这一信息发送至空调控制器，空调控制器输出不同的电压信息至鼓风机调速模块，控制鼓风机调速模块内部大功率管的导通时间，从而调节鼓风机转速。鼓风机电路图如图5－1－18所示。鼓风机调速模块和鼓风机安装在仪表右下侧鼓风机箱体底部位置，如图5－1－19所示。

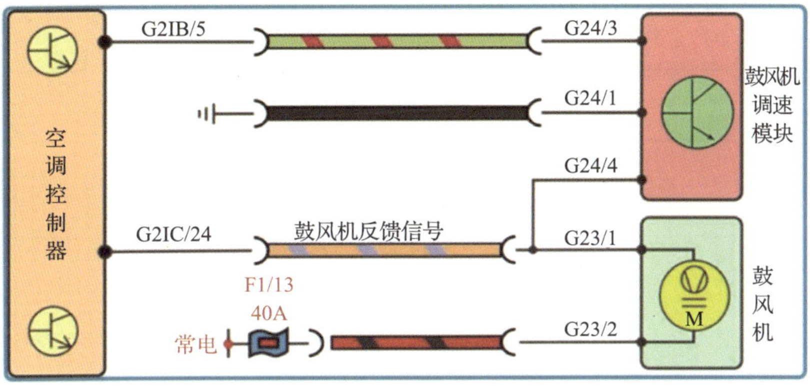

图5－1－18　鼓风机电路图

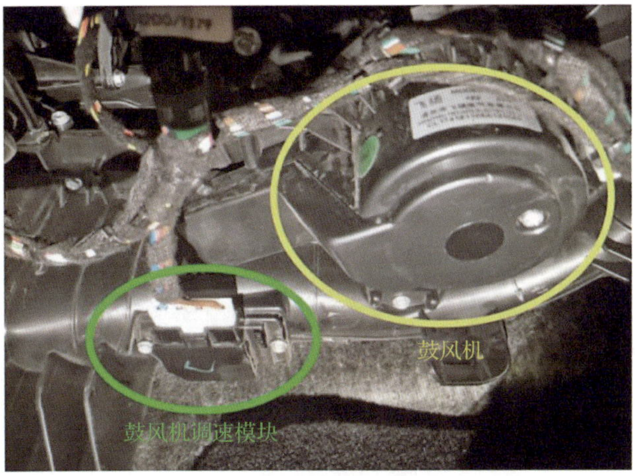

图5－1－19　鼓风机调速模块和鼓风机安装位置

任务分析

汽车空调不能制冷，可能的原因是压缩机不工作、空调制冷剂不足或者压力不够，需要实车进行进一步检测。

要想完成汽车空调不制冷故障的诊断与排除，需要具备以下知识和技能：

1. 相关知识

（1）了解空调制冷系统的结构与工作原理。

（2）掌握空调制冷系统的检查与故障排除方法。

2. 相关技能

（1）万用表、示波器、解码器等常见设备的使用。

（2）维修资料的查阅、电路原理图的识读和分析。

（3）常见故障的诊断与排除。

（4）7S 管理和操作。

任务实施可按照图 5－1－20 所示的流程图进行。

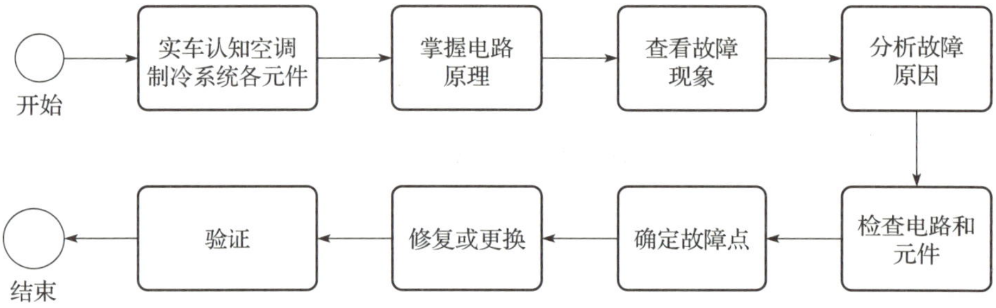

图 5－1－20　流程图

新能源汽车空调系统的功能检查

任务分析

技能实训 1　新能源汽车空调制冷系统功能检查

步骤 1：起动车辆，仪表显示“OK 灯点亮”，打开空调控制面板，开启制冷模式，如图 5－1－21 所示，调节车厢内温度为 23 ℃，空调风速为 3 挡。

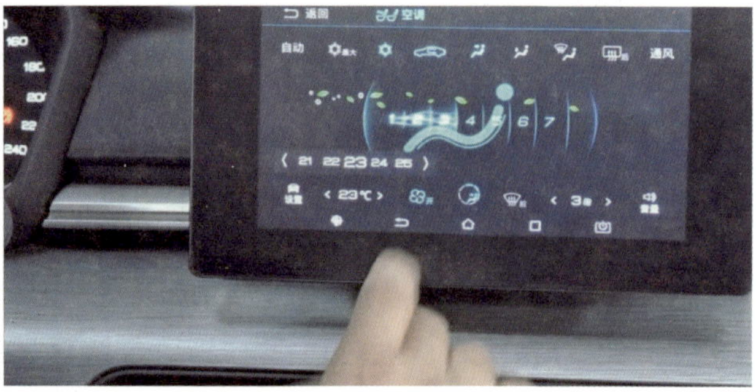

图 5－1－21　操作空调控制面板

步骤 2：检查出风口冷风情况，可以使用温度计进行检测。

步骤 3：开启空调一段时间，检查车内温度情况，如图 5-1-22 所示。

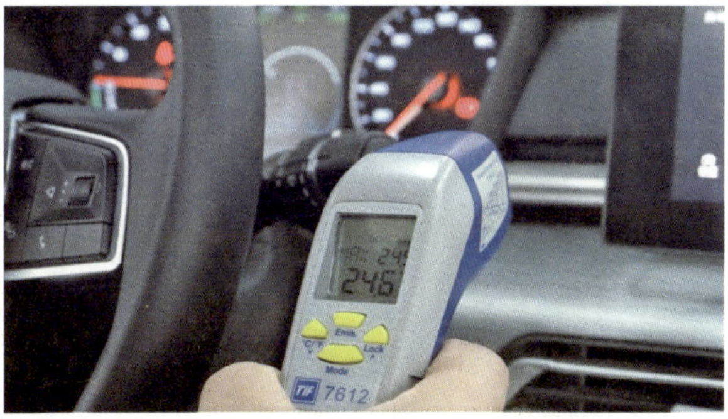

图 5-1-22 检查车内温度

步骤 4：检查完之后，关闭空调，如图 5-1-23 所示。

图 5-1-23 关闭空调

步骤 5：关闭车辆，收拾、整理工具及设备。

技能实训 2 汽车空调制冷系统维护与检修

新能源汽车维护时需要注意做好个人防护和高压断电；排放出来的制冷剂应妥善处理；R12 与 R134a 制冷剂不能通用；制冷剂容器不能加热、受阳光直射。

安全提醒

进行制冷剂检查、回收和加注时，佩戴绝缘手套、护目镜；操作场所要通风；制冷剂不能遇到明火。

在维护与检修汽车空调制冷系统时的常用工具是歧管压力表，如图 5-1-24 所示，用于检测空调的故障，回收和加注制冷剂，在回收时常用的制冷剂注入阀如图 5-1-25 所示。

一、加注制冷剂

轿车在加注制冷剂时，首先检查加注口，保证加注口干净，一般从系统低压侧充入气态制冷剂，如图 5-1-26 所示。

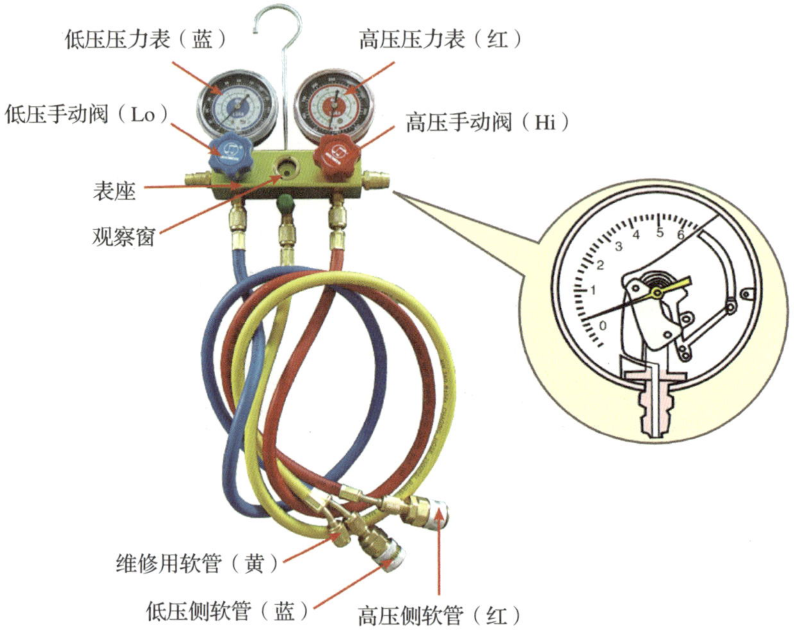

图 5－1－24　歧管压力表

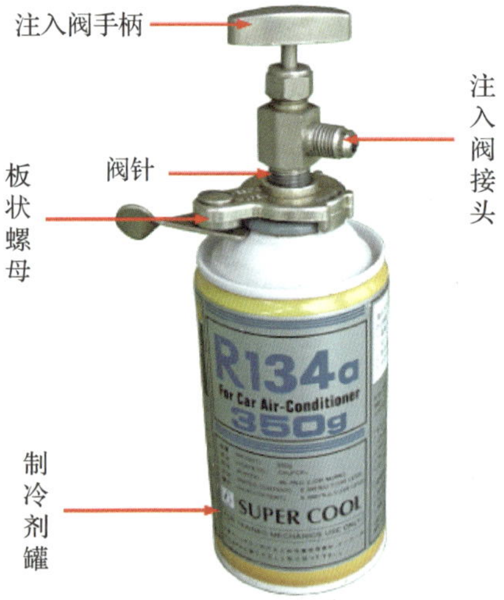

图 5－1－25　制冷剂注入阀

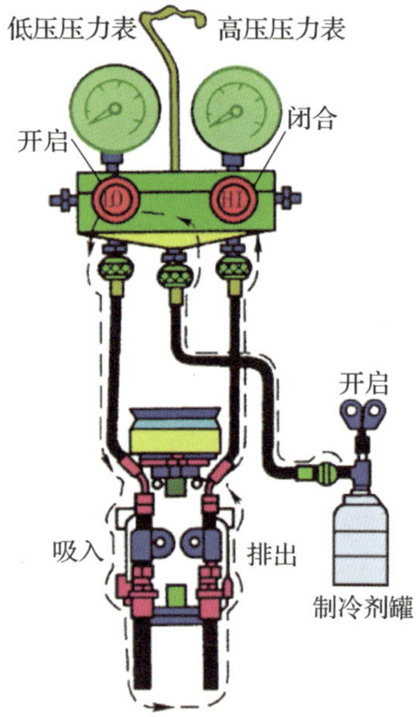

图 5－1－26　低压侧加注制冷剂

步骤 1：连接管路。

（1）关闭高压手动阀和低压手动阀，将高压侧软管和低压侧软管分别连接到车辆高压加注口和低压加注口，将中间软管与制冷剂罐连接好。

（2）将中间软管中的空气排出。

（3）起动汽车，打开空调开关。

步骤 2：利用保压法让空调运转 10 分钟，检查管路是否存在泄漏，如果有泄漏，需要查出原因后进行维修或者更换；如果没有泄漏，进行制冷剂加注。

新能源汽车空调系统制冷压力检测

步骤 3：加注制冷剂。打开低压手动阀，制冷剂罐正立，使制冷剂进入制冷系统。

步骤 4：根据压力检查制冷剂加注量。

步骤 5：拆卸管路，将空调加注口复位。

步骤 6：收拾、整理工具及设备，进行总结汇报。

二、汽车空调系统的检修

步骤 1：压缩机电磁离合器的检修。

（1）检查压盘是否变色、剥落或损伤。如果有损坏，应更换离合器装置。

（2）用手转动皮带，检查皮带轮轴承的间隙和阻力。如果出现噪声或间隙过大 / 阻力过大，则更换离合器。

（3）用安装在磁性表座上的百分表测量皮带轮（A）与压盘（B）之间的间隙，如图 5－1－27 所示。将百分表归零，然后给压缩机离合器施加蓄电池电压。在施加电压时，测量压盘的位移。如果间隙不在规定范围内（规定间隙为 0.35 ～ 0.6mm），则需要使用调整垫片进行调整。调整垫片有多种厚度可选择，如 0.1mm、0.3mm 和 0.5mm 等。

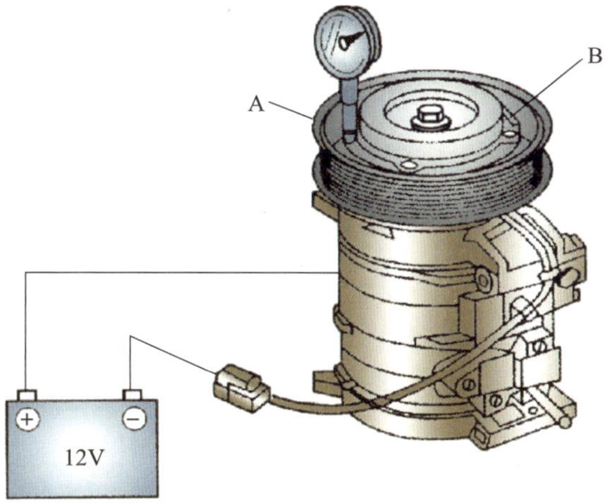

图 5－1－27　检测压缩机电磁离合器

步骤 2：冷凝器的检修。

冷凝器出现散热性能差、泄漏或阻塞故障时会使空调制冷系统制冷不足或不制冷，检修的内容有：

（1）检查冷凝器散热片表面是否有脏物，若有，用软毛刷刷洗。不要用高压压缩空气或高压水枪冲洗，以免损坏冷凝器散热片，引起冷凝器散热不良。

（2）检查冷凝器散热片表面有无脱漆、变形、破损、裂纹等。若有变形、破损、裂纹，会影响冷凝器的密封性及内部制冷剂的正常流通，需更换冷凝器。

步骤 3：蒸发器的检修。

蒸发器出现传热性能差、泄漏或阻塞故障时也会使空调制冷系统制冷不足或不制冷，检修的内容有：

（1）检查蒸发器散热片表面是否脏污，若有，用软毛刷刷洗。不要用水清洗。

（2）检查蒸发器散热片表面有无变形、破损、裂纹等。若有变形、破损、裂纹，会影响制冷剂的汽化效果，引起吸热能力下降，使空调出风温度变高，需更换蒸发器。

步骤 4： 制冷系统管路的检修。

（1）检查管路接头处有无松动和泄漏，若有松动，予以拧紧；若紧后还有泄漏，则必须更换管子。

（2）检查管路有无凹陷、弯曲变形、破裂。若有，则更换管子。

（3）检查管路是否脏污，若有，可用分析醇（无水酒精）清洗。

空调系统冷却风扇的检测

技能实训 3　新能源汽车空调制冷系统冷却风扇的检查

步骤 1： 如图 5－1－28 所示，观察并分析空调制冷系统冷却风扇电路图。两挡风扇上共有三条接线，B14/1 为高速接线端子，B14/2 为低速接线端子，B14/3 为搭铁接线端子，高速、低速均由 F1/40 进行供电。

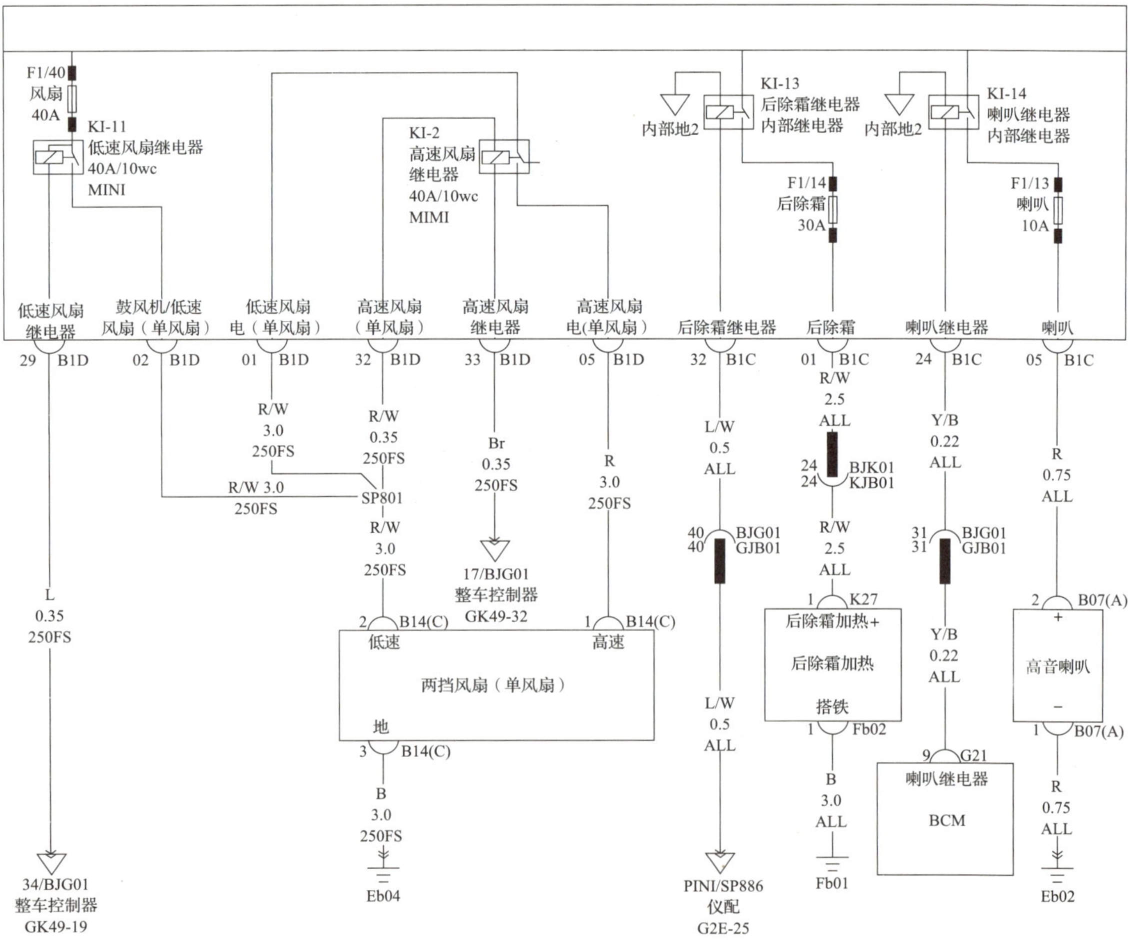

图 5－1－28　冷却风扇电路图

步骤 2： 断开蓄电池负极，并等待 5 分钟，检测无电后，拆卸冷却风扇插头。找到冷却风扇，拆卸冷却风扇插接器，如图 5－1－29 所示，并取下插接器，观察插接器端子。

步骤 3： 使用万用表电阻挡检测 B14/3 与蓄电池负极之间阻值，应小于 1Ω，测量如图 5－1－30 所示。

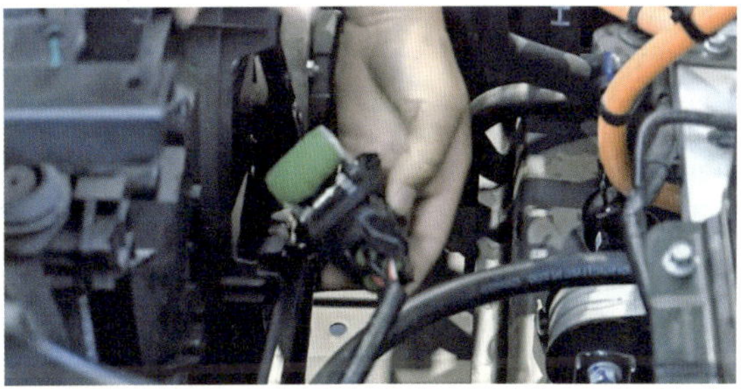

图 5－1－29　拆卸冷却风扇插接器

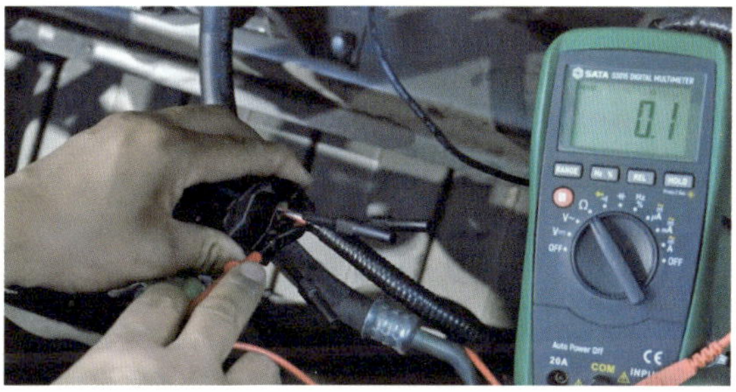

图 5－1－30　测量 B14/3 端子与蓄电池负极间阻值

步骤 4： 起动车辆，打开空调，使之高速运转，使用万用表电压挡检测 B14/2 与蓄电池负极之间电压，应为 11 ～ 14V，测量结果如图 5－1－31 所示；测量 B14/1 与蓄电池负极之间电压，应为 11 ～ 14V，测量结果如图 5－1－32 所示，随着空调风扇转速的升高，B14/1 与蓄电池负极之间电压逐渐升高至蓄电池电压。

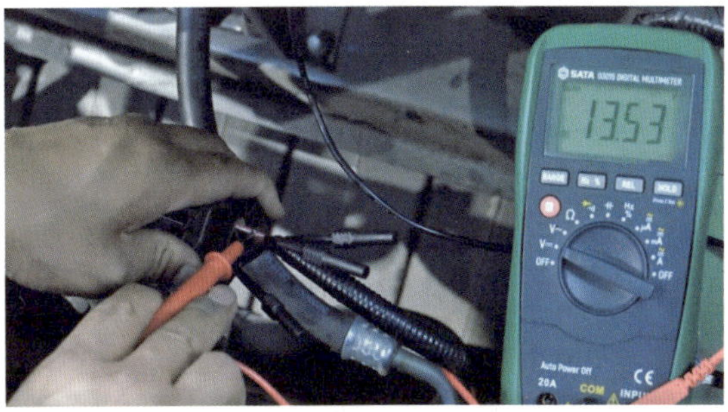

图 5－1－31　测量 B14/2 端子与蓄电池负极间电压

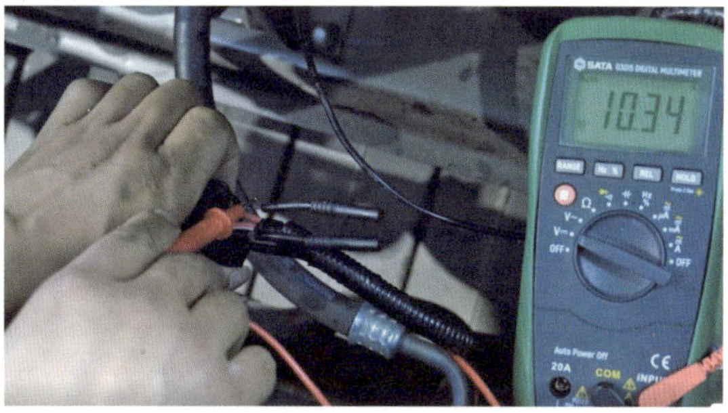

图 5－1－32　测量 B14/1 端子与蓄电池负极间电压

步骤 5： 记录所测数据，关闭空调。

步骤 6： 收拾、整理工具及设备，进行总结汇报。

其他元件与空调冷却风扇的测量类似。如图 5－1－33 所示，B55 为空调压力温度传感器线束插接器，4 号端子为供电线束，1 号端子为搭铁线束。

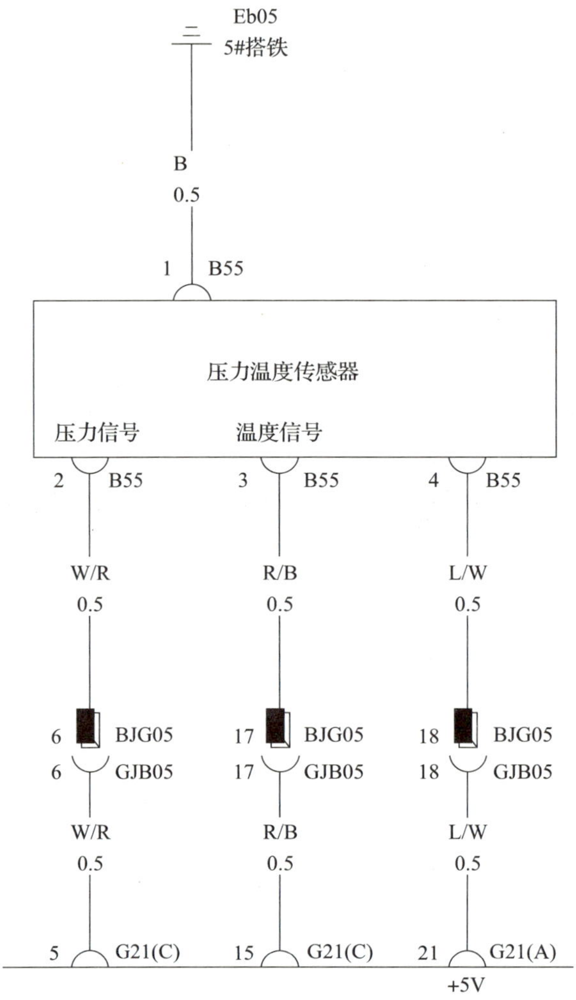

图 5－1－33　空调压力温度传感器电路图

如图 5－1－34 所示，BA17 为空调压缩机的线束插接器，端子 1 为电源端、端子 2 为搭铁端、端子 4 和 5 为信号线束端；B34 为空调 PTC 线束插接器，端子 1 为电源端、端子 2 为搭铁端、端子 4 和 5 为信号线束端。

如图 5－1－35 所示，B48 为电子膨胀阀线束插接器，1 号、2 号、4 号和 5 号端子都为电子膨胀阀的信号线束端。

图 5－1－36 所示为空调鼓风机电路图，G23 为鼓风机供电线束插接器，2 号为供电线束端，1 号端子为信号线束端；G24 为鼓风机调速模块线束插接器，3 号和 4 号端子为信号线束端，1 号端子为搭铁端。

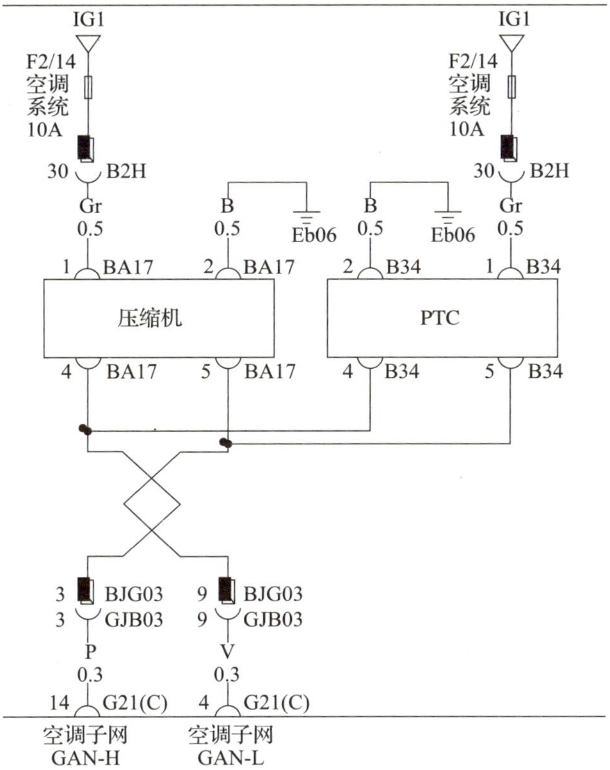

图 5－1－34　空调控制器电路图

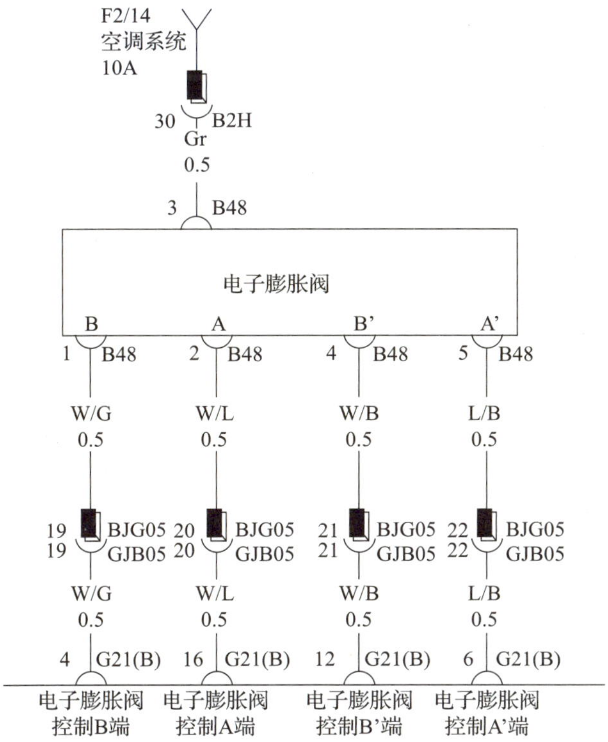

图 5－1－35　电子膨胀阀电路图

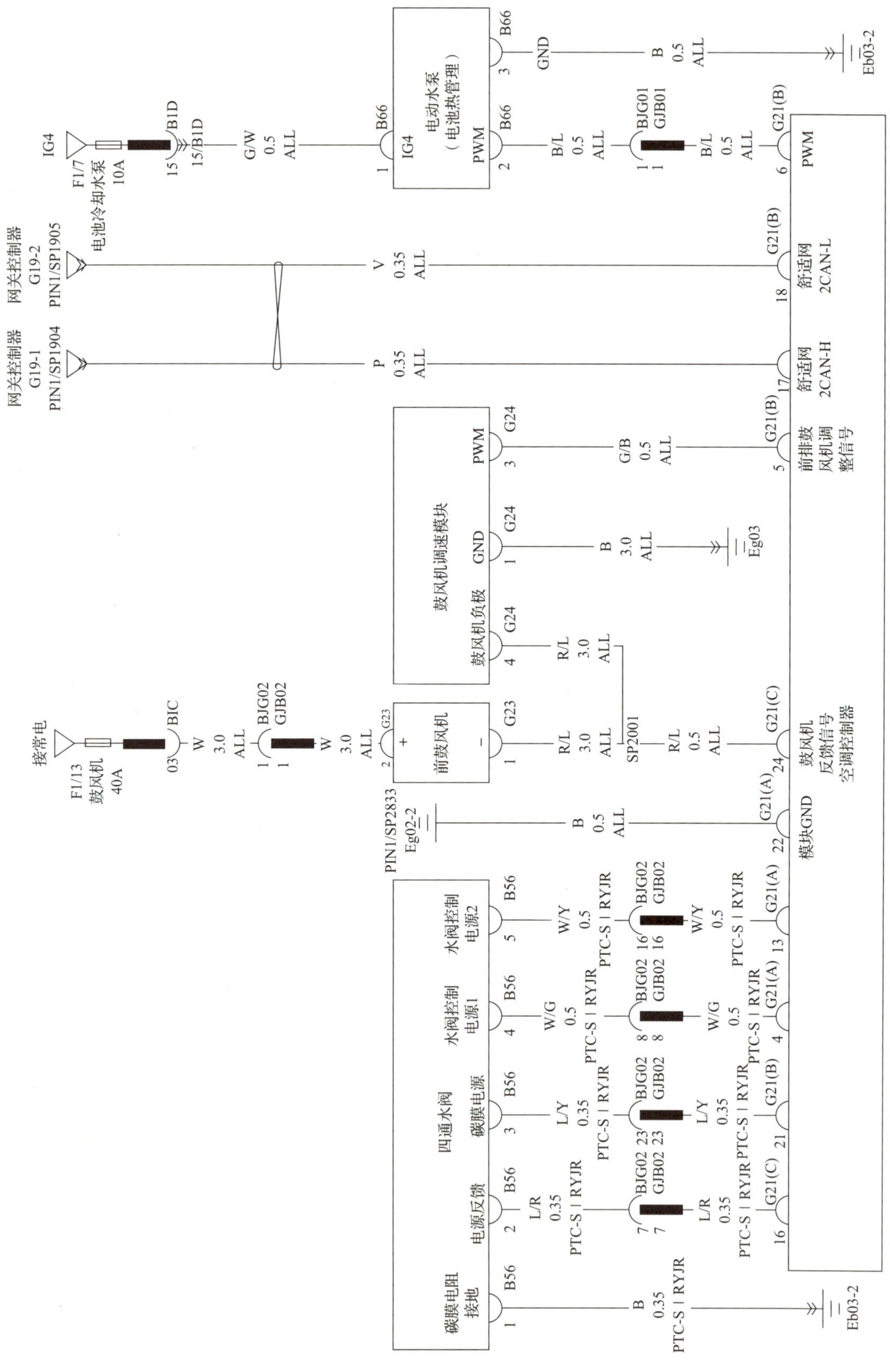

图 5-1-36　空调鼓风机电路图

考核评价

任务		姓名	
教学场所			
知识目标	1. 掌握汽车空调制冷系统的结构和工作原理	□完成　□基本完成　□未完成	
	2. 熟悉汽车空调制冷系统的工作过程	□完成　□基本完成　□未完成	
	3. 掌握汽车空调制冷系统的检修方法	□完成　□基本完成　□未完成	
技能目标	1. 能够规范进行操作前的准备工作	□完成　□基本完成　□未完成	
	2. 能够规范使用万用表	□完成　□基本完成　□未完成	
	3. 能够正确识读电路图	□完成　□基本完成　□未完成	
	4. 能够规范维护空调制冷系统	□完成　□基本完成　□未完成	
	5. 能够正确检测空调制冷系统电路和元件	□完成　□基本完成　□未完成	
素养目标	能够按照 7S 管理要求整理实训场地	□完成　□基本完成　□未完成	
步骤一	正确连接诊断仪	□完成　□基本完成　□未完成	
步骤二	正确读取故障码	□完成　□基本完成　□未完成	
	正确检测空调制冷系统	□完成　□基本完成　□未完成	
	正确维护空调制冷系统	□完成　□基本完成　□未完成	
步骤三	依据电路图进行正确测量	□完成　□基本完成　□未完成	
步骤四	确认故障点	□完成　□基本完成　□未完成	
步骤五	修复	□完成　□基本完成　□未完成	
步骤六	验证	□完成　□基本完成　□未完成	
总评			

情智课堂

汽车空调制冷剂直冷技术

新一代直冷直热热泵式空调系统，其电池热管理系统采用冷媒直接加热、直接冷却，既高效又节能。在直冷直热热泵式空调系统上使用集成阀，让制冷管路更容易布置，大大降低热泵式空调系统在整车生产线上的装配难度以及缩短作业时间，有效地提高生产效率。

制冷剂直冷技术的原理是通过压缩机将制冷剂压缩成高温高压的气体，进入前端冷凝器后，将气态制冷剂冷凝成高温中压的液体，高温中压的液体通过膨胀阀膨胀，变为低温低压的两相流进入蒸发器。通过车舱空调蒸发器或是电池包内的冷却板，制冷剂吸收热然后不断蒸发，最后变成气体通过膨胀阀回到压缩机完成整个循环。

在空调制冷模式下，用于板式换热器、电池加热、电池冷却、空调制热的切换阀关闭。此外，为了使制热用膨胀阀不起作用，开度变为全开。压缩机产生的高温、高压制冷剂在前格栅内侧的车外冷凝器中冷却。然后，通过制冷用膨胀阀减压、降温的制冷剂经过蒸发器来冷却车内空气。空调制冷模式循环如图 5－1－37 所示。

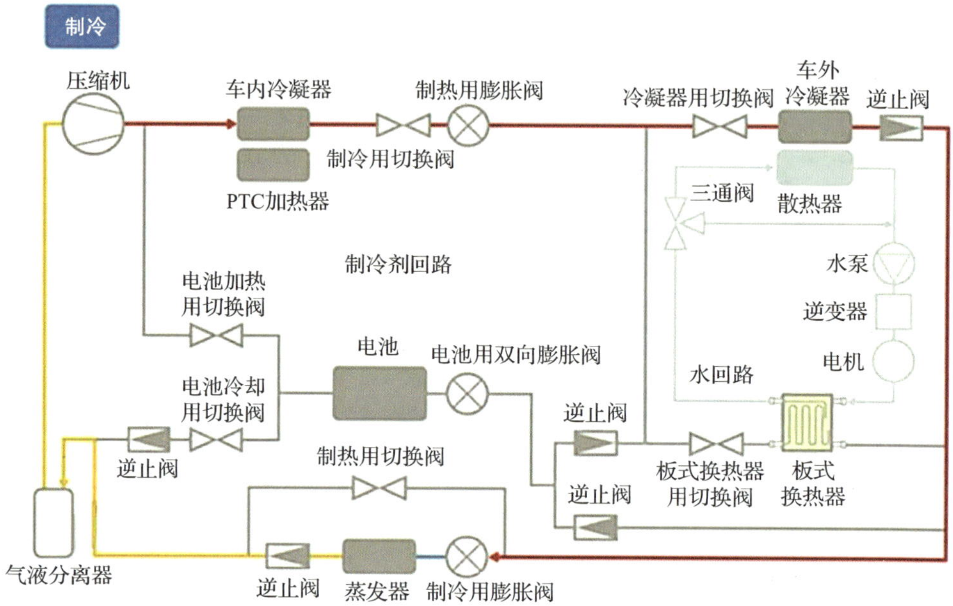

图 5－1－37　空调制冷模式循环

制冷剂直冷技术的特点：

（1）冷却效率高。相比于液冷，制冷剂直接冷却去除了中间冷却液，避免了二次传热造成的热损失，且制冷剂采用气液相变吸收电池里的产热，具有更好的冷却效果。

（2）冷却温度均匀。由于制冷剂在冷却板内的换热是两相换热，温度和压力相关，在有效控制冷却板沿程压降和过热度的情况下，制冷剂直接冷却可以更好地控制电池冷却板表面温度的均匀性。

（3）重量轻。相比于液冷系统，制冷系统没有水阀、水泵和水管等，且由于制冷剂处于两相传热过程，冷却板的重量和制冷剂的重量可以大大减轻。

（4）安全性高。制冷剂是电绝缘流体，即使系统出现泄漏，也会立即以气态蒸发，而冷却液泄漏可能会造成电池短路，因此相比于冷却液，制冷剂直接冷却具备更高的安全性。

制冷剂直冷技术的一些技术难点：

（1）电池冷却温度过低。主要由于冷却板与空调蒸发器采用并联管路，而车内蒸发器的蒸发温度远低于电池冷却需要的冷却温度，造成电池的冷却板温度过低。冷却板温度过低，有可能造成电池包内空气凝露，产生凝结水，导致电池短路。

（2）控制不佳会造成电池均温性差。由于冷却板内存在压降和过热度，造成电池冷却板的温度不均匀，因而影响电池包内的均温性。同时，由于制冷剂在蒸发器和电池冷却板之间分配不合理，也会造成电池包内温度不均匀。

一流的企业是制定标准的企业，作为未来汽车行业的一员，我们要深耕汽车技术，不断提升汽车空调系统的品质。道阻且长，行则将至；行而不辍，未来可期。

任务二　新能源汽车空调暖风系统检修

任务描述

本任务要求学生掌握汽车空调暖风系统的组成及工作原理，掌握暖风系统的使用与维护，掌握汽车空调无暖风故障的排除方法，会进行空调系统部件的更换与维修。

新能源汽车空调暖风系统的检修

知识储备

一、传统汽车空调暖风系统

传统汽车利用发动机冷却液的余热供热，将其引入加热器，由鼓风机将车厢内或车外部空气吹过加热器而升温，如图 5－2－1 所示。

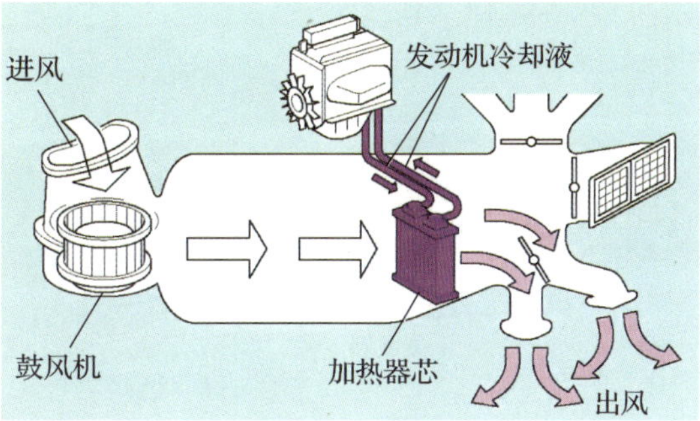

图 5－2－1　传统汽车暖风系统的工作原理

在汽车取暖装置中，发动机冷却液通过热水阀进入加热器循环流动，使加热器变热，然后，鼓风机将冷空气吹过热的加热器，使空气变暖。空气混合型的取暖装置，使用了一个风门调节风量，该风门调节通过加热器的冷空气比例以改变空气温度，许多现代车型采用。

大客车普遍采用独立燃烧式暖风系统，其热容量大，热效率可达 80%，一般可使用煤油、轻柴油作燃料，如图 5－2－2 所示。

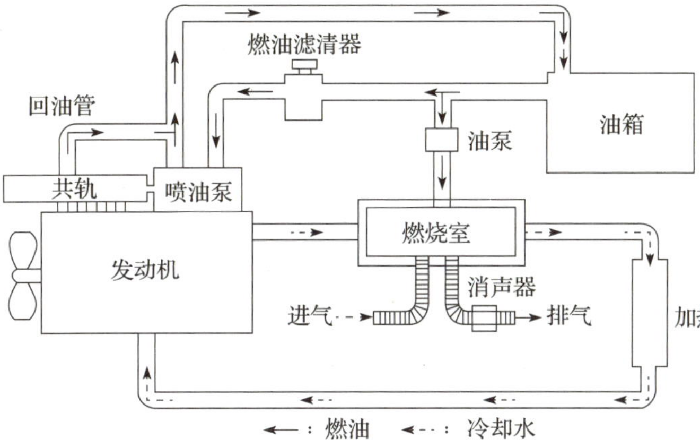

图 5－2－2　独立燃烧式暖风系统

二、新能源汽车空调暖风系统

新能源汽车空调暖风系统将冷空气送入热交换器，吸收某种热源的热量，提高空气的温度，并将热空气送入车内。其功能如下：

（1）与蒸发器一起将空气调节到人体感到舒适的温度。

（2）在寒冷的冬季向车内供暖，提高车内空气的温度。

（3）当车窗结霜，影响驾驶人和乘员的视线，不利于行车安全时，可通过暖风装置吹出热风来除霜。

新能源汽车暖风系统由电子开关模块、空气净化风扇（鼓风机）、蒸发器、PTC 加热器（热交换器）、温度传感器、出风风道、出风口等构成，如图 5－2－3 所示。PTC 加热器作为加热元件，由动力蓄电池供电，由电子开关模块控制通电发热。

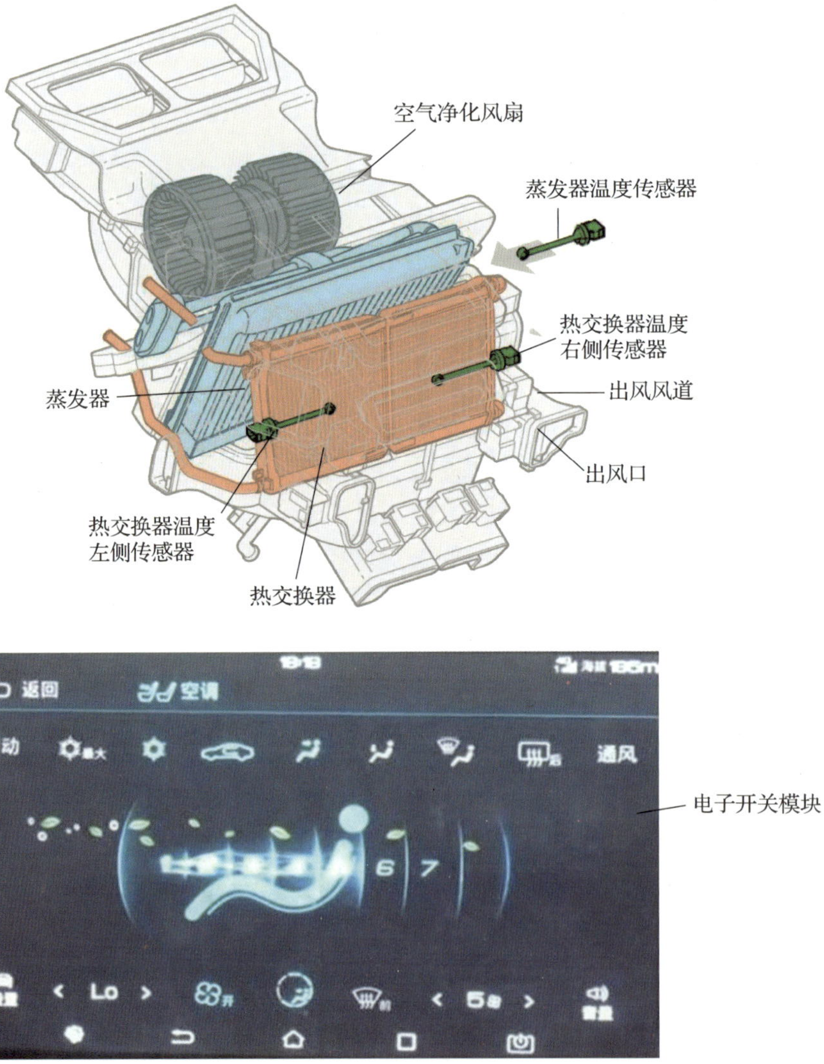

图 5－2－3　新能源汽车暖风系统的结构

安全提醒

新能源汽车暖风系统为高压电系统，操作中应具备安全意识。

（一）新能源汽车电加热式空调暖风系统

新能源汽车没有传统汽车的发动机，没有了热源，因此需要靠 PTC（正温度系数，Positive Temperature Coefficient）加热器的热能来供暖。目前，PTC 技术已成为现代化工业的重要组成部分。作为一种新型热敏电阻材料，其主要用途可分为开关和发热两大类别。

利用 PTC 材料具有热敏特性，制成热敏开关类产品。利用发热类 PTC 材料性能稳定、升温迅速、受电源电压波动影响小等特性，制成的各种加热器产品，已成为金属电阻丝类发热产品最理想的替代产品，目前已大量应用于新能源汽车暖风系统、新能源汽车除霜机等。

PTC 加热器（见图 5－2－4）采用热敏陶瓷元件，由若干单片组合后与波纹散热铝条经高温胶黏结而成，具有热阻小、换热效率高的显著优点。它的最大特点在于安全性，即遇到鼓风机堵转故障时，PTC 加热器因得不到充分散热，功率会自动急剧下降，此时 PTC 加热器的表面温度维持限定温度（一般为 240 ℃左右），从而不致产生电热管类加热器表面的“发红”现象，排除了安全隐患。

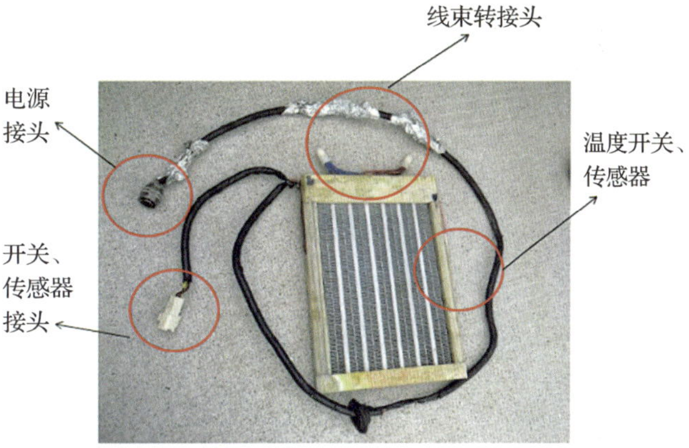

图 5－2－4　PTC 加热器

PTC 加热器的内部电路如图 5－2－5 所示，由加热器、温度传感器等组成。

加热器：由两组电热阻丝并联组成，单独控制。在加热器中设置有熔断器，防止加热器失控发生火灾。

温度传感器：检测加热器本体的温度，控制加热器导通和切断。

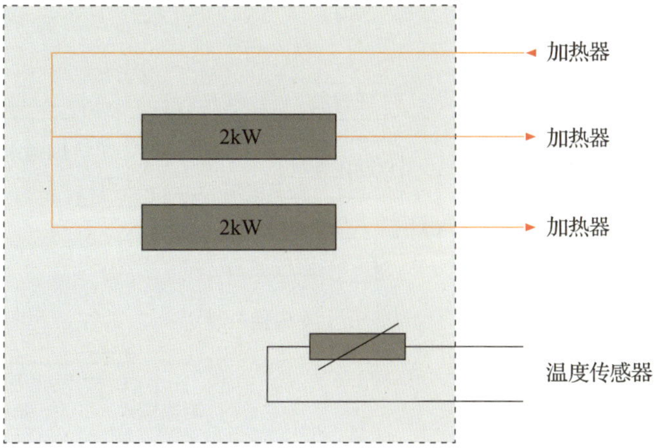

图 5－2－5　PTC 加热器内部电路

比亚迪新能源汽车空调暖风系统如图 5-2-6 所示，空调箱位于汽车前舱和仪表中间部位，通过加热器单元、吹风器单元、鼓风机、风量调节起动器和空调供暖管路等组件配合工作来实现供暖。通过压缩机的冷却液进入加热器单元，加热器单元内部有 PTC 加热器，鼓风机将空气吹入加热器单元，加热后的冷却液与吹入的空气进行热量交换，热空气被送往驾驶室，用以提高车厢内温度和除霜。

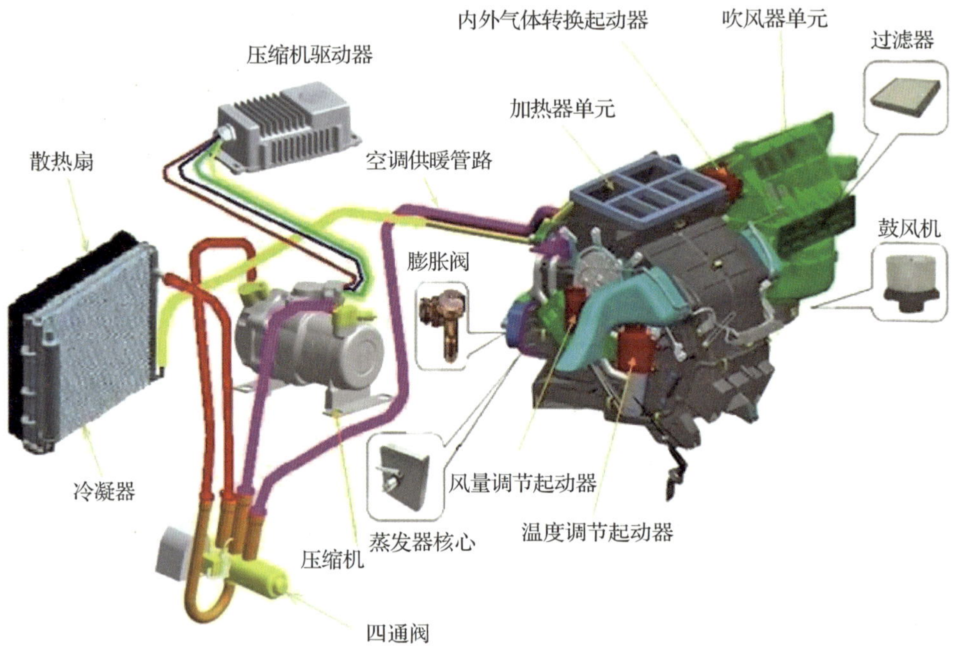

图 5-2-6　比亚迪新能源汽车空调暖风系统

（二）新能源汽车热泵式空调系统

新能源汽车热泵式空调系统结构如图 5-2-7 所示，在压缩机的运行方向没有改变的情况下，替换了蒸发器和冷凝器的位置，改变了制冷剂的运行方向，从而实现了冷暖的切换。

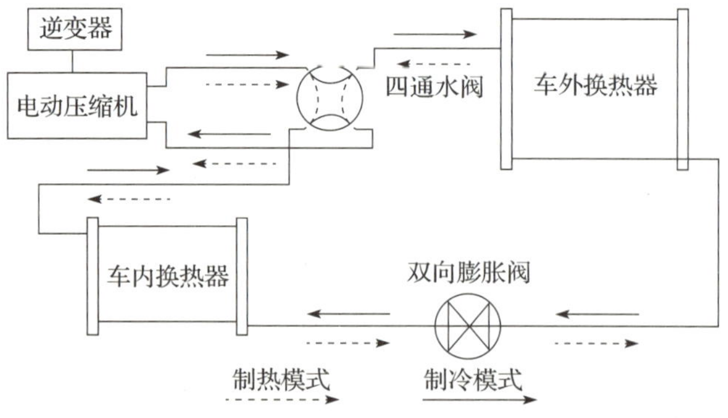

图 5-2-7　新能源汽车热泵式空调系统结构

四通水阀通过内部的位置传感器监测水阀的位置，通过改变进出水阀的冷却液流向，实现对管路的冷却液分配。此时，四通水阀通过自身的位置传感器信号反馈给空调控制器的电压为 0.87V，空调控制器识别到此信号后判知四通水阀的位置信息为空调暖风回路。当系统需要给动力蓄电池预热时，四通水阀的状态如图 5－2－8 所示。

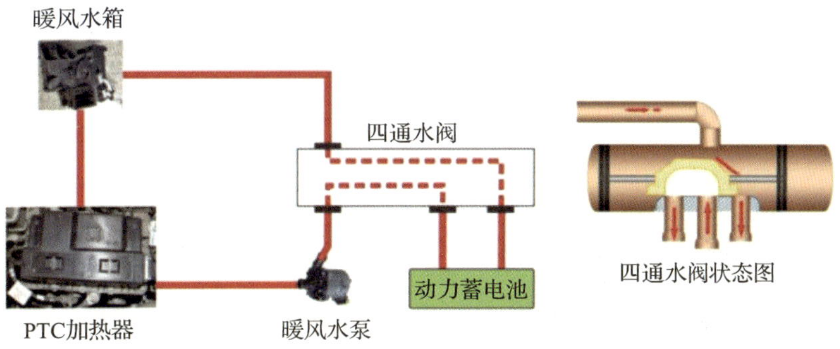

图 5－2－8 动力蓄电池预热时四通水阀的状态

图 5－2－9 所示为四通水阀线路原理图，从中可以看出空调控制器的端子 G2IA/13 与四通水阀的端子 B56/5 相连，为水阀控制电源 2；空调控制器的端子 G2IA/4 与四通水阀的端子 B56/4 相连，为水阀控制电源 1；空调控制器的端子 G2IB/21 与四通水阀的端子 B56/3 相连，为水阀位置传感器的碳膜电源；空调控制器的端子 G2IC/16 与四通水阀的端子 B56/2 相连，为水阀位置传感器的反馈电源；四通水阀的端子 B56/1 与搭铁点相连。

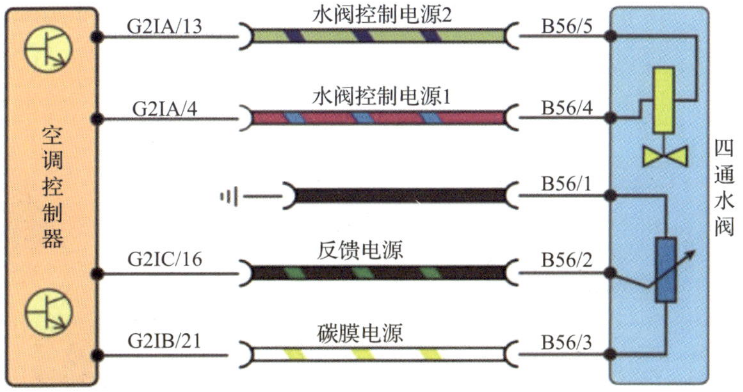

图 5－2－9 四通水阀线路原理图

如果四通水阀控制电源或自身出现故障，将导致水阀不能正常转换，致使冷却液循环卡在某个循环不能正常转换，很可能导致暖风系统及动力蓄电池冷却、预热系统的管路无法切换，致使动力蓄电池在充电时无法预热，进而延长动力蓄电池的充电时间，严重时导致充电失败。如果四通水阀位置传感器碳膜电源、反馈电源、搭铁线或其自身出现故障，将导致空调控制器无法准确判断当前的水阀位置，无法准确切换至当前系统所需要的冷却液循环。

（三）新能源汽车水加热式空调暖风系统

新能源汽车使用空调会导致续驶里程大为下降，特别是使用暖风时耗电量更大。由于以往的燃油车可利用发动机的余热，因此，与制冷相比供暖只需非常小的耗电量即可，而新能源汽车的余热较少（温度也较低），因此需要单独的加热系统。目前的新能源汽车以采用正温度系数热敏电阻 PTC 加热器直接加热空气或水的方式居多。EV 系列采用的是 PTC 加热器加热冷却液后通过暖风芯体加热空气的制热方式。

1. 暖风水泵

在空调暖风系统中暖风水泵如图 5－2－10 所示，它由空调控制器控制。在整个制热过程中，暖风水泵一直让加热后的冷却液处于循环状态。

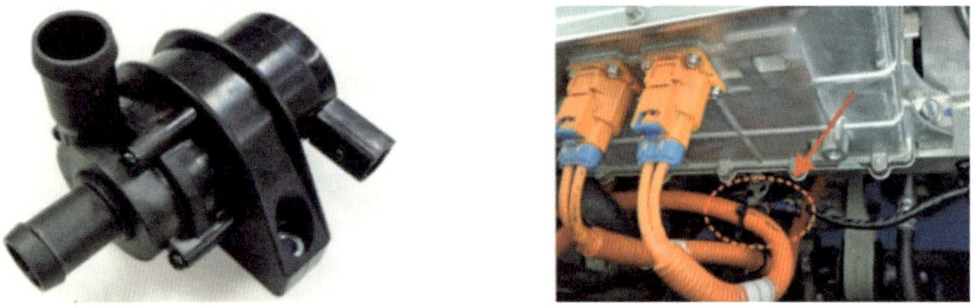

图 5－2－10　暖风水泵

2. 空调暖风系统控制逻辑

车辆在充电及正常上电的情况下，系统根据动力蓄电池的温度信息自动起动或停止起动 PTC 加热器，给动力蓄电池迅速升温，从而达到最佳的工作温度。当动力蓄电池达到最佳的工作温度时，停止起动 PTC 加热器。EV 系列空调暖风系统由 PDA 屏幕、空调控制器、PTC 加热器、暖风水泵、鼓风机控制模块等组成，如图 5－2－11 所示。整车空调暖风系统还有风门控制执行器以及高压电源供给、冷却液管路等。

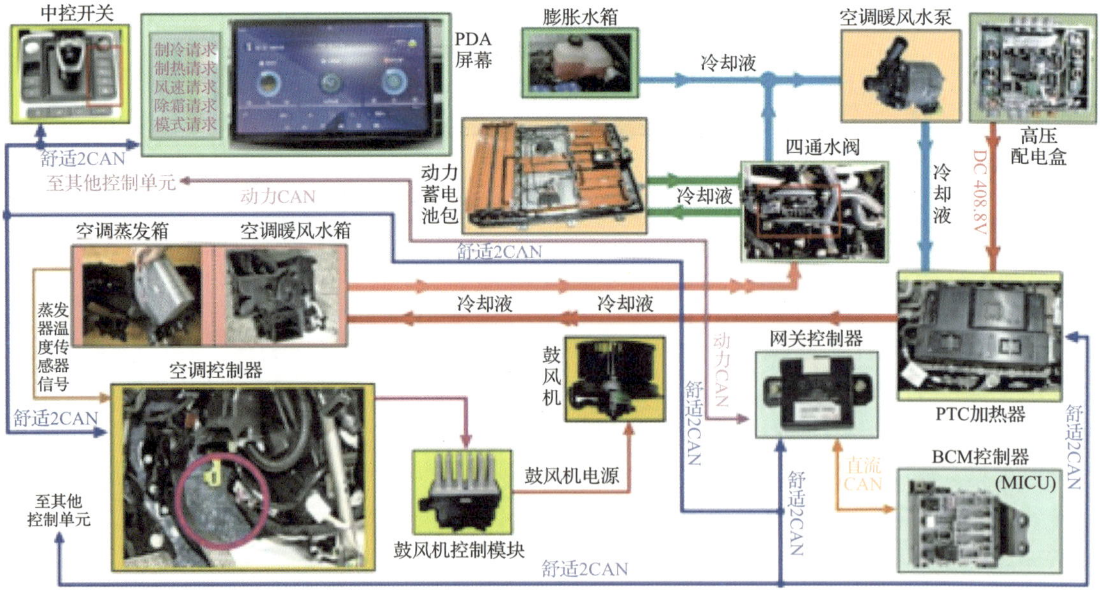

图 5－2－11　空调暖风系统控制逻辑

空调暖风系统开启后，空调控制器根据暖风芯体温度、室内温度、驾驶人请求的温度、动力蓄电池温度等信息以及汽车运行状况和外界环境条件，自行调节 PTC 加热器工作状态，以达到节能、降噪和实现车厢环境最优化的控制目的。

任务分析

要想完成空调无暖风故障的诊断与排除，需要具备以下知识和技能：

1. 相关知识

（1）掌握空调暖风系统的结构与工作原理。

（2）掌握空调暖风系统的检查与故障排除。

2. 相关技能

（1）万用表、示波器、解码器等常见设备的使用。

（2）维修资料的查阅、电路原理图的识读和分析。

（3）常见故障的诊断与排除。

（4）7S 管理和操作。

任务实施可按照图 5 - 2 - 12 所示的流程图进行。

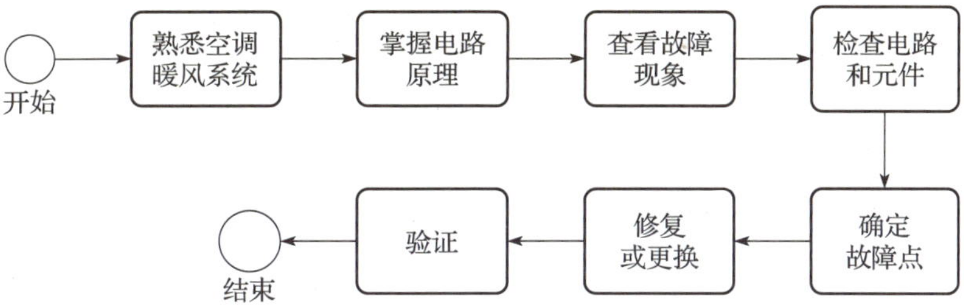

图 5 - 2 - 12　流程图

任务实施

技能实训 1　新能源汽车空调 PTC 加热器拆装

步骤 1：打开汽车前舱，断开蓄电池负极，等待 5 分钟，确认放电完毕后，断开 PTC 加热器高压插接器，如图 5 - 2 - 13 所示。

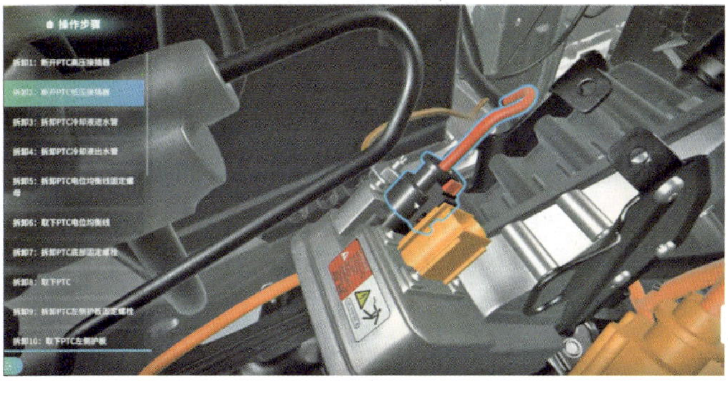

图 5 - 2 - 13　断开 PTC 加热器高压插接器

步骤 2：断开 PTC 加热器低压插接器，如图 5-2-14 所示。

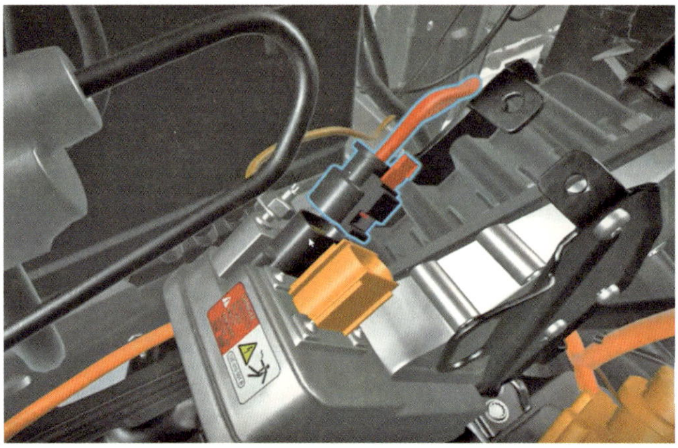

图 5-2-14　断开 PTC 加热器低压插接器

步骤 3：使用鲤鱼钳拆卸 PTC 加热器冷却液进水管和出水管，如图 5-2-15 所示。

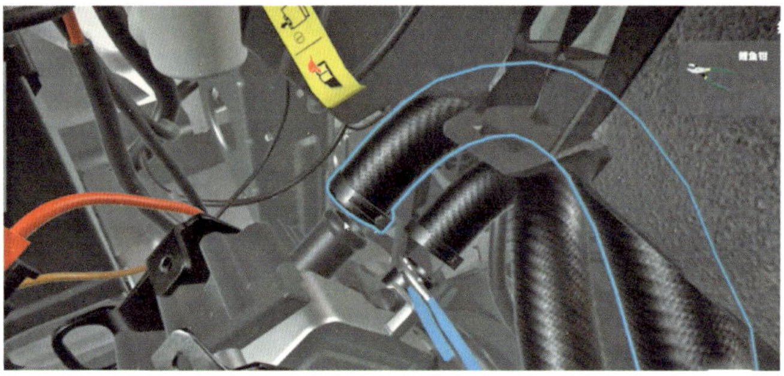

图 5-2-15　拆卸 PTC 加热器冷却液进水管和出水管

步骤 4：拆卸 PTC 加热器电位均衡线固定螺母，如图 5-2-16 所示。

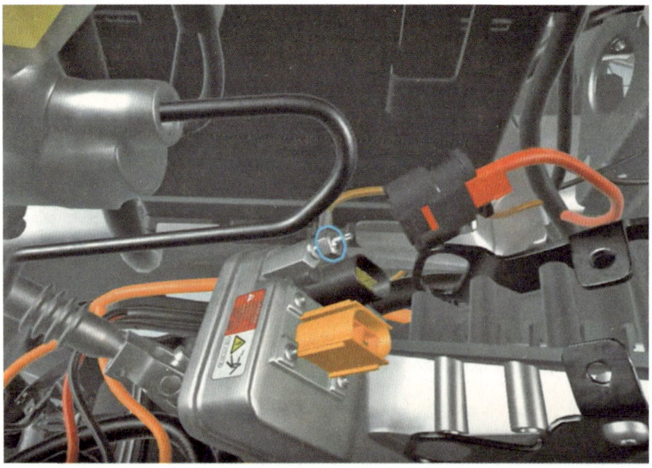

图 5-2-16　拆卸 PTC 加热器电位均衡线固定螺母

步骤 5：拆卸 PTC 加热器电位均衡线，如图 5－2－17 所示。然后拆卸 PTC 加热器底部固定螺栓，取出 PTC 加热器。

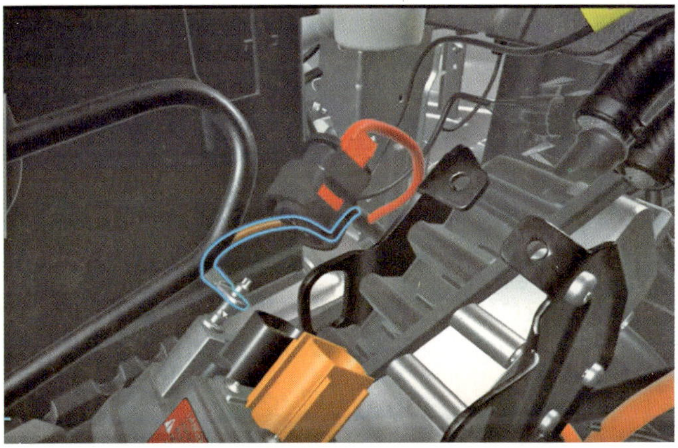

图 5－2－17　拆卸 PTC 加热器电位均衡线

步骤 6：拆卸 PTC 加热器左侧护板固定螺栓和右侧护板固定螺栓，取下左侧护板和右侧护板，如图 5－2－18 所示。

图 5－2－18　取下护板的 PTC 加热器

步骤 7：按照拆卸顺序的相反顺序安装 PTC 加热器总成。

步骤 8：连接蓄电池电缆，进行车辆上电检查。

步骤 9：收拾、整理工具及设备，进行总结汇报。

技能实训 2　新能源汽车空调 PTC 加热器电路检测

新能源汽车空调 PTC 加热器电路检测

开启空调制热模式，使空调运行 1 ～ 2 分钟，用手背感觉出风口温度和风量，调节温度旋钮，温度翻板转动，出风口吹出风量正常，但无暖风吹出（自然风）；打开前机舱盖时无法在驾驶室内听见前机舱暖风水泵运转的“嗡嗡”声音，用手触摸暖风水泵（暖风），不工作，补水壶中的防冻液液面逐渐升高，严重时会从水壶中溢出。

结合水泵控制原理，空调制热功能正常但出风口无暖风吹出，故障有可能为暖风水泵不工作，由水泵控制或水泵内部故障造成。

步骤 1：读取故障码（DTC）。连接诊断仪，访问暖风 PTC 加热器模块，读取到故障码 B123698，表示冷却液温度过热。

步骤 2：故障码分析，分析可能的原因。

（1）暖风水泵自身故障；

（2）暖风水泵与空调控制器间线路（断路、虚接、短路）故障；

（3）空调控制器局部故障。

步骤 3：打开汽车前舱，检查 PTC 加热器总成的管路及线路连接是否正常，如图 5－2－19 所示。

图 5－2－19　检查 PTC 加热器连接线路及管路

安全提醒

新能源汽车空调暖风系统为高压电，操作中应佩戴绝缘手套、防护眼镜、安全帽，穿绝缘鞋。需要拆装时，先进行高压下电，检测高压部件剩余电压小于或等于 3V 之后再进行操作。

步骤 4：查阅空调暖风系统电路图，图 5－2－20 所示为 PTC 加热器总成电路。

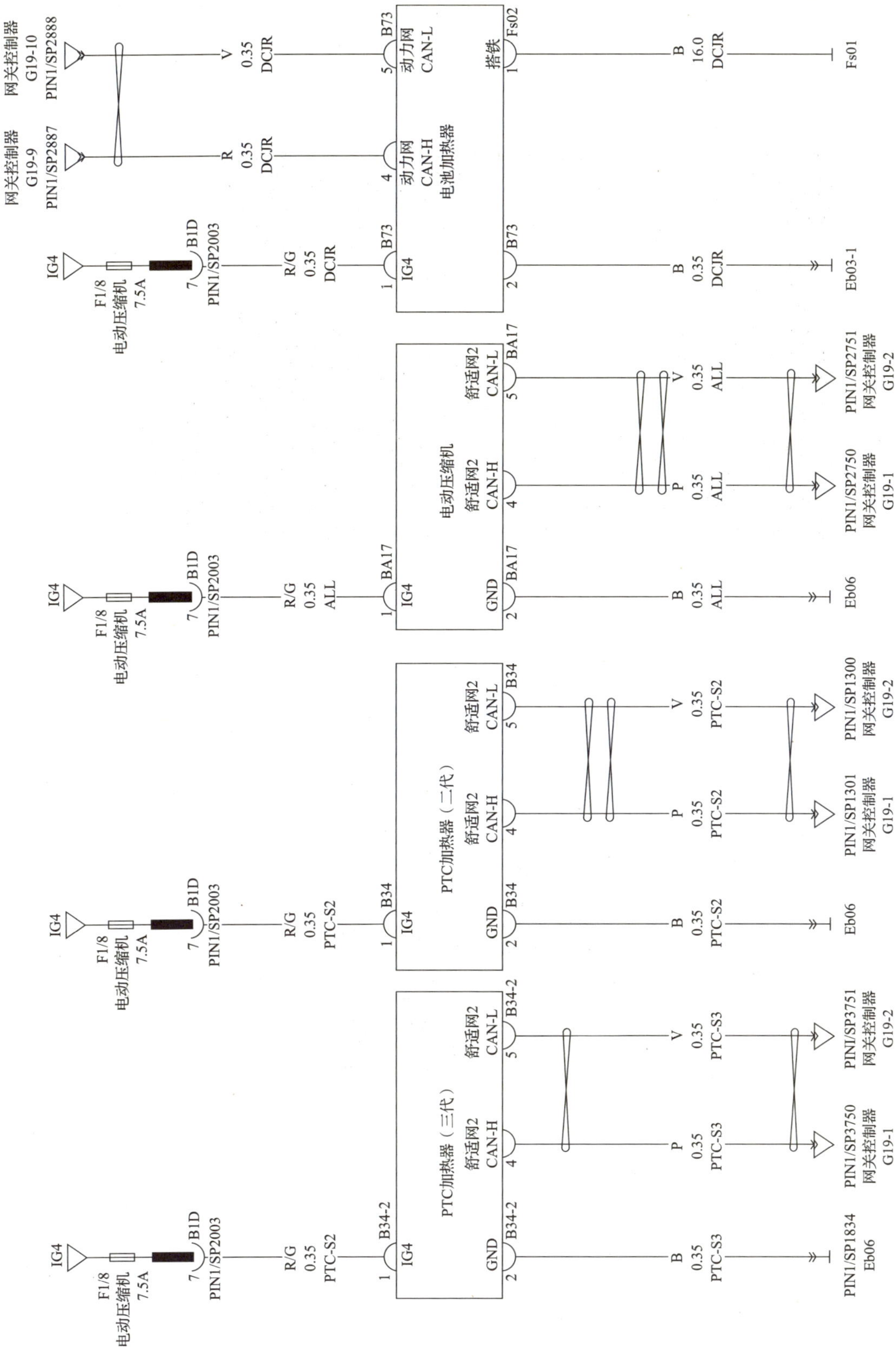

图 5-2-20　PTC 加热器总成电路

步骤 5： 依据电路图，查阅前舱配电盒，查找暖风水泵熔断器 F1/18，如图 5－1－21 所示。

图 5－2－21　暖风水泵熔断器

步骤 6： 起动车辆，开启暖风系统；打开万用表，进行校表，使用直流电压挡检查 F1/8 两端与搭铁之间电压，如图 5－2－22 所示，标准值为 11 ～ 14V。

图 5－2－22　测量暖风水泵熔断器与搭铁间电压

步骤 7： 查阅空调控制器电路图，如图 5－2－23、图 5－2－24 所示，前舱配电盒熔断器、继电器规格如表 5－2－1 所示，可知空调鼓风机熔断器为 F1/13，起动车辆，开启暖风系统；打开万用表，进行校表，使用直流电压挡检查 F1/13 两端与搭铁之间电压，标准值为 11 ～ 14V。

步骤 8： 记录检测数据，并分析暖风系统是否正常。

步骤 9： 收拾、整理工具及设备，进行总结汇报。

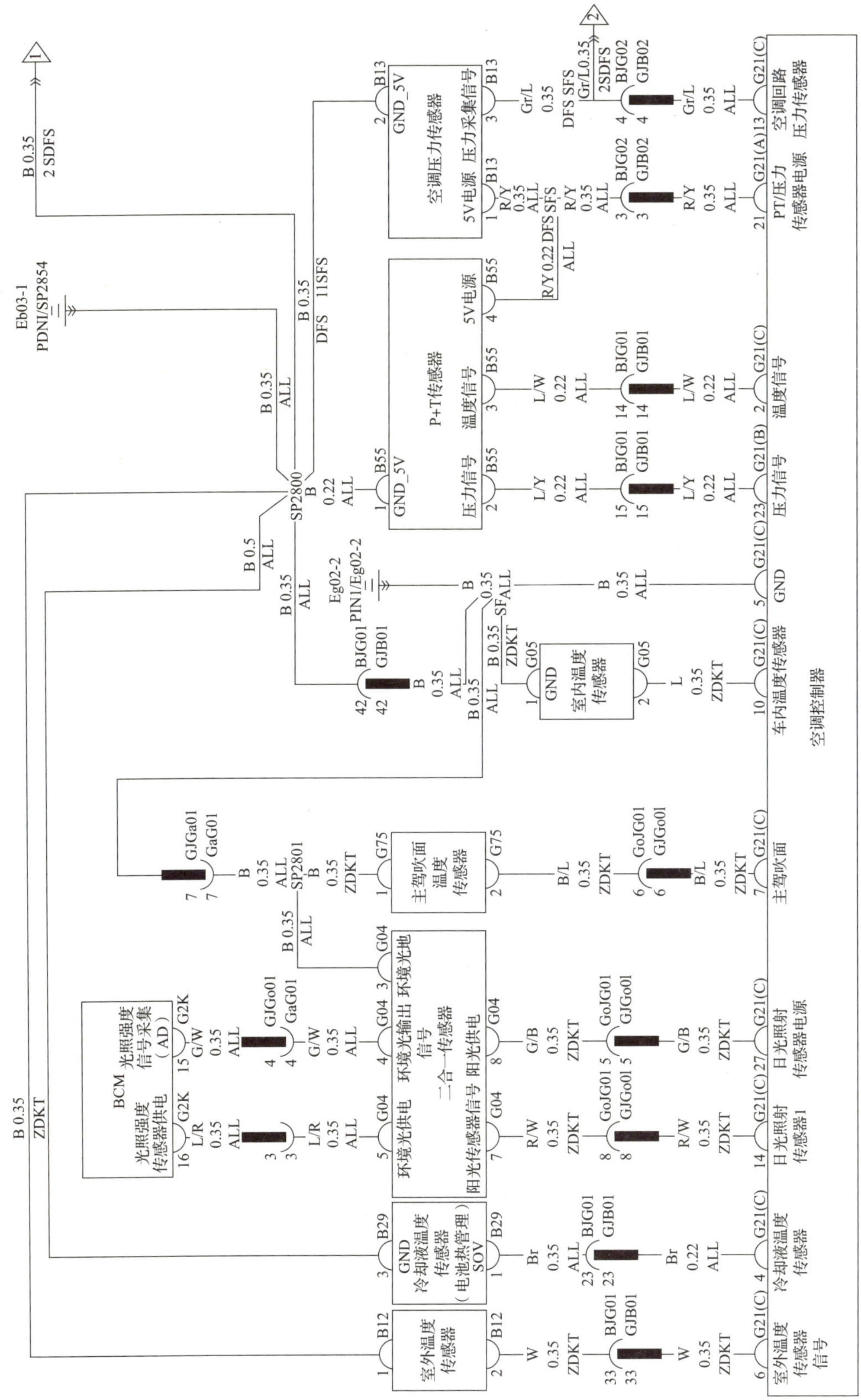

图 5-2-23　空调控制器电路图 1

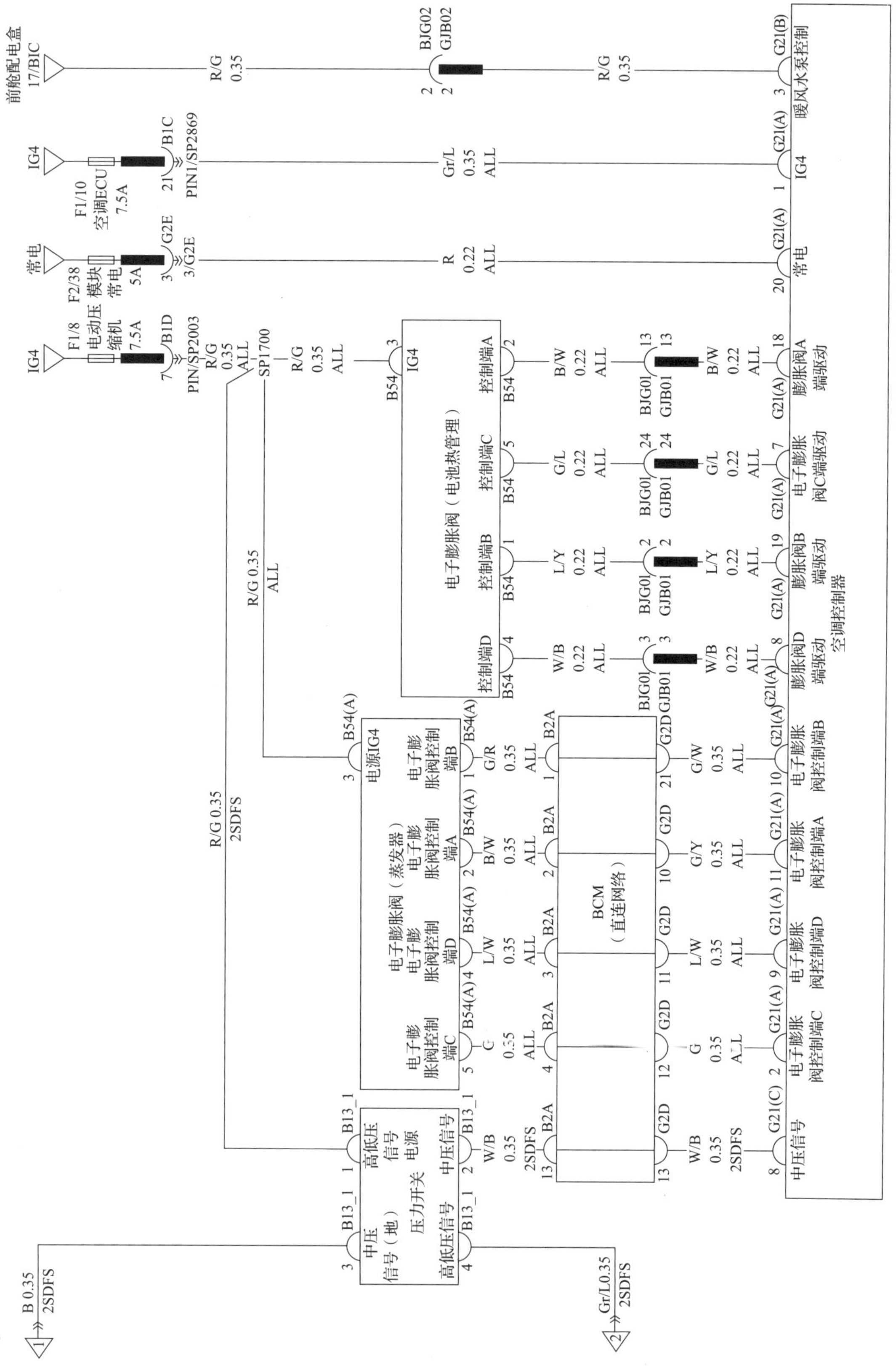

图 5－2－24 空调控制器电路图 2

表 5-2-1　前舱配电盒熔断器、继电器规格

编号	规格	熔断器名称	编号	规格	熔断器名称	编号	规格	熔断器名称
F1/1	15A	左近光灯	F1/21		预留	F1/41		预留
F1/2	15A	右近光灯	F1/22	5A	高压配电盒	F1/42		/
F1/3	5A	昼行灯	F1/23	25A	燃油加热器	F1/43	30A	刮水器
F1/4	5A	高压 BMS	F1/24		/	F1/44	40A	真空泵 2
F1/5	5A	EVP 检测	F1/25		预留	F1/45		/
F1/6		预留	F1/26		预留	F1/46		/
F1/7	10A	电池冷却水泵	F1/27		/	F1/47		/
F1/8	7.5A	电动压缩机	F1/28		/	F1/48	200A	蓄电池
F1/9	10A	洗涤电机	F1/29		/	F1/49		预留
F1/10	7.5A	空调 ECU	F1/30		/	F1/50	80A	仪表板配电盒
F1/11	10A	电机冷却水泵	F1/31		/	F1/51	70A	CEPS
F1/12	5A	整车控制器	F1/32	15A	左远光灯	F1/52		预留
F1/13	40A	鼓风机	F1/33	15A	右远光灯			
F1/14	30A	后除霜	F1/34	10A	DC			
F1/15		预留	F1/35		/			
F1/16		预留	F1/36	40A	ABS/ESP			
F1/17	10A	喇叭	F1/37	40A	真空泵 1			
F1/18	5A	暖风水泵	F1/38		预留			
F1/19		预留	F1/39	25A	ABS/ESP			
F1/20		预留	F1/40	40A	风扇			

考核评价

任务		姓名	
教学场所			
知识目标	1. 掌握新能源汽车空调暖风系统的结构和工作原理	□完成　□基本完成　□未完成	
	2. 熟悉新能源汽车空调暖风系统的工作过程	□完成　□基本完成　□未完成	
	3. 掌握新能源汽车空调暖风系统的检修方法	□完成　□基本完成　□未完成	
技能目标	1. 能够规范进行操作前的准备工作	□完成　□基本完成　□未完成	
	2. 能够规范使用万用表	□完成　□基本完成　□未完成	
	3. 能够正确识读电路图	□完成　□基本完成　□未完成	
	4. 能够规范维护空调暖风系统	□完成　□基本完成　□未完成	
	5. 能够检测空调暖风系统电路元件	□完成　□基本完成　□未完成	

续表

素养目标	能够按照 7S 管理要求整理实训场地	□完成 □基本完成 □未完成
步骤一	正确连接诊断仪	□完成 □基本完成 □未完成
步骤二	正确读取故障码	□完成 □基本完成 □未完成
	正确检测空调暖风系统	□完成 □基本完成 □未完成
	正确维护空调暖风系统	□完成 □基本完成 □未完成
步骤三	依据线路图进行正确测量	□完成 □基本完成 □未完成
步骤四	确认故障点	□完成 □基本完成 □未完成
步骤五	修复	□完成 □基本完成 □未完成
步骤六	验证	□完成 □基本完成 □未完成
总评		

情智课堂

智能汽车加热系统

新能源汽车 PTC 加热器是一种应用广泛的加热元件，在电动汽车和混合动力汽车等新能源汽车上得到了广泛应用。在传统燃油车的空调暖风系统中，热源主要依赖于发动机产生的热能，而新能源汽车，特别是电动汽车，缺乏发动机介入，因此需要新的方法来实现车内空调制热和电池预热功能。

智能汽车加热系统通过 PTC 加热器和电子水泵的协同作用，能够有效地为车内空气和蓄电池提供必要的热能。其关键部件 PTC 加热器能够在低温环境下快速加热，并通过传导热量的方式，将热能有效地传递到所需要的位置，如驾驶舱和动力蓄电池组。这项创新技术在保证车内乘员舒适的同时，也能提高电池的工作效率，延长电池寿命，并最大程度上保证电池在寒冷环境下的表现。智能汽车加热系统具有以下功能。

（1）制热功能：新能源汽车在寒冷环境中需要进行车内空气加热，以提供舒适的驾驶环境，传统燃油车通常依靠发动机热量来实现加热，而新能源汽车通过电子水泵和 PTC 加热器提供热能，从而实现车内制热。

（2）电池预热：在低温环境中，蓄电池活性值急剧下降，影响蓄电池工作效率和续航能力。新能源汽车加热器 PTC 能够利用水热系统产生的热量对蓄电池进行预热，保证蓄电池在低温环境下的正常工作，延长蓄电池寿命。

（3）智能控制：新能源汽车 PTC 加热器具备智能控制系统，能够实时监测加热器的工作温度，并通过智能控制精准调节加热器的工作状态，提高能源利用效率，确保系统的安全稳定运行。

（4）与热泵系统结合使用：PTC 加热器可以与汽车的热泵系统结合使用，提高整车系统的使用效率和工作性能，进一步节能减排。

综上所述，新能源汽车 PTC 加热器的应用为新能源汽车在寒冷环境下的舒适驾驶和蓄电池工作效率提供了重要支持，推动了新能源汽车技术的创新与进步。我们作为未来汽车行业的一员，让汽车具备更高舒适性和安全性就要具备创新能力，敢于实践，不怕吃苦。

项目小结

本项目主要介绍了新能源汽车空调系统的功用和基本组成，新能源汽车空调制冷系统的组成及制冷循环工作过程，新能源汽车空调暖风系统的基本工作过程及自动控制的基本原理，新能源汽车空调的使用、维护及常用故障诊断方法。通过对汽车空调制冷系统和暖风系统具体故障检修的过程，学生掌握新能源汽车空调系统故障的基本排除思路和方法。在新能源汽车空调系统学习中，鼓励学生自己正确制定制冷系统检修和暖风系统不工作故障排除的方案，包含明确故障现象，找到维修手册中相关内容，正确阅读电路图，运用正确的工具及维修策略排除故障，并且分析整个学习过程的得失。

同步练习

一、选择题

1. 下列关于 PTC 型热敏电阻的说法正确的是（　　）。

A. 通常用于发动机冷却液温度传感器　　B. 随温度的上升电阻下降

C. 可以用于后视镜加热电路　　D. 通常用于熔断器

2. 空调制冷系统中压缩机的作用是（　　）。

A. 控制制冷剂流量　　B. 完成压缩过程

C. 将制冷剂携带的热量散发至大气中　　D. 控制蒸发

3. 用歧管压力表对空调系统抽真空时，应将高低压侧都打开；检测系统压力时，高低压侧阀门的状态应分别是（　　）。

A. 关闭、打开　　B. 打开、打开　　C. 打开、关闭　　D. 关闭、关闭

4. 涡流式压缩机的工作包括（　　）。

A. 吸入过程、压缩过程、排放过程

B. 压缩过程、做功过程、排放过程

C. 压缩过程、吸入过程、排放过程

5.（　　）将高温高压气态制冷剂变为液态。

A. 压缩机　　B. 冷凝器　　C. 干燥器　　D. 蒸发器

二、判断题

1. 制冷剂与冷冻油是互溶的，所以制冷循环系统泄漏处会有油迹出现。（　　）

2. 新能源汽车空调 PTC 加热器拆装第一步是先断开低压插接器。（　　）

3. EV 系列采用的是 PTC 加热器加热冷却液后通过暖风芯体加热空气的制热方式。（　　）

4. 保证汽车空调无故障运行，需要定期对系统各主要元件进行维护保养，如压缩机、冷凝器、蒸发器、膨胀阀、高压管和低压管、储液干燥器、高压和低压开关等。（　　）

5. 维护和检修空调制冷系统时，检查压缩机的高低压端有无温差；运转中如压缩机有振动，则应检查传动带的松紧度，同时还要检查润滑油的液面高度。（　　）

三、简答题

1. 简述新能源汽车空调制冷系统的维护流程。
2. 简述新能源汽车空调制冷系统工作过程。
3. 简述比亚迪秦新能源汽车空调系统的基本组成。

四、实训题

请对新能源汽车空调加注制冷剂。

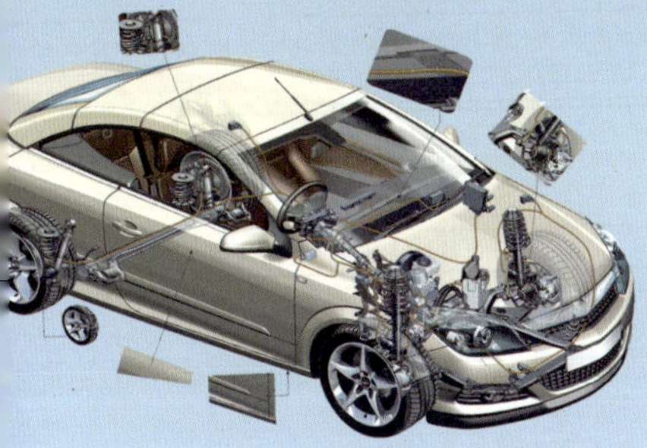

项目六

新能源汽车辅助电气系统检修

项目描述

新能源汽车辅助电气系统包括电动车窗、电动后视镜、电动座椅、刮水洗涤系统等，通过对本项目的学习，学生掌握电动车窗的组成、控制电路原理；掌握电动车窗和刮水洗涤系统检修的方法、思路，利用相同的方法可以检修其他辅助电气系统。本项目主要包括两个任务：

任务一　新能源汽车电动车窗、电动座椅检修

任务二　新能源汽车刮水洗涤系统检修

知识目标

1. 掌握新能源汽车电动车窗的结构与工作过程。
2. 掌握新能源汽车电动车窗的检修方法。
3. 掌握新能源汽车电动座椅的结构与工作过程。
4. 掌握新能源汽车刮水洗涤系统的结构与工作过程。
5. 掌握新能源汽车刮水洗涤系统的检修方法。

技能目标

1. 掌握新能源汽车电动车窗的电路分析。
2. 掌握新能源汽车电动车窗的电路检测与故障检修方法。
3. 掌握新能源汽车电动座椅的电路检测与故障检修方法。
4. 掌握新能源汽车刮水洗涤系统的电路分析。
5. 掌握新能源汽车刮水洗涤系统的电路检测方法。

素养目标

1. 培养敢为人先的探索创新精神。
2. 具备攻坚克难、积极进取、勇于实践的素质。
3. 培养主动思考、自主学习的习惯。
4. 培养创新思维、发散思维。

任务一　新能源汽车电动车窗、电动座椅检修

任务描述

小王购买了一辆比亚迪秦 EV，使用一段时间后发现左前车窗主控开关无法控制左后车窗升降。小王把车送到 4S 店，希望对汽车电动车窗进行检查和维修。如果你是 4S 店的维修人员，请帮助客户小王进行故障的检查和维修。

知识储备

电动车窗系统的认知与检修

一、新能源汽车电动车窗的组成

为了方便驾驶人和乘员，减轻他们的劳动强度，许多轿车采用了电动车窗，又称为自动车窗，利用电动机来驱动升降器使车窗玻璃上下移动，操作便利并有利于行车安全。

电动车窗主要由车窗玻璃、车窗玻璃升降器、直流电动机、控制开关（主控开关、分控开关）等组成，如图 6-1-1 所示。

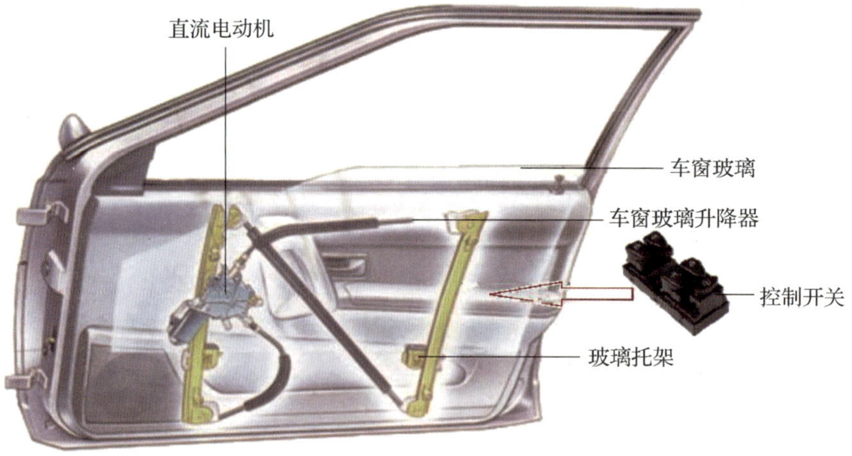

图 6-1-1　电动车窗组成

控制电动车窗玻璃升降的电动机广泛采用的是永磁式电动机，如图 6-1-2 所示，也有一些车型采用的是双磁场式电动机。永磁式电动机通过改变电枢电流的方向来改变电动机的旋转方向。

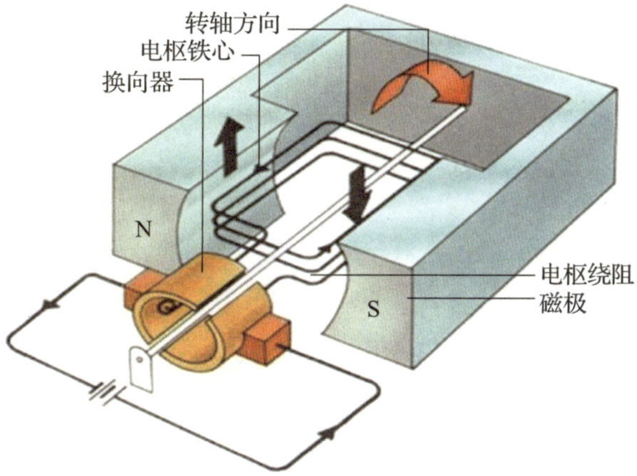

图 6－1－2　永磁式电动机

常用的车窗玻璃升降器有齿扇式和钢丝滚筒式两种，如图 6－1－3 所示。齿扇式玻璃升降器通过齿扇来实现换向。齿扇上安装有螺旋弹簧，当车窗上升时，螺旋弹簧伸展，释放弹性能量，以减轻电动机负荷；当车窗下降时，螺旋弹簧收缩，吸收能量，从而使车窗无论是上升还是下降，电动机的负荷基本相同。

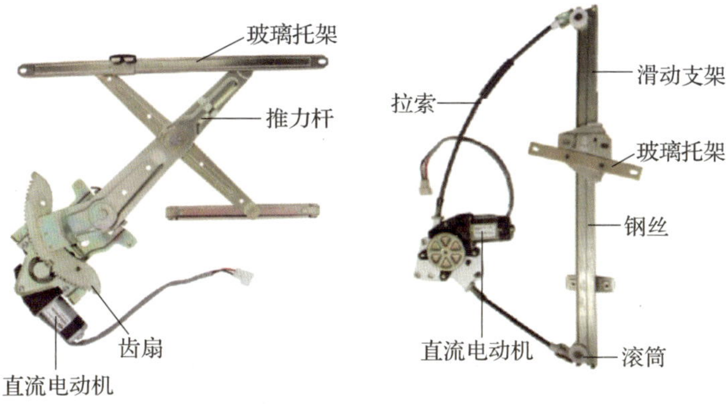

（a）齿扇式　　（b）钢丝滚筒式

图 6－1－3　玻璃升降器

钢丝滚筒式玻璃升降器在直流电动机前端安装有减速机构，其上安装一个绕有钢丝的滚筒，玻璃托架固定在钢丝上且可在滑动支架上移动。

安全提醒

玻璃升降器顶部有定滑轮，注意保护此机械部件。在使用中注意钢丝的绕法，以完成玻璃上升和下降。

所有电动车窗系统都有两套控制开关：一套是主控开关（见图 6-1-4），安装在驾驶人侧车门扶手上或仪表板上，由驾驶人操纵；另一套为分控开关，安装在乘员侧车窗中部，可由乘员操纵。主控开关上还安装有控制分开关的安全开关，如果断开它，所有分控开关都不起作用。

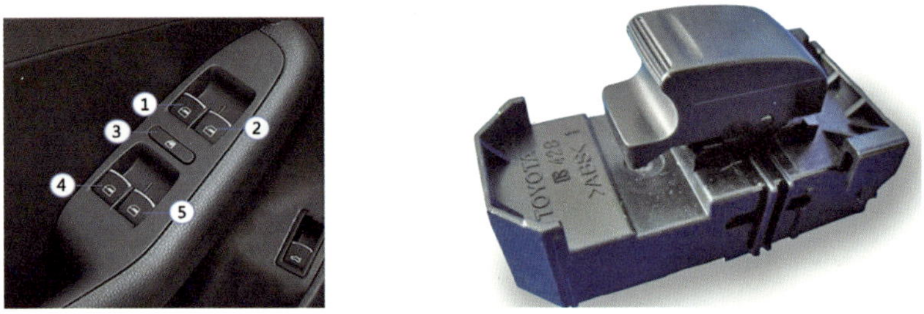

图 6-1-4　车窗主控开关

1—左前玻璃升降器开关；2—右前玻璃升降器开关；3—安全开关；
4—左后玻璃升降器开关；5—右后玻璃升降器开关

二、新能源汽车电动车窗的工作过程

新能源汽车电动车窗电路图如图 6-1-5 所示，为较常见的电动车窗控制系统电路图，它采用永磁式直流电动机驱动车窗玻璃的升降。驾驶人侧车窗的升降由驾驶人侧车窗主控开关控制电动机的正向和反向运转实现。

当按下左前门窗开关，车窗玻璃上升时，电流路径为：蓄电池电源→点火开关→电路断路器→左前车窗 UP 端子→驾驶人侧车窗电动机→左前车窗开关 DOWN 触点→搭铁。电动机控制回路接通，电动机正转工作，带动车窗玻璃升降器向上运动。

三个乘员侧车窗的控制原理基本相同，现以前排乘员车窗控制为例，前排乘员车窗的控制方式可分为前排乘员开关控制和主控开关控制。前排乘员开关控制的前提条件是主控开关内的安全开关必须闭合。以驾驶人操作主控开关使左后车窗上升为例，车窗工作电流路径如图 6-1-6 所示。电流路径为：蓄电池电源→点火开关→电路断路器→主控开关左后车窗 UP 端子→左后车窗开关→左后车窗电动机→左后车窗开关 DOWN 触点→主控开关左后车窗 DOWN 端子→搭铁。电动机控制回路接通，电动机正转工作，带动左后车窗玻璃升降器向上运动。

当左后座乘员按下左后车窗开关时，也可控制左后车窗上升或下降，如果上升，电流路径为：蓄电池电源→点火开关→电路断路器→左后车窗 UP 端子→左后车窗电动机→左后车窗开关 DOWN 触点→主控开关左后车窗 DOWN 端子→搭铁。

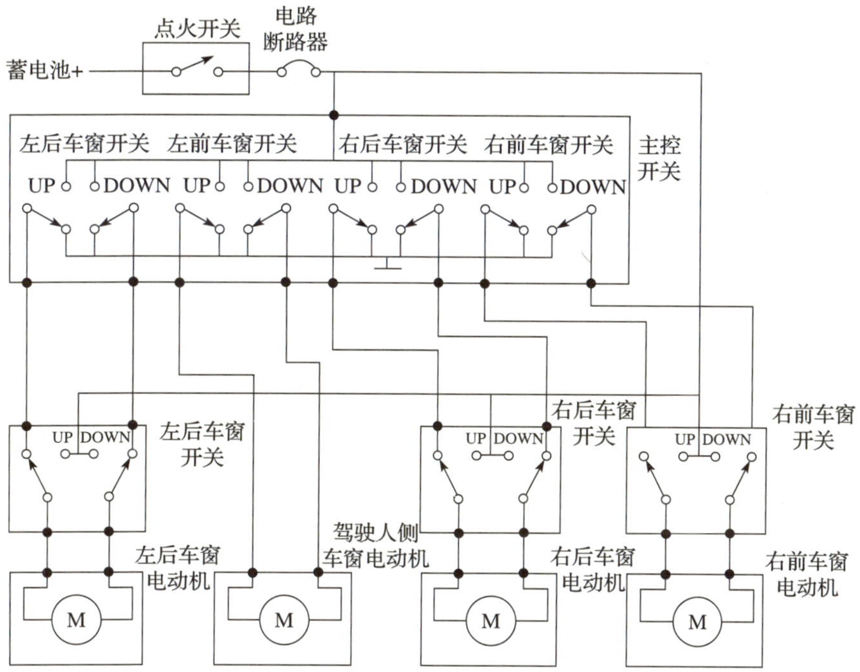

图 6-1-5 新能源汽车电动车窗电路图

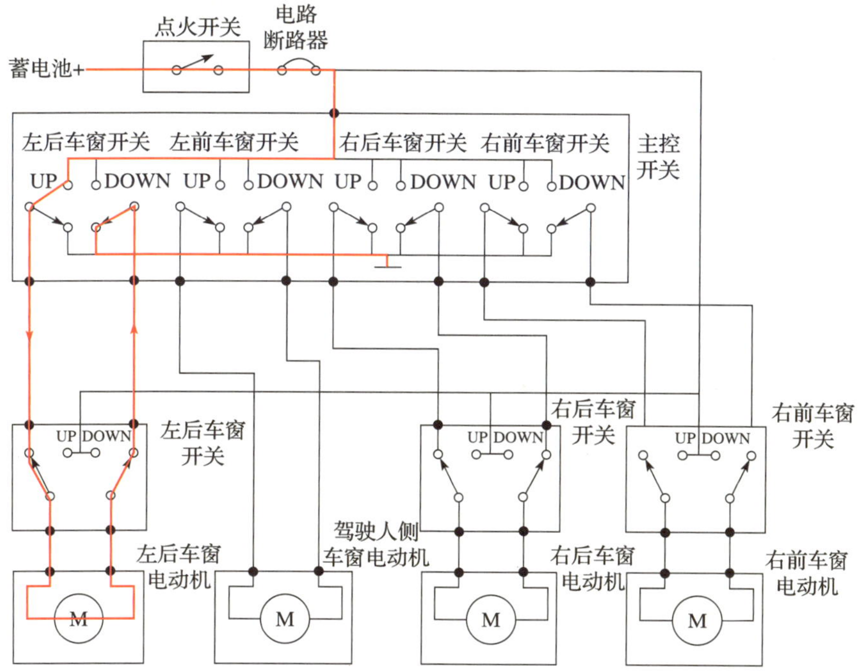

图 6-1-6 主控开关控制左后车窗上升车窗工作电流路径

有些电动车窗还具备延时功能：前门关闭，车辆电源挡位从 OK 挡退电至 OFF 挡后的 10 分钟内，车窗开关仍可以工作，开关背光灯点亮，可控制车窗玻璃升降。一旦有任意前门打开，则延时功能失效。左前玻璃升降器开关控制电路图如图 6-1-7 所示。

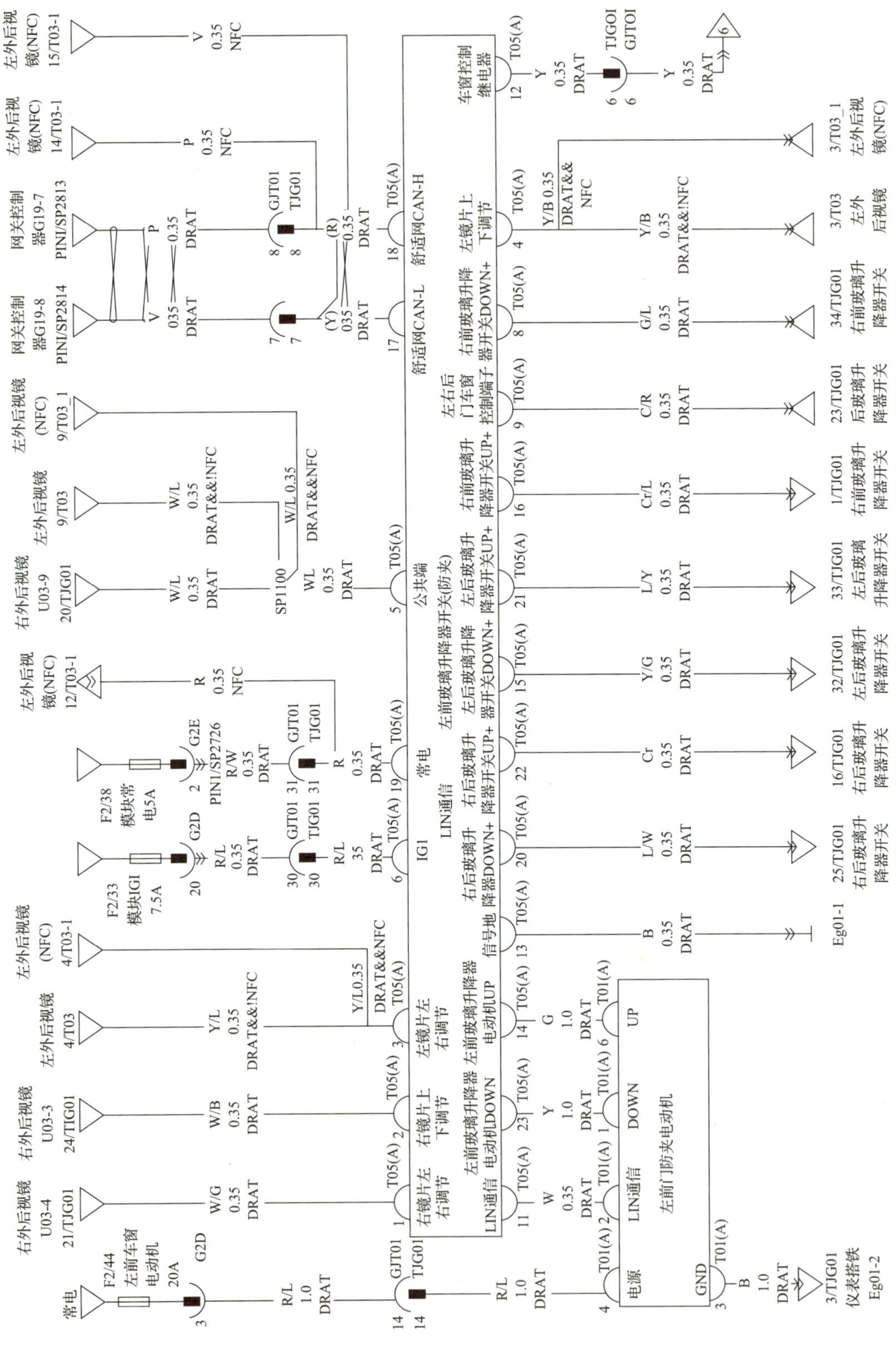

图 6-1-7　左前玻璃升降器开关控制电路图

电动车窗系统的某些功能和特性依赖于其电子模块的控制，这些电子模块是集成于左前玻璃升降器开关组件内的。

左前车窗开关 T05（A）插接器如图 6-1-8 所示，便于测量线束端各端子电压或电阻。

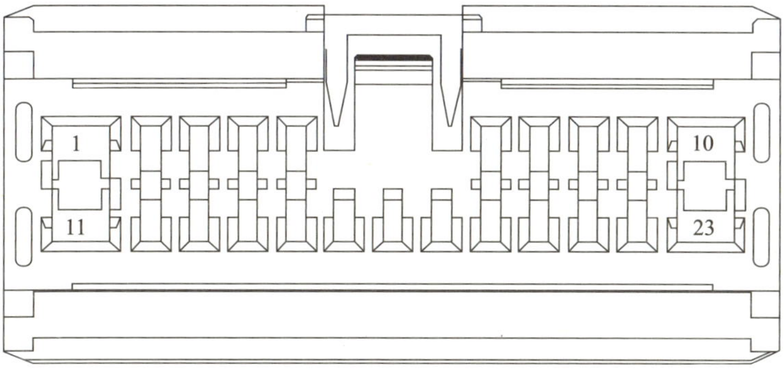

图 6-1-8　左前车窗控制 T05（A）插接器

三、新能源汽车电动座椅的组成及工作过程

电动座椅由双向直流电动机、传动装置及座椅调节开关等部分组成。主驾座椅拆解示意图如图 6-1-9 所示。

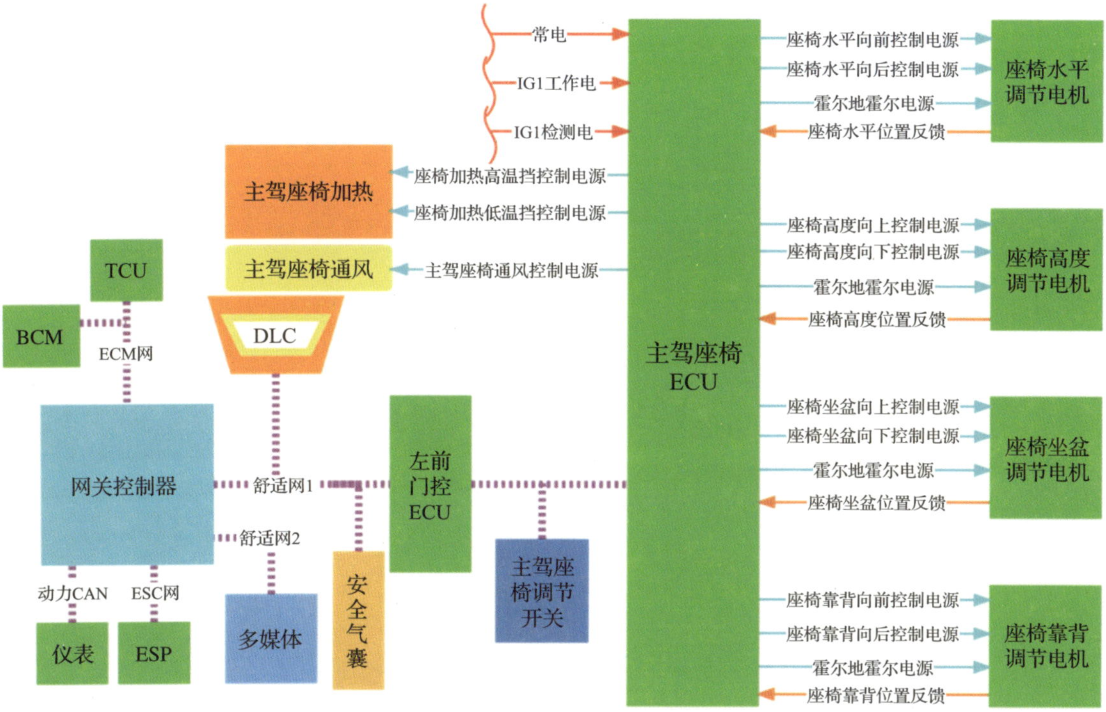

图 6-1-9　主驾座椅拆解示意图

现代汽车座椅驾驶人侧 ECU 和副驾驶侧 ECU，可以控制座椅的电动调节，控制座椅的前后移动、靠背前后移动和通风加热，低配版车型不带通风加热功能。图 6-1-10 所示为比亚迪秦 EV 电动座椅电气原理图。

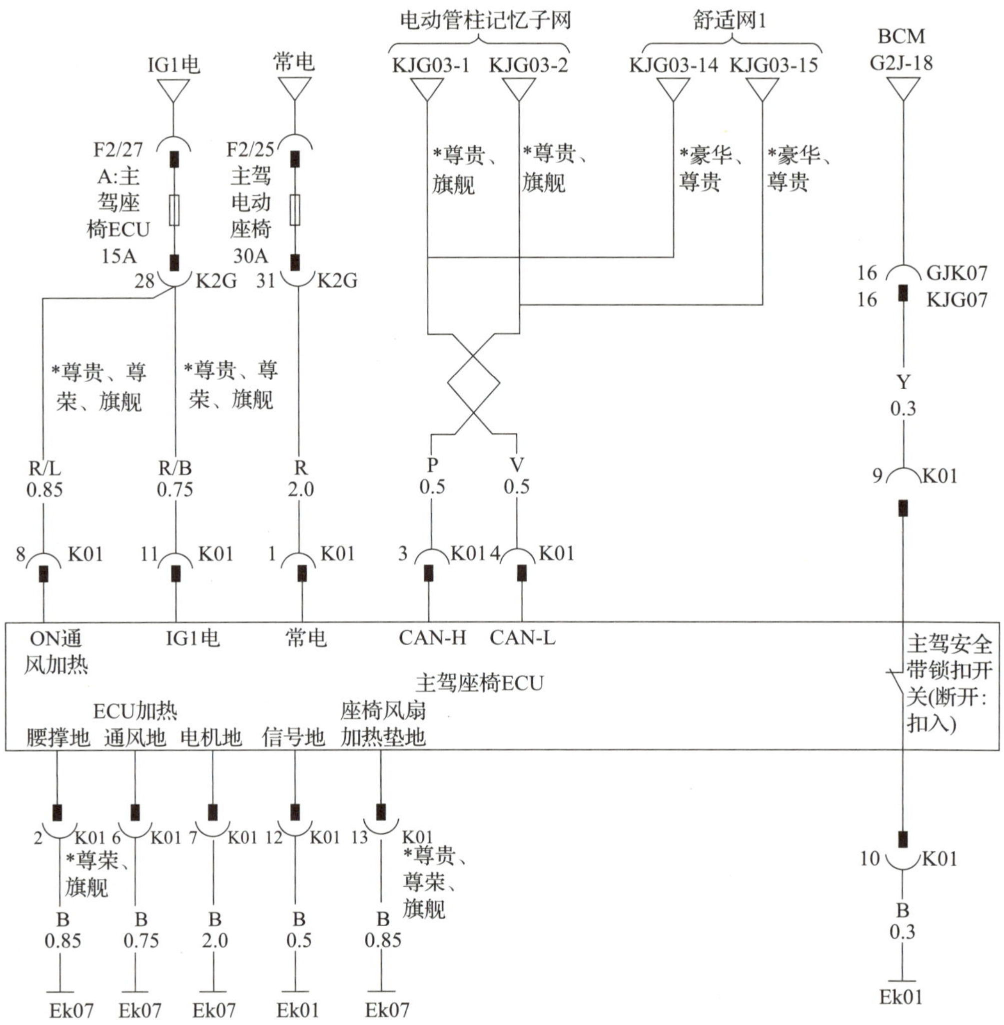

（a）主驾

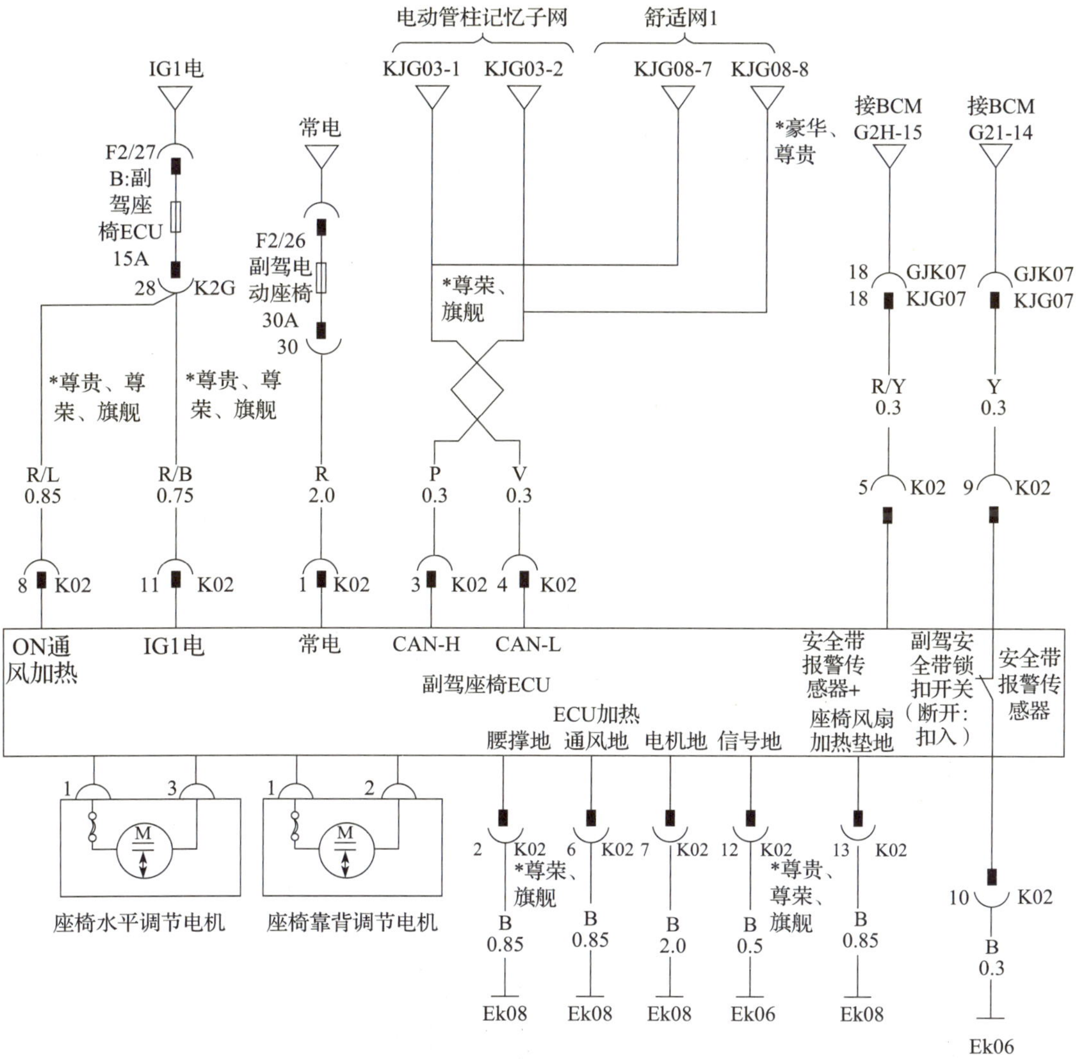

（b）副驾

图 6-1-10　比亚迪秦 EV 电动座椅电气原理图

任务分析

要想完成本任务故障的诊断与排除，需要具备以下知识和技能：

1. 相关知识

（1）掌握电动车窗的结构与工作原理。

（2）熟悉电动车窗的工作电路。

（3）掌握电动车窗的检查与故障排除方法。

2. 相关技能

（1）万用表、示波器、解码器等常见设备的使用。

（2）维修资料的查阅、电路原理图的识读和分析。

（3）常见故障的诊断与排除。

（4）7S 管理和操作。

任务实施可按照图 6－1－11 所示的流程图进行。

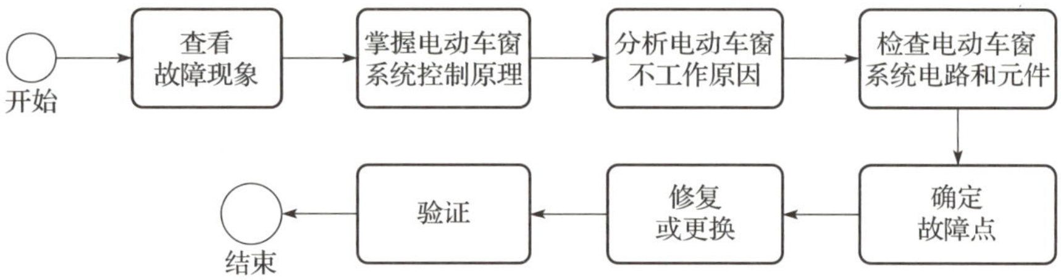

图 6－1－11　流程图

任务实施

电动车窗不工作的检修

技能实训　新能源汽车电动车窗不工作故障检修

如果车窗无法正常升降，应先判断故障属于机械方面还是电路方面。如果玻璃能够向所有方向稍微运动，就可以排除机械方面的故障。

电动车窗常见故障有：所有车窗均不能升降、单个车窗不能升降或只能向一个方向运动、电动车窗有异响等。下面以比亚迪秦左后车窗不工作为例进行演示。

步骤 1：把车辆开到维修车间，向客户询问车辆状况和故障产生时的环境。

步骤 2：检查蓄电池电压。标准电压为 11 ～ 14V，若电压低，需要对蓄电池充电或更换蓄电池。

步骤 3：断开蓄电池负极，拆卸左后车窗内饰板与车窗开关。左后车窗开关及开关插接器如图 6－1－12 所示。

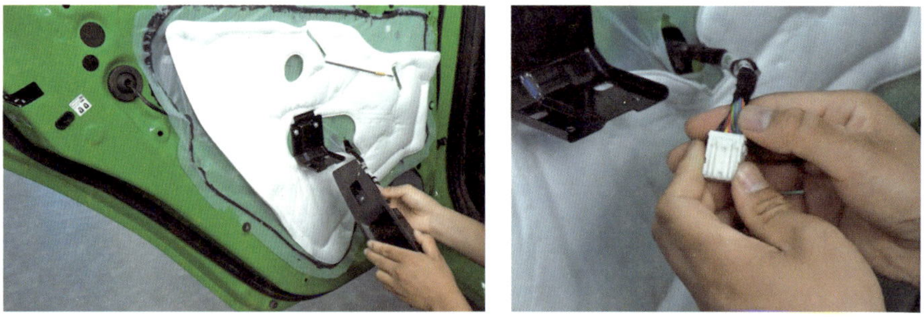

图 6－1－12　左后车窗开关及开关插接器

步骤 4：查阅左后车窗电路图，如 6－1－13 所示。依照电路图检测相应端子，如图 6－1－14 所示。

安全提醒

检查车窗开关时，先正常断电，再进行拆装操作。拆卸车窗开关插接器应首先拆除闭锁装置，再依照电路图检测相应端子。

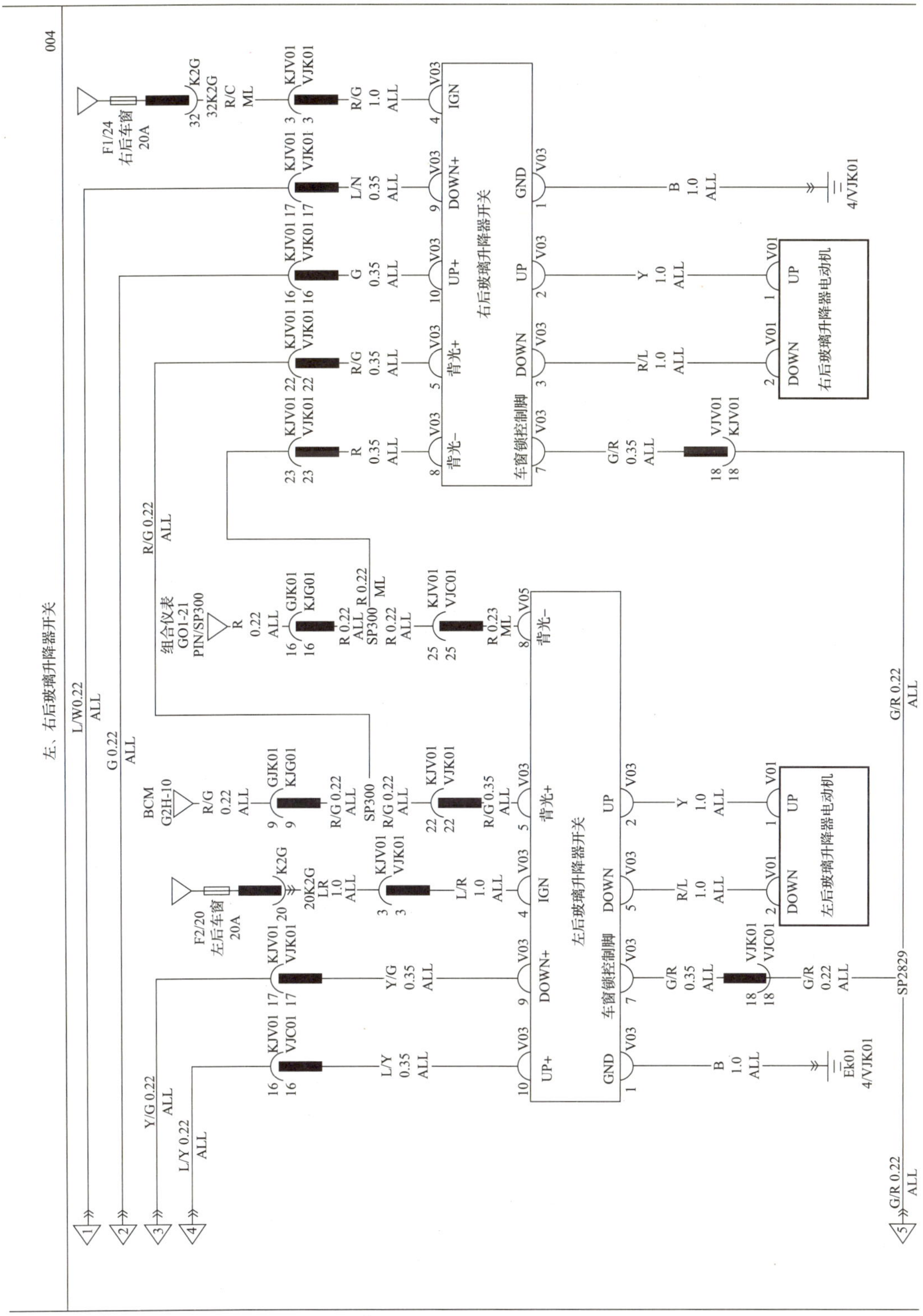

图 6－1－13　左后车窗电路图

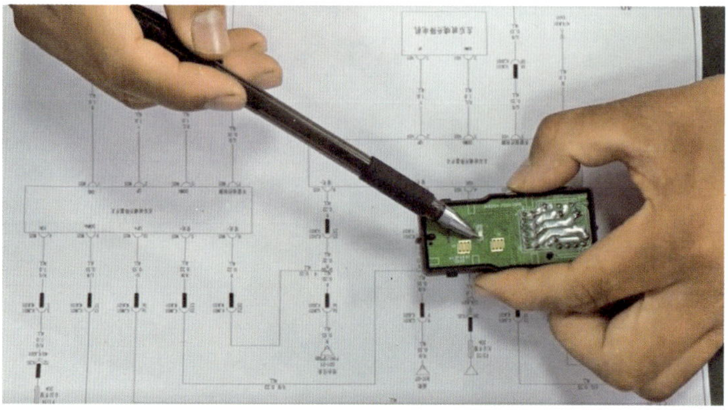

图 6-1-14　检测相应端子

步骤 5：使用万用表测量左后玻璃升降器开关是否正常，先校表，然后测量左后玻璃升降器开关 2 与 1 端子，5 和 1 端子间电阻，均为 0.3Ω，如图 6-1-15 所示，正常。测量左后玻璃升降器开关 4 与 1 端子，应该不导通。

图 6-1-15　检测左后玻璃升降器开关

步骤 6：使用万用表测量上升继电器阻值，为 110Ω 左右，如图 6-1-16 所示。

图 6-1-16　测量上升继电器阻值

步骤 7： 使用万用表测量分控开关上升与下降触点，如图 6－1－17 所示，阻值应为无穷大。

图 6－1－17　检测分控开关两侧触点

步骤 8： 使用示波器检测开关波形，如图 6－1－18 所示。

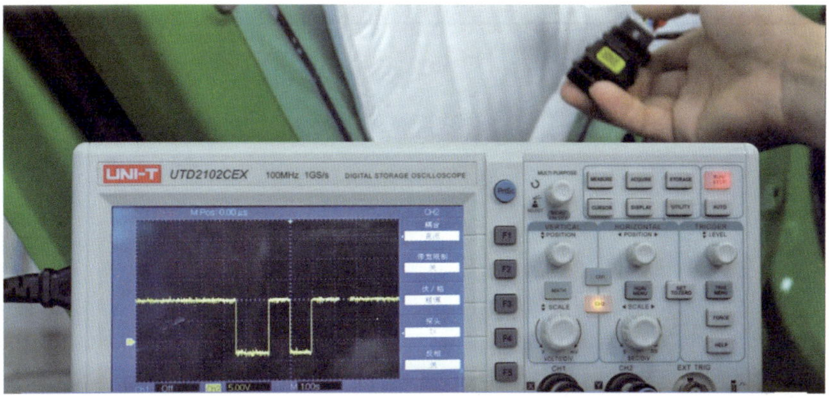

图 6－1－18　检测开关波形

步骤 9： 依据检测结果确定故障点，进行修复或者更换。收拾、整理工具设备，并进行总结汇报。

考核评价

任务		姓名	
教学场所			
知识目标	1. 掌握电动车窗的组成	□完成　□基本完成　□未完成	
	2. 熟悉电动车窗的工作电路	□完成　□基本完成　□未完成	

续表

技能目标	1. 能够规范进行操作前的准备工作	□完成　□基本完成　□未完成
	2. 能够规范使用万用表	□完成　□基本完成　□未完成
	3. 能够正确识读电路图	□完成　□基本完成　□未完成
	4. 能够进行电动车窗不工作故障的检测	□完成　□基本完成　□未完成
	5. 能够确认电动车窗不工作的故障点	□完成　□基本完成　□未完成
素养目标	能够按照 7S 管理要求整理实训场地	□完成　□基本完成　□未完成
步骤一	正确连接诊断仪	□完成　□基本完成　□未完成
步骤二	正确读取故障码	□完成　□基本完成　□未完成
	正确检测汽车电动车窗	□完成　□基本完成　□未完成
	正确维护汽车电动车窗	□完成　□基本完成　□未完成
步骤三	依据电路图进行正确测量	□完成　□基本完成　□未完成
步骤四	确认故障点	□完成　□基本完成　□未完成
步骤五	修复	□完成　□基本完成　□未完成
步骤六	验证	□完成　□基本完成　□未完成
总评		

情智课堂

电动车窗防夹技术

随着现代汽车技术的发展，汽车的电子化和智能化提高了汽车的舒适性，但同时对于汽车的安全性提出了新要求。《机动车运行安全技术条件》（GB 7258—2017）规定，装有电动车窗 / 天窗的乘用车，应确保车窗玻璃在运动过程中能在任意位置可靠停住或遇障碍可自动下降（缩回）。要求电动车窗具有一定的防夹功能。电动车窗防夹技术可用于汽车电动车窗、电动天窗玻璃的防夹控制以及电动机的过载保护。

欧洲和美国已先后立法，确定了电动防夹车窗（Anti-Pinch Window Lifter，APWL）为汽车的标准配置，以提升行车安全和人性化程度。现有的 APWL 都通过在玻璃升降器电动机上安装霍尔元件来感应电动机是否受到了阻力，或者安装了其他的光学类传感器。

车窗防夹是汽车人性化的一个重要组成部分，其主要的功能是在车窗上升夹持到障碍物后，可以识别出车窗处于夹持状态，并命令车窗回退释放夹持物，防止电动机长时间堵转导致烧毁，以及防止车辆乘员被夹伤。

电动车窗防夹的工作原理，就是加装一组电流感应器，由霍尔传感器时刻检测电动机的转速。当电动车窗升起时，一旦电动机转速减缓，霍尔传感器检测到转速有变化，就会向 ECU 报告信息，ECU 向继电器发出指令，电路会让电流反向，使电动机停转或反转（下降），于是车窗也就停止移动或下降，因此具有一定的防夹功能。

在电动机轴上安装磁环，在磁环附近装有霍尔传感器和 ECU，电动机轴每转动一周，霍尔传感器将产生固定数量的方波，在车窗上升过程中遇到障碍物时，阻力增大，电动机转速变小，电流增大，而电动机转速变小会使霍尔信号方波的脉宽增大。ECU 可通过霍尔信号脉宽或电动机电流的变化来判断车窗是否遇到障碍物以及夹物力的大小（一般超过 100N 被认为遇到障碍物），计算每次上升过程中的累计脉冲数量，可判断电动车窗是否处于防夹区域（一般离车窗顶端 4 ～ 200mm 位置），进而最终确定是否需要产生防夹作用。如果 ECU 判定需要防夹，则发出指令使电动机反转，在下降一段距离后（一般下降 120mm 左右）停止。

电动车窗防夹技术是通过“触觉”和“视觉”来实现的，上面所说就是依靠“触觉”来实现的，当电动车窗机构感触到有异物在玻璃上，会自动停止玻璃上升。而“视觉”是更加智能化的车窗防夹，它实际上是一套光学控制系统，监测有无异物在电动车窗移动范围内，从而控制玻璃移动，无须异物接触到玻璃。

高科技虽好，但安全意识比智能配置更重要。虽然电动防夹车窗可以在遇到障碍物时下降，但是在遇到障碍物的一瞬间，电动车窗的力度是很大的，所以千万不要以身犯险。此外，我们也应该做好自身安全，不要将头、手伸出窗外。

任务二　新能源汽车刮水洗涤系统检修

任务描述

小王驾驶一辆比亚迪秦 EV，最近发现刮水器刮水不够干净。他把车送到 4S 店，希望对汽车刮水器进行维护检修。如果你是 4S 店的维修人员，请根据刮水洗涤系统的基本知识和相关技能对刮水洗涤系统进行维护检修。

刮水洗涤系统的认知与检修

知识储备

为了保证汽车在雨、雪天气行驶时驾驶人有良好的视线，确保行车安全，通常利用刮水器刮除风窗玻璃上的雨水、雪或尘土等。前风窗玻璃刮水洗涤系统主要由刮水臂总成、刮水连杆机构、刮水片、刮水电动机、洗涤泵、洗涤液罐、洗涤管及喷嘴等部件组成。刮水器有间歇挡、慢速挡、快速挡等不同挡位的刮水功能，除了变速，还有自动回位功能。刮水器开关如图 6-2-1 所示。

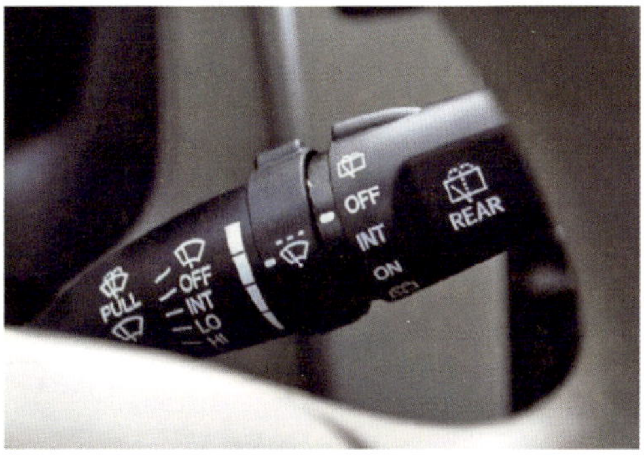

图 6-2-1　刮水器开关

一、汽车刮水洗涤系统的结构与原理

洗涤器是向前风窗玻璃上喷水，而刮水器是将风窗玻璃刮拭干净，确保驾驶人有良好的视线，保证行车安全。刮水器及洗涤器开关一般安装在转向盘的右下方。

洗涤器主要由洗涤液罐、洗涤泵和滤清器等组成，如图 6－2－2 所示，其功能是清洗风窗玻璃上的尘土和脏物。

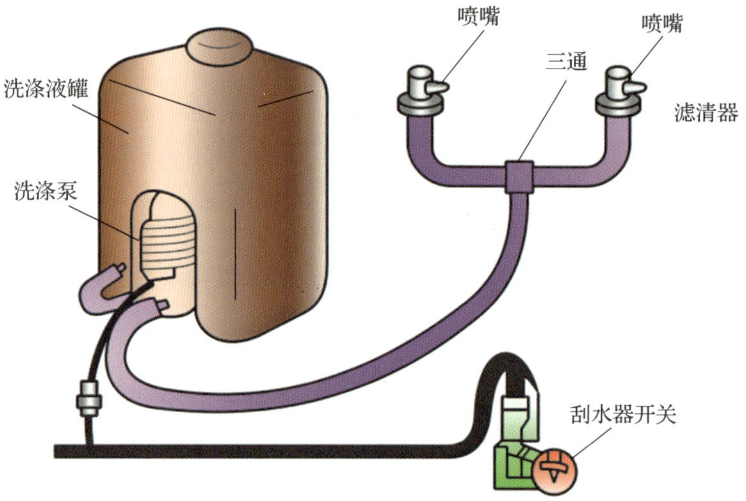

图 6－2－2　洗涤器

（一）电动刮水器的结构

如图 6－2－3 所示，电动刮水器由电动机、传动机构和刮水片等组成。电动机电枢轴端的蜗杆驱动蜗轮，蜗轮带动摇臂旋转，摇臂使拉杆往复运动，从而带动刮水片左右摆动。电动刮水器的电动机一般有永磁式和励磁式两种，永磁式电动机结构简单、体积小、可靠性好，被广泛采用。

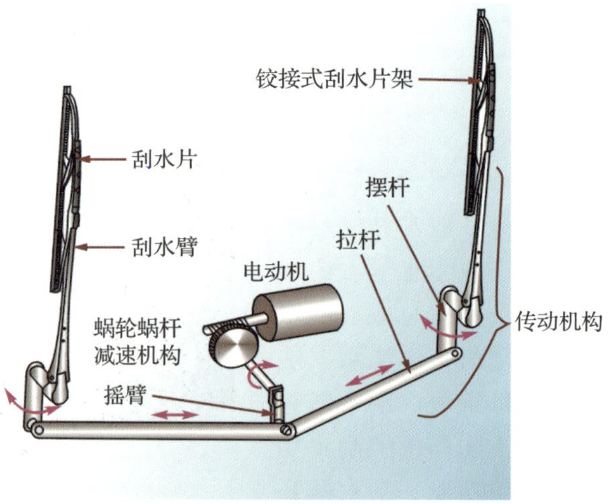

图 6－2－3　电动刮水器的结构

为了实现电动机高、低速挡位工作，永磁式电动机一般采用三刷式电动机，如图 6－2－4 所示。

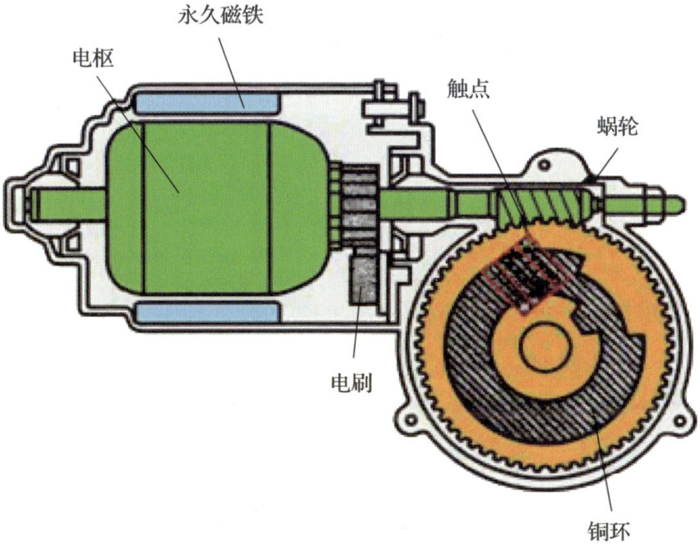

图 6－2－4　永磁式电动机

（二）电动刮水器的变速原理

当电动机工作时，在电枢绕组内同时产生与电枢电流方向相反的反电动势（见图 6－2－5），其大小与转速成正比。只有当反电动势等于外加电压时，电枢的转速才趋于稳定。

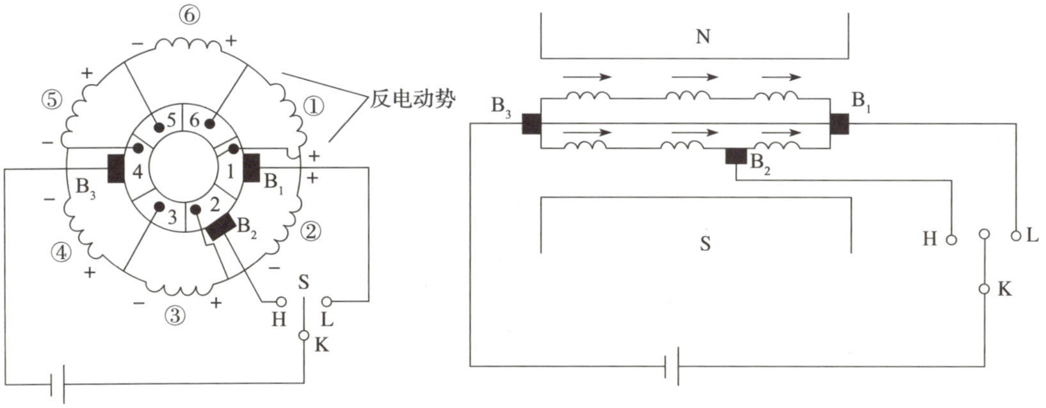

图 6－2－5　永磁式电动机的工作原理

（1）低速运转：当开关 K 拨向 L（低速挡）时，电源电压加在 B1 与 B3 电刷之间。在电刷 B1 和 B3 之间有两条并联的电枢绕组支路，一条是由绕组 1、2、3、4 串联的支路；另一条是由绕组 5、6、7、8 串联的支路。每条支路中串联的有效绕组各四个，串联绕组数相对较多，故反电动势较大，电动机以较低转速运转。

（2）高速运转：当开关K拨向H（高速挡）时，电源电压加在B2与B3电刷之间。在电刷B2和B3之间有两条并联的电枢绕组支路，一条是由绕组1、2、3、4、8串联的支路；另一条是由绕组5、6、7串联的支路。由于绕组8和绕组4的绕线方向相反，而流经其中的电流方向相同，故绕组8产生的反电动势与绕组4产生的反电动势互相抵消，只有三个绕组的反电动势与电源电压平衡，故反电动势较小，电动机以较高转速运转。

（三）电动刮水器的控制电路及自动复位原理

电动刮水器的刮水速度可根据雨水的大小由驾驶人进行控制。自动刮水系统由雨量传感器、控制器、电动机构成。为了不影响驾驶人的视线，要求刮水器具备自动复位功能，即不论在什么时候关闭刮水器开关，刮水片都能自动停在风窗玻璃的下部。刮水器自动复位是利用自动复位开关与刮水器开关并联实现的，刮水器开关由驾驶人控制，自动复位开关安装在蜗轮内，只有当刮水片停在风窗玻璃的下部规定位置时，自动复位开关才断开。

铜环式刮水器的控制电路如图6－2－6所示，其自动复位开关安装在减速蜗轮8上。

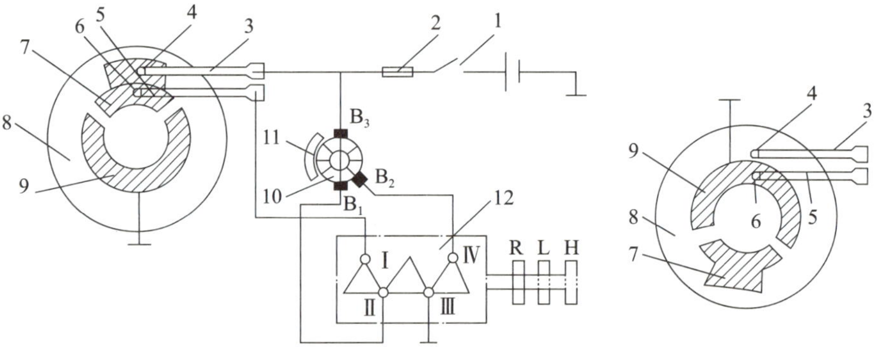

（a）电枢短路制动　　（b）电动机继续运转

图6－2－6　铜环式刮水器的控制电路

1—电源开关；2—熔断器；3、5—触点臂；4、6—触点；7、9—铜环；8—减速蜗轮；10—电枢；11—永久磁铁；12—刮水器开关

（1）当电源开关接通，刮水器开关位于Ⅰ挡时，电流路径为蓄电池的正极→电源开关→熔断器→电刷B3→电枢绕组→刮水器Ⅰ挡→搭铁，电动机低速运转。

（2）当刮水器开关位于Ⅱ挡时，电流路径为蓄电池的正极→电源开关→熔断器→电刷B3→电枢绕组→电刷B2→刮水器E挡→搭铁，电动机高速运转。

（3）当刮水器开关位于0挡时，如果刮水器的刮水片没有停在规定的位置，则电流路径为蓄电池正极→电源开关→熔断器→电刷B3→电枢绕组→电刷→刮水器0挡→触点臂

5→铜环9→搭铁，这时电动机继续转。当刮水器的刮水片到规定位置时，触点臂3、5和铜环7接触，电动机被短路。与此同时，电动机电枢由于惯性不能立刻停下来，电枢绕组通过触点臂3、5与铜环7接触而构成回路，电枢绕组产生感应电流，因而产生制动转矩，电动机迅速停止转动，使刮水器的刮水片停止在规定的位置。

二、汽车刮水洗涤系统的电路分析

图6－2－7所示为比亚迪秦EV刮水洗涤系统原理框图。前舱配电盒给集成式车身控制器（BCM）供电，按下点火开关后，将刮水器开关拧开至低速挡位时，组合开关信号通过舒适网1与BCM进行通信，BCM将刮水速度调节继电器从高电平拉低至低电平，控制刮水电动机低速运转；当挡位调节至高速挡位时，刮水电动机高速运转。当前风窗玻璃视野不清晰时，只需要将刮水器开关向上提几秒，此时会控制洗涤电动机工作，将玻璃清洗液喷至前风窗玻璃上，刮水器同时以低速运转。

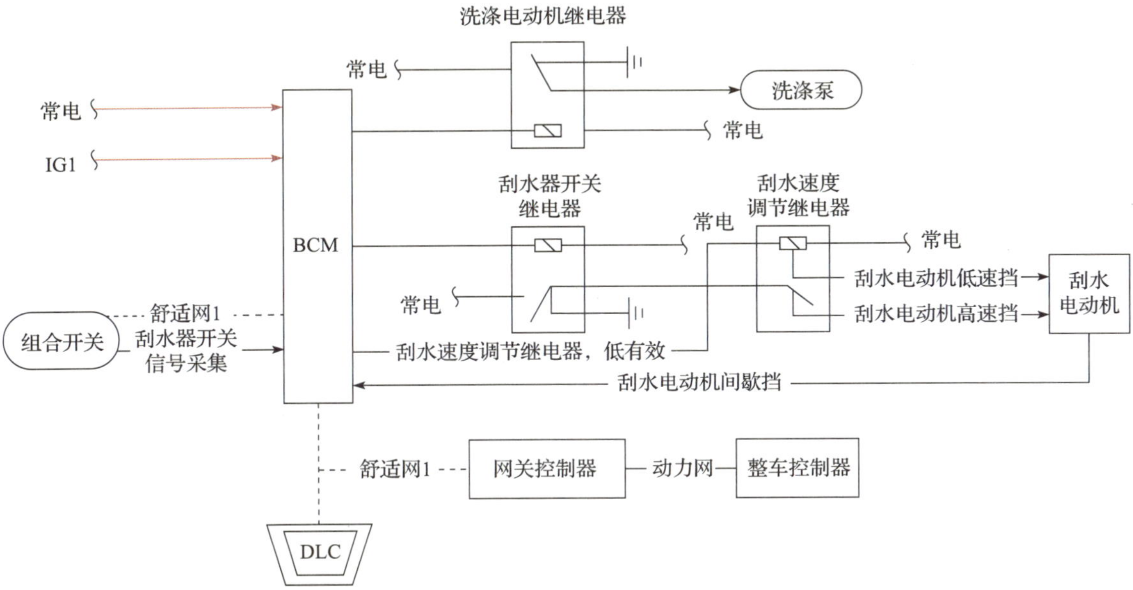

图6－2－7　比亚迪秦EV刮水洗涤系统原理框图

比亚迪秦EV刮水洗涤系统组合开关电路图如图6－2－8所示，刮水洗涤系统电动机控制电路图如图6－2－9所示，刮水电动机B04插接器上有4个端子，2为低速电刷端子、1为高速电刷端子、4为公共电刷端子（一般与外壳相连）、3为自动复位端子。检查刮水电动机时，在施加电压之前先要分辨各端子。具体方法如下：

（1）检查低速是否正常。将蓄电池正极引线连接至低速电刷端子，负极连接至公共电刷端子或外壳，检查并确认电动机低速运行；否则说明电动机损坏，需更换。

（2）检查高速是否正常。将蓄电池正极引线连接至高速电刷端子，负极连接至公共电刷端子或外壳，检查并确认电动机高速运行；否则说明电动机损坏，需更换。

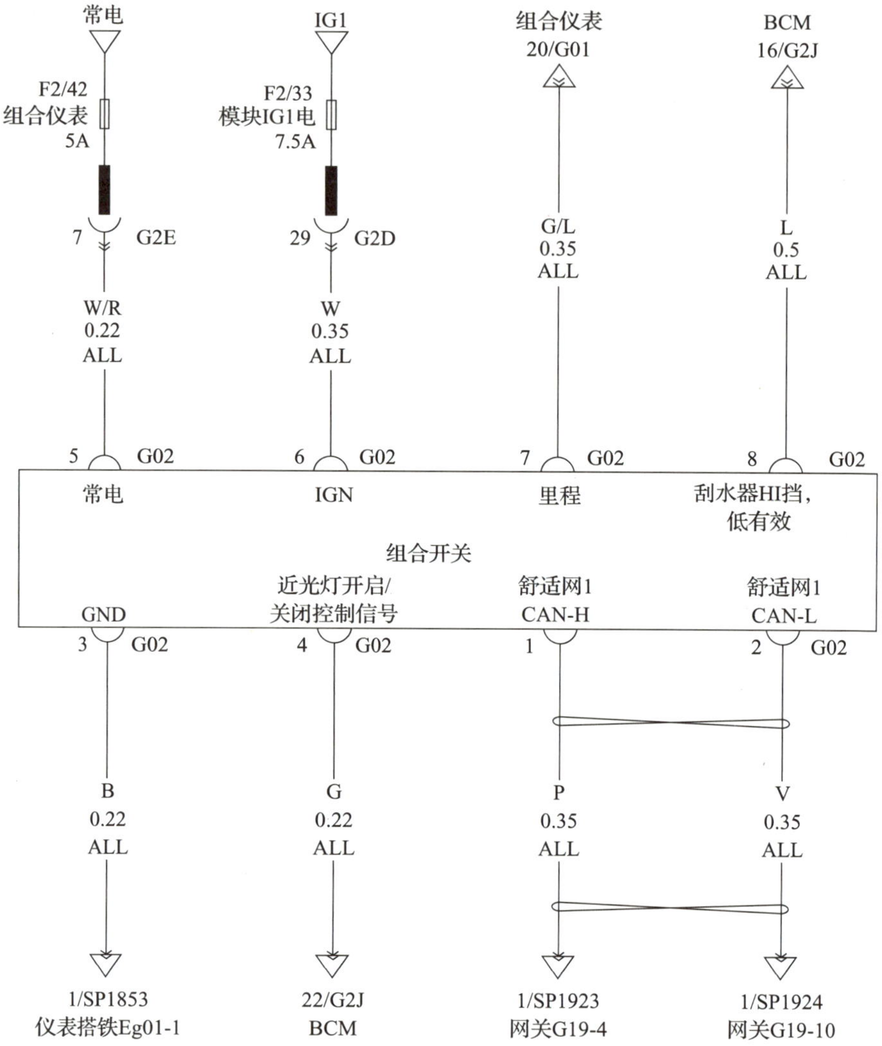

图 6－2－8　比亚迪秦 EV 刮水洗涤系统组合开关电路图

（3）检查自动复位是否正常。将蓄电池正极引线连接至自动复位端子，再用引线将自动复位端子与低速电刷端子相连，负极连接至公共电刷端子或外壳，检查并确认电动机运转一下后能在自动停止位置停止；否则说明电动机自动复位功能失效，需更换电动机总成。

安全提醒

检查刮水洗涤系统时，应该先断电，再操作。等正常下电后，进行车身控制模块、网关控制器、开关、电动机等的检修操作。

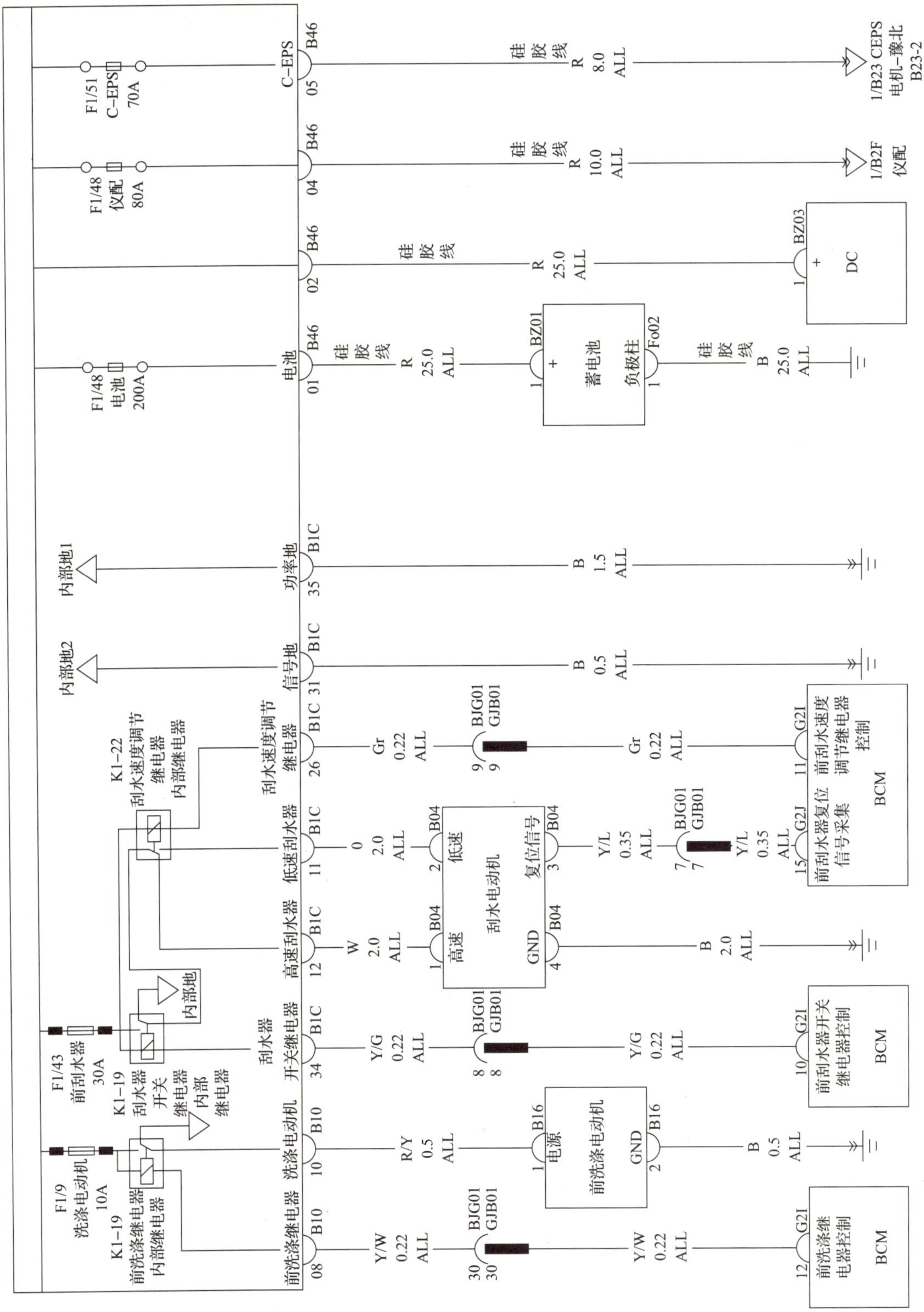

图 6-2-9　刮水洗涤系统电动机控制电路图

任务分析

要想完成本任务故障的诊断与排除，需要具备以下知识和技能：

1. 相关知识

（1）掌握汽车刮水洗涤系统的结构与工作原理。

（2）熟悉汽车刮水洗涤系统的电路分析与检测。

（3）掌握汽车刮水洗涤系统的检查与故障排除方法。

2. 相关技能

（1）万用表、示波器、解码器等常见设备的使用。

（2）维修资料的查阅、电路原理图的识读和分析。

（3）常见故障的诊断与排除。

（4）7S 管理和操作。

任务实施可按照图 6－2－10 所示的流程图进行。

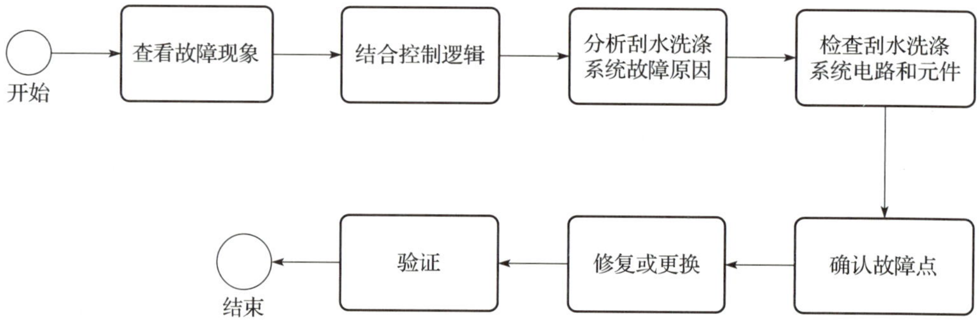

图 6－2－10　流程图

任务实施

在进行故障诊断与维修之前，首先打开点火开关，再打开位于组合开关上的刮水器开关，并变换到各个挡位，检查各个挡位刮水器运转是否正常，一般容易出现的故障现象有：各个挡位都不工作，某个挡位不工作，不能自动复位，刮水器运转无力等。

技能实训 1　刮水洗涤系统实车认知与操作

以一款比亚迪汽车为例，操作刮水器开关，如图 6－2－11 所示，并观察刮水洗涤情况。

图 6－2－11　比亚迪汽车刮水器开关

技能实训 2　刮水器各个挡位都不工作的故障诊断与排除

步骤 1：检查熔断器。

（1）刮水器的熔断器一般安装在仪表板的熔断器与继电器盒内，在该盒内找到刮水器的熔断器，使用熔断器夹将该熔断器取下。

（2）目视检查：目测该熔断器是否烧断，如果烧断需更换新的熔断器；还要观察熔断器外部和端子处是否有烧灼现象，如有烧灼现象，则说明该处可能存在接触不良的故障。

（3）电阻测量：如目视无法确定熔断器的好坏，可用万用表的欧姆挡测量熔断器两端子之间的电阻，正常情况下应小于 1Ω，否则更换新的熔断器。

刮水器的检测方法

步骤 2：检查组合开关。

检查组合开关电源线束，断开组合开关插接器 G02（见图 6－2－12），打开点火开关，检查各端子的电压，测量组合开关 G02-5 与 GND、G02-6 之间电压值，标准值为 12V，正常。

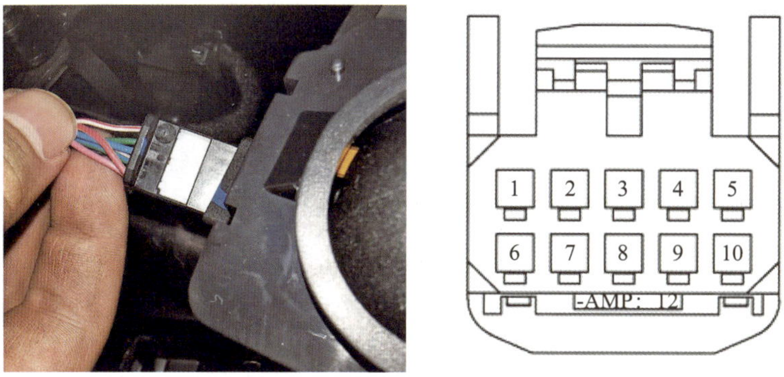

图 6－2－12　组合开关插接器 G02

打开组合开关高速挡，测量组合开关 G02-8 与 GND 之间的电压，标准值小于 1V。

步骤 3：检查刮水电动机。实际维修过程中，无须分解检查，可通过施加电压的方法检查刮水电动机是否正常。一般车型刮水电动机插接器上有 4 个端子，分别为低速电刷端子、高速电刷端子、公共电刷端子（一般与外壳相连）、自动复位端子。

（1）对刮水电动机插接器进行具体测量，如图 6－2－13 所示，三根粗线为低速电刷端子、高速电刷端子、公共电刷端子（一般与外壳相连），细线为自动复位端子。

图 6－2－13　刮水电动机插接器

（2）调至万用表电压挡位，黑色表笔接地，红色表笔接高速电刷端子和低速电刷端子，分别打开高速刮水、低速刮水，测量结果为 11 ～ 14V，如图 6－2－14 所示。

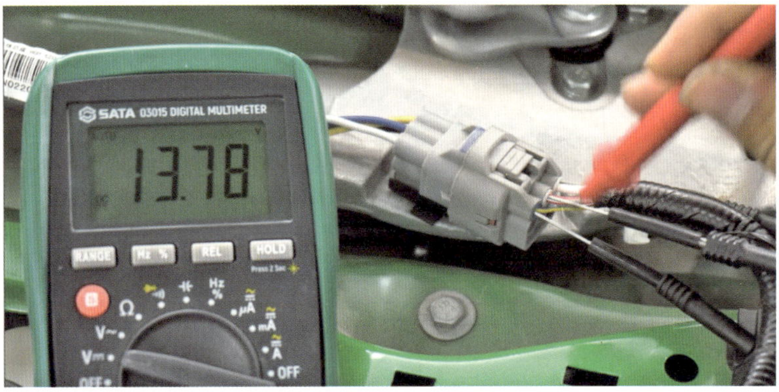

图 6－2－14　刮水电动机端子电压

（3）使用示波器测量复位信号端子，打开组合开关，测量结果如图 6－2－15 所示，在波形底部表示刮水臂复位。关闭组合开关，波形变为 0V。

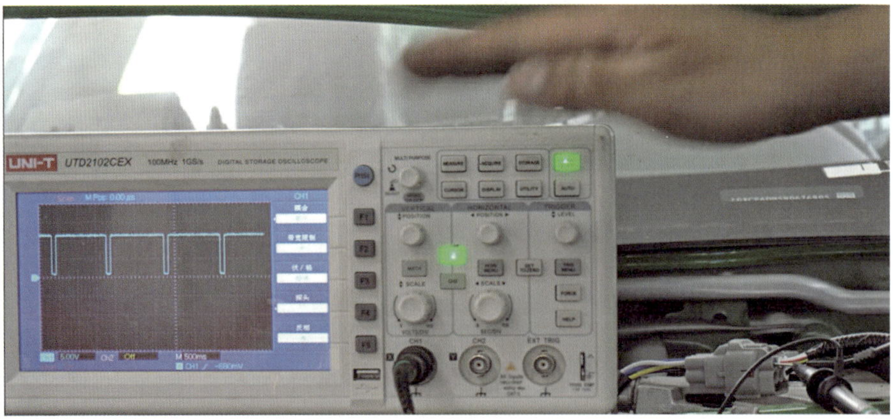

图 6－2－15　刮水电动机复位端子信号

安全提醒

检测刮水电动机端子时，需要使用跨接线引出电压信号，注意跨接线和端子之间的正确连接。

步骤 4： 检查连接线路。对照图 6-2-8、图 6-2-9，测量连接导线的两个端子阻值是否小于 1Ω，再测量其中一个端子与搭铁端阻值是否为∞，否则说明该线路存在断路或短路故障。

步骤 5： 确定故障点，进行修复或者更换。收拾、整理工具设备，并进行总结汇报。

考核评价

任务		姓名	
教学场所			
知识目标	1. 掌握汽车刮水洗涤系统的结构和工作原理	□完成 □基本完成 □未完成	
	2. 熟悉分析汽车刮水洗涤系统的工作电路	□完成 □基本完成 □未完成	
技能目标	1. 能够规范进行操作前的准备工作	□完成 □基本完成 □未完成	
	2. 能够规范使用万用表	□完成 □基本完成 □未完成	
	3. 能够正确识读电路图	□完成 □基本完成 □未完成	
	4. 能够进行汽车刮水洗涤系统不工作故障的检测	□完成 □基本完成 □未完成	
	5. 能够确认汽车刮水洗涤系统不工作的故障点	□完成 □基本完成 □未完成	
素养目标	能够按照 7S 管理要求整理实训场地	□完成 □基本完成 □未完成	
步骤一	正确连接诊断仪	□完成 □基本完成 □未完成	
步骤二	正确读取故障码	□完成 □基本完成 □未完成	
	正确检测汽车刮水洗涤系统	□完成 □基本完成 □未完成	
	正确维护汽车刮水洗涤系统	□完成 □基本完成 □未完成	
步骤三	依据电路图进行正确测量	□完成 □基本完成 □未完成	
步骤四	确认故障点	□完成 □基本完成 □未完成	
步骤五	修复	□完成 □基本完成 □未完成	
步骤六	验证	□完成 □基本完成 □未完成	
总评			

情智课堂

智能刮水控制器技术

智能刮水控制器几乎是整个汽车车身电子部件里最复杂、也是最难做的产品。BCM通过监测刮水器开关的状态以及组合开关来控制刮水电动机及洗涤泵工作，实现刮水洗涤系统的各种工作模式：前刮水器低速运行、前刮水器高速运行、前刮水器间歇运行、前刮水器关闭、前风窗玻璃喷水、后刮水器运行、后风窗玻璃喷水等。

智能刮水控制器技术的难点主要有三方面。

第一，刮水器工况非常复杂，雨量、车速、温度的变化导致刮水器工况有数千种。

第二，刮水器与机械系统匹配难度高，机械部分（连杆、刮水臂、刮水片等）的匹配和耐久性机械的磨损对算法的冗余量和适应性提出更高要求。

第三，平台化设计难度大，对兼容性要求极高。刮水洗涤系统一车一设计，要求软件兼容所有可能的连杆样式；各主机厂软件架构不尽相同，也要有所兼顾。

刮水控制，有的是通过驾驶人手动拨开关的不同挡位来实现的，有的是通过雨量传感器自动识别雨量，来控制刮水器不同的工作模式的。

对于刮水与前喷水的协调工作，当前喷水动作小于一定时间，比如700ms，刮水器不动作，当前喷水时间大于700ms后，刮水器开始工作，并且在喷水停掉之后再刮3次。

刮水控制器主要是电子元件，未来的汽车电子主要有三个板块：域控制器、传感器和智能执行器。汽车电子技术的竞争决定了未来刮水控制器的竞争。

作为新时代的青年人，要坚决践行敢于担当的精神，有强烈的忧患意识、强烈的使命感和责任感，为建设科技强国奉献自己的力量。

项目小结

本项目主要介绍了新能源汽车电动车窗、电动座椅、刮水洗涤系统的组成及工作过程。通过对新能源汽车电动车窗、电动座椅、刮水洗涤系统具体故障的检修，学生掌握新能源汽车电动车窗、电动座椅、刮水洗涤系统故障的基本排除思路和方法。通过学习本项目，学生能读取辅助电气系统的故障码与数据流，并会测试各部件，会清洁和保养辅助电气系统各部件，会拆装刮水洗涤系统各部件，会排除刮水洗涤系统电路故障。鼓励学生自己正确制定辅助电气系统不工作故障排除的方案，包含明确故障现象，找到维修手册中相关内容，正确阅读电路图，运用正确的工具及维修策略排除故障，并且分析整个学习过程的得失。

同步练习

一、选择题

1. 车窗玻璃升降器电动机通过改变电动机的（ ）来实现电动机正转与反转。

A. 电压高低 B. 电流大小 C. 电流方向 D. 电阻多少

2. 比亚迪秦电动车窗闭锁开关位于（ ）。

A. 驾驶人侧前门内饰板 B. 左后乘员侧前门内饰板

C. 右后乘员侧前门内饰板 D. 副驾驶侧前门内饰板

3. 比亚迪秦刮水电动机有（ ）个电刷。

A. 1 B. 2 C. 3 D. 4

4. 比亚迪秦刮水器开关继电器受（ ）控制。

A. BCM B. ESC C. TCS D. EPS

5. 电动座椅前后调节有（ ）个电动机。

A. 2 B. 3 C. 4 D. 1

二、判断题

1. 洗涤液盛放于洗涤液罐中，一般由硬度不超过 205ppm 的清水或由水与添加剂制成。（ ）

2. 电动车窗开关包括驾驶人侧主控开关和各个乘员侧分控开关。（ ）

3. 手动控制是指拉动或按下开关，车窗玻璃可以上升或下降，若中途松开开关，上升或下降动作即停止；自动控制是指拉动或按下开关，然后松开，车窗玻璃会自动升起或降下，若想让车窗停止移动，再次按照相同或相反方向操作开关，即可停止。（ ）

4. 冬季使用洗涤器时，为防止洗涤液冻结，应添加甲醇、异丙醇、甘醇等防冻剂，再添加少量的去垢剂和防锈剂，即成为低温洗涤液。（ ）

5. 刮水器开关为组合开关，一般安装于转向盘的右下侧，上下拨动可实现间歇、低速、高速和点动刮水，向转向盘方向拉动操纵杆，将启动风窗玻璃清洗刮水功能。（ ）

三、简答题

1. 电动车窗的组成有哪些？

2. 电动座椅的主要组成元件是什么？描述电动座椅电气原理图。

3. 简述刮水电动机检修的方法。

四、实训题

请对刮水洗涤系统不工作故障进行检测和维修。

参考文献

[1] 刘冬生，黄国平，黄华文. 汽车电气设备构造与维修. 2版. 北京：机械工业出版社，2022.

[2] 董大伟. 新能源汽车电气系统检修. 北京：机械工业出版社，2023.

[3] 杨学易，徐旭生. 新能源汽车电气系统检修. 北京：机械工业出版社，2023.

[4] 唐勇，王亮. 新能源汽车电气技术. 北京：人民交通出版社，2017.

[5] 赵振宁，李东兵. 新能源汽车电气系统原理与检修. 北京：北京理工大学出版社，2019.